中央编译局文库编辑委员会

主　任：贾高建
委　员：贾高建　俞可平　魏海生　陈和平　柴方国　杨金海
　　　　　王学东　何增科　季正聚　郗卫东　张文成　曹荣湘
　　　　　卿学民　刘明清　薛晓源

中央编译出版社文库编辑中心编辑小组

刘明清　薛晓源　谭　洁　尹承东　董　巍　贾宇琰　冯　章
苗永姝　邓　彤　侯天保　盛菊艳　李媛媛　薛迎春　董　妍

国家"十二五"重点图书

国际共产主义运动历史文献

第9卷

主　编　王学东
副主编　戴隆斌（常务）　童建挺

第一国际第一次（日内瓦）、第二次（洛桑）代表大会文献

本卷主编　童建挺

《国际共产主义运动历史文献》顾问委员会

贾高建　俞可平　顾锦屏　高　放　张中云　殷叙彝　胡文建
宋洪训　顾家庆　洪肇龙　沈志华　杨光远

《国际共产主义运动历史文献》编辑委员会

主　　编：王学东
副 主 编：戴隆斌（常务）　童建挺
编　　委：（以姓氏笔画为序）
　　　　　王　瑾　吕瑞林　邢艳琦　许宝友　张文成　张文红
　　　　　陈新明　林德山　胡振良　姚　颖　彭萍萍　薛晓源

参加本卷译校工作的有
唐志安　童建挺

参加本卷编辑出版工作的有
盛菊艳　邓　彤　薛晓源　苗永姝

丛书编务统筹
苗永姝　李媛媛　董　妍

总　序

国际共产主义运动，是由以马克思主义为指导的无产阶级政党领导的国际性的无产阶级革命运动，其宗旨是推翻资产阶级统治和一切剥削制度，建立和发展社会主义制度，进而最终实现人的彻底解放，建立共产主义社会。

国际共产主义运动迄今已有一百六十多年的历史。19世纪40年代，马克思、恩格斯在创立科学社会主义理论的同时，努力把它与当时西欧无产阶级的革命实践相结合，于1847年6月创建了第一个国际性的无产阶级政党——共产主义者同盟，亲自拟定并于1848年2月公开发表了同盟纲领《共产党宣言》。这标志着国际共产主义运动的兴起。

自从共产主义者同盟建立以来，历经第一国际（国际工人协会）、第二国际、第三国际（共产国际），国际共产主义运动由小到大、由弱到强，从西方推进到东方、从欧洲扩展到全球，终于突破资本主义链条上一个又一个薄弱环节，取得了社会主义由一国到多国的胜利。二战后社会主义阵营的建立、民族解放运动的胜利进军、社会主义国家革命与建设的重大成就，为国际共产主义运动史书写了辉煌的篇章。20世纪末，由于东欧剧变、苏联解体，国际共产主义运动遭遇了严重挫折。但是，历史并没有因此而终结。由《共产党宣言》奠基的国际共产主义运动仍在曲折中前进。各资本主义国家中的共产党、工人党仍在不断探索无产阶级取得解放的道路；中国等社会主义国家仍继续高举社会主义伟大旗帜，为完善社会主义、最终实现共产主义而不懈奋斗。

国际共产主义运动一百六十多年跌宕起伏的发展历程，积累了卷帙浩繁的文献档案，留下了丰富的历史遗产。深入发掘和充分利用这些文献档案，对于我们准确地了解和把握国际共产主义运动的发展进程及各个时期的特点，科学地研究和总结国际共产主义运动丰富且宝贵的经验教训，具有极其重要的意义。特别是无产阶级国际组织，作为国际共产主义运动的重要载体，其文献档案对于国际共产主义运动史研究更是具有特殊的重要意义。

　　早在1984年春，中国国际共产主义运动史学会就发起编辑出版《国际共产主义运动史文献》。当时由中共中央编译局、中国社会科学院马列主义毛泽东思想研究所和近代史研究所、中共中央党校和中国人民大学等单位共同组建了编辑委员会。编委会商定：这套文献主要收编共产主义者同盟、第一国际、第二国际、第三国际、共产党和工人党情报局这五个国际组织已发表的全部文献档案，包括历次代表大会、代表会议和其他重要会议的记录、决议和有关文件；收编材料力求齐全；凡外国有选编完整的版本者，根据外国版本翻译；凡文件散见于外国不同出版物者，尽力搜集完整，组织力量统一编译；文件完全按照原件翻译，译文力求准确，不作修改删节，以便读者根据完整、准确的第一手材料了解这些国际组织的历史。在当时代管全国哲学社会科学基金的中国社会科学院科研局的资助下，经过编辑委员会、编译工作者和中国人民大学出版社的共同努力，这套文献于1986年开始陆续出版，截至1997年共出版了21卷。

　　到上世纪末，文献的编辑出版工作遇到了巨大困难。首先是编委会发生了重大变故，主编林基洲、副主编王颖和校纪英相继谢世；其次是出版经费难以为继。为继续出版这套文集，中国国际共产主义运动史学会多方努力，组成以会长顾锦屏为主编的新编委会，从全国哲学社会科学规划办公室争取到一笔资助，于1999—2001年又出版了两卷。此后，因缺乏经费，编辑出版工作完全陷于停顿。

2010年，在中共中央编译局和中国国际共产主义运动史学会的鼎力支持下，中央编译出版社以这套文献申报国家出版基金项目，获得立项资助。中共中央编译局对此项目高度重视，在国家出版基金资助的基础上，给予了相应的资金支持，组建了新编委会，成立了专门机构负责文献整理和编辑工作，并将这套文献纳入"中央编译局文库"出版规划。

经新编委会研究决定，这套文献定名为《国际共产主义运动历史文献》，在其前身《国际共产主义运动史文献》的基础上重新编辑出版。通过进一步广泛搜集资料和适当改变编辑方式，新《文献》的资料更详尽、收文更齐全。例如，在原《文献》的某些卷次中，对已出版的马克思主义经典著作中译本只列目录，不收正文，而新《文献》则全部依据最新的中译本收录，以方便读者查阅。此外，《国际共产主义运动历史文献》扩大了文献资料的搜集和选材范围，采用开放式结构，规模暂定60卷，约2500万字。

中共中央编译局和中国国际共产主义运动史学会对这套文献的编辑出版工作给予了强有力的支持，中央编译出版社为这套文献的立项和出版做了大量艰苦细致的工作，文献的前两任编委会和编译工作者在十分困难的条件下为这套文献奠定了良好的基础，中国人民大学出版社为这套文献的重新编辑出版提供了帮助，在此一并表示衷心感谢。

《国际共产主义运动历史文献》

编辑委员会

2011年12月20日

编辑说明

第一国际于1864年9月在伦敦圣马丁堂成立，原定于1865年在比利时布鲁塞尔召开第一次代表大会，但由于种种原因，大会最终于1866年9月3—8日在瑞士日内瓦举行。出席大会的有临时中央委员会、协会各支部的代表以及参加国际的英国、法国、德国、瑞士等国的工人团体的代表，共计60人。海·荣克当选大会主席，约·菲·贝克尔和弗·杜普莱克斯当选副主席。马克思因撰写《资本论》没有出席代表大会，但他起草了《给临时中央委员会代表的关于若干问题的指示》，就大会议程上的问题阐明临时中央委员会的观点。这个文件作为临时中央委员会的正式报告在大会上宣读，并成为大会各项决议的基础。掌握大会票数三分之一的蒲鲁东派代表提出了自己的纲领《法国代表团向日内瓦代表大会提交的备忘录》。经过讨论，在列入代表大会议程的11个问题中，有6个最重要的问题通过了以马克思在《指示》中的提案为基础的大会决议（关于国际联合行动、限制工作日、儿童劳动与妇女劳动、合作劳动、工会、常备军），在波兰问题上通过了约·菲·贝克尔的折中性的决议案，在其他几个次要问题上通过了蒲鲁东主义者提出的决议案。大会通过了马克思起草的《临时章程》，删去临时性条款，称为《国际工人协会章程》，起草并通过了作为《国际工人协会章程》补充的《组织条例》，选举原有的委员组成新的总委员会，决定伦敦为总委员会的驻地，并定于1867年9月在瑞士洛桑召开第二次代表大会。

第二次代表大会于1867年9月2—8日在瑞士洛桑举行。出席大会的有英国、法国、德国、意大利、瑞士和比利时的代表共71名。马克思因忙于《资本论》第1卷的付印工作没有出席代表大会。欧·杜邦被选为大会主席，约·格·埃卡留斯和约·菲·贝克尔被选为副主席。大会的主要议题是：用什么实际手段把国际协会变成支持工人阶级摆脱资本压迫的斗争的共同行动中心？工人阶级如何才能利用本是他们提供给资产阶级和政府的贷款来为自己的解放服务？代表大会听取了总委员会的报告以及各个地方的报告，通过了《关于工人阶级政治斗争》的决议，强调工人的社会解放同政治解放不可分割，推动了国际工人运动的发展。占据大会代表绝对多数的蒲鲁东主义者不顾总委员会的反对，强使代表大会接受他们的议程，再次讨论了合作问题、妇女劳动问题、教育问题以及许多枝节问题，通过了许多具有蒲鲁东主义色彩的决议。在土地所有制问题上，左派蒲鲁东主义者德巴普提出消灭私有制、土地归集体所有的思想，同右派蒲鲁东主义者托伦等进行辩论，双方相持不下。在对待资产阶级和平组织"和平和自由同盟"的态度问题上，马克思及其拥护者反对国际会员参加该同盟，但很多大会代表支持同盟的活动，最后通过妥协性决议，派代表出席和平和自由同盟代表大会。大会决定伦敦仍为总委员会的驻地，并定于1868年9月在布鲁塞尔召开第三次代表大会。

本卷收录的内容包括三个部分：（1）第一国际第一次代表大会文献，包括总委员会于1867年在《国际信使》上发表的《国际工人协会日内瓦代表大会报告》，由参加大会的记者卡尔德撰写、日内瓦迪科曼和厄廷格出版社于1866年出版的《1866年9月3—8日在日内瓦举行的国际工人协会工人代表大会》以及马克思、恩格斯关于第一国际日内瓦代表大会的通信；（2）第一国际第二次代表大会文献，包括1867年由拉绍德封《未来呼声报》出版的《1867年9月2—8日于洛桑举行的国际工人协会代表大会报告》，《向1867年9月2—8日在洛桑举行的工人代表大会宣读的报告》以及马克思、恩格斯关于第一国际洛桑代表大会的通信；（3）附录，收入与第一国际圣马丁堂成立大会有关的文献，包括圣马丁堂成立大会的筹备，圣马丁堂成立大会记录，马克思、恩格斯等关于第一国际成立的通信，1864年巴黎理事会翻译出版的《临时章程》及序言，1866年龙格翻译的《临时章程》以及国际工人协会巴黎支部出版的小册子。前两部分内容译自雅克·弗雷蒙主编、瑞士日内瓦高级国际关系学院1962年出版的法文版《第一国际》第1卷（Jacques Freymond, La Première Internationale, Tome I, Genève, Institut universitaire de hautes études internationales, 1962）；第三部分内容除1864年巴黎理事会翻译出版的《临时章程》及序言、1866年龙格翻译的《临时章程》以及国际工人协会巴黎支部出版的小册子译自上书外，其余材料译自L. E. 明斯主编、纽约国际出版社1937年出版的英文版《第一国际的建立》（L. E. Mins, *Founding of the First International*, New York, International Publishers, 1937）。马克思恩格斯的有关论述摘自中共中央编译局编译的《马克思恩格斯文集》和《马克思恩格斯全集》中文第1版、第2版相关卷次。

本卷主编依据中共中央编译局编译马克思主义经典著作的标准统一了人名、地名、组织机构名、报刊名等专用名，增加了对原书中一些名词和引语的注释。书中文献的脚注，凡未加说明的都是原文本编者所注；中文本译者或编者所加的注，均注明"——译者注"或"——编者注"。

目 录

第一国际第一次代表大会

（1866年9月3—8日于日内瓦） ·················· 1

《国际信使》发表的报告

——国际工人协会日内瓦代表大会报告 ·················· 3

1866年9月3—8日工人代表大会出席代表名单 ·················· 3

总委员会报告 ·················· 6

日内瓦代表大会讨论记录 ·················· 18

附件A ·················· 47

约·卡尔德的会议报告——1866年9月3—8日在日内瓦举行的

国际工人协会工人代表大会 ·················· 52

国际工人协会章程 ·················· 62

第二个议题：在协会帮助下实现劳资斗争中的国际联合行动 ··· 65

第三个议题：工会。它们的过去、现在和未来 ·················· 67

第四个议题：合作社 ·················· 67

第五个议题：直接税和间接税 ·················· 68

第六个议题：建立国际信贷机构 ·················· 69

第七个议题：缩短工作时间 ·················· 69

第八个议题：妇女和儿童的劳动 …………………………… 72
　　第九个议题：常备军及其对生产的关系 …………………… 74
　　第十个议题：宗教观念及其对社会、政治、精神生活的影响 …… 75
　　第十一个议题：关于通过实现民族自决权和在民主和社会的
　　　　基础上恢复波兰，消除俄国在欧洲的影响的必要性 …… 76
　　第十二个议题：在国际协会建立互助会 …………………… 77
　　附录：法国代表团向日内瓦代表大会提交的备忘录 ……… 82
马克思、恩格斯关于第一国际日内瓦代表大会的通信 …………… 113
　马克思致库格曼（1866年1月15日） …………………… 113
　马克思致库格曼（1866年8月23日） …………………… 114
　马克思致约·菲·贝克尔（1866年8月31日） ………… 115
　马克思致恩格斯（1866年9月26日） …………………… 116
　马克思致库格曼（1866年10月9日） …………………… 117
　马克思致恩格斯（1866年12月17日） …………………… 119

第一国际第二次代表大会

　（1867年9月2—8日于洛桑） ……………………………… 121
1867年9月2—8日于洛桑举行的国际工人协会代表大会报告 …… 123
　第一次会议（1867年9月2日，星期一） ………………… 123
　第二次会议（1867年9月2日，星期一） ………………… 127
　第三次会议（1867年9月3日，星期二） ………………… 130
　第四次会议（1867年9月3日，星期二） ………………… 133
　第五次会议（1867年9月4日，星期三） ………………… 135
　第六次会议（1867年9月4日，星期三） ………………… 136
　第七次会议（1867年9月5日，星期四） ………………… 143
　第八次会议（1867年9月6日，星期四） ………………… 150

第九次会议（1867年9月6日，星期五） …………………… 153
　　第十次会议（1867年9月7日，星期六） …………………… 164
　　第十一次会议（1867年9月7日，星期六） ………………… 170
　　第十二次会议（1867年9月7日，星期六） ………………… 181
　　9月8日星期日的活动 ………………………………………… 183
　　代表缺席记录 ………………………………………………… 183
向1867年9月2—8日在洛桑举行的工人代表大会宣读的报告 … 186
　　国际工人协会总委员会向1867年洛桑代表大会的报告 …… 186
　　各支部的报告 ………………………………………………… 209
　　各专门委员会关于大会议程规定议题的报告 ……………… 228
马克思、恩格斯关于第一国际洛桑代表大会的通信 …………… 288
　　马克思致恩格斯（1867年8月31日） ……………………… 288
　　马克思致恩格斯（1867年9月4日） ………………………… 289
　　马克思致恩格斯（1867年9月11日） ……………………… 290
　　恩格斯致马克思（1867年9月11日） ……………………… 291
　　马克思致恩格斯（1867年9月12日） ……………………… 292
　　恩格斯致马克思（1867年9月12日） ……………………… 293

附录　第一国际圣马丁堂成立大会
　　（1864年9月28日于伦敦） ………………………………… 295
圣马丁堂成立大会的筹备 ………………………………………… 297
　　法国工人拜访他们的英国兄弟 ……………………………… 297
　　法国工人与英国工人 ………………………………………… 298
　　《蜂房报》刊登的会议通知 ………………………………… 299
　　法国工人 ……………………………………………………… 300
　　埃卡留斯致马克思（1864年9月26日） …………………… 300

圣马丁堂大会会议安排 ………………………………………… 301
克里默致马克思（1864年9月28日）……………………… 302
圣马丁堂成立大会记录 ……………………………………………… 303
　1864年9月28日圣马丁堂国际大会报道 ……………………… 303
　国际工人协会组织方案（1864年9月28日由勒吕贝宣读）…… 317
马克思、恩格斯等关于第一国际成立的通信 ……………………… 319
　马克思致克林斯（1864年10月4日）…………………………… 319
　埃卡留斯致马克思（1864年10月12日）……………………… 320
　克里默致马克思（1864年10月13日）………………………… 322
　克里默致马克思（1864年10月17日）………………………… 322
　克里默致马克思（1864年10月24日）………………………… 323
　克里默致马克思（1864年10月27日）………………………… 324
　马克思致恩格斯（1864年11月4日）…………………………… 324
　恩格斯致马克思（1864年11月7日）…………………………… 329
　马克思致魏德迈（1864年11月29日）………………………… 329
　马克思致库格曼（1864年11月29日）………………………… 330
1864年巴黎理事会翻译出版的《临时章程》及序言 ……………… 332
1866年龙格翻译的《临时章程》 …………………………………… 336
国际工人协会巴黎支部出版的小册子 ……………………………… 340
　出版目的 ………………………………………………………… 341
　国际协会的组织 ………………………………………………… 342
　致国际工人协会会员书 ………………………………………… 343
　情况报告 ………………………………………………………… 345
　概述和邀请：
　　致互助社、互助信贷社、生产、消费和储蓄协会 ………… 348
　报刊摘录 ………………………………………………………… 349

第一国际第一次代表大会

(1866年9月3—8日于日内瓦)

《国际信使》发表的报告

——国际工人协会日内瓦代表大会报告①

1866年9月3—8日工人代表大会出席代表名单

国际工人协会各支部代表

中央委员会②（地址：伦敦东中央区包佛里街18号）代表：乔

---

① 第一国际第一次（日内瓦）代表大会没有专门出版任何正式、详细的会议记录和报告，总委员会在1867年洛桑代表大会的报告中（见本卷第186—209页）详细地介绍了妨碍大会会议记录和报告出版的原因。不过，总委员会接受了《国际信使》编辑约·科勒的建议，把大会报告用法文和英文逐周刊登在这份报纸上（法文版：1867年3月9日、16日、23日、30日；4月6日、13日、20日、27日；英文版：1867年3月20日、27日；4月3日、10日、17日），并把这几号报纸免费分送给各支部。

国际工人协会周刊《国际信使》于1864年11月创刊，用法英两种文字出版。此次刊登的文章是从大英博物馆藏《国际信使》法文版原文复制的。该系列不全，但是刊有会议情况报道的刊号都在。——编者注

② 中央委员会为圣马丁堂大会选出的国际临时领导机构，后来在各个国家开始出现联合国际各支部的各该国的中央委员会，于是伦敦的中央委员会逐渐被称为总委员会，在日内瓦代表大会文件中这两种叫法是混用的，大会通过的章程最终把中央委员会正式改称为总委员会。——编者注

治·**奥哲尔**，制鞋工；**卡特**，香料制造工；**荣克**，钟表匠；**埃卡留斯**，裁缝；**克里默**，木匠。

伦敦巴黎支部代表：**杜邦**，乐器制作工。

巴黎支部（地址：格拉维利耶街44号）代表：**托伦**，首饰雕刻工；**卡梅利纳**，燃气用具装配工；**布尔东**，雕刻工；**佩拉雄**，铜艺镶嵌工；**缪拉**，机械工；**居亚尔**，家具铜饰镶嵌工；**舍马莱**，建筑师办事员；**屈尔丁**，皮革整理工；贝努瓦·**马隆**，记者；**瓦尔兰**，装订工；**弗里布尔**，装饰雕刻师。

里昂支部（地址：里昂老人院街1号舍特尔住所）代表：**里沙尔**，印染工；**舍特尔**，机械工；**塞克雷坦**，丝织工；**博迪**，机械工。

弗勒里厄支部（地址：里昂老人院街1号舍特尔住所）代表：索恩河畔讷维尔的**博德朗**。

鲁昂支部（地址：友谊街12号）代表：**奥布里**，石板印刷工。

日内瓦法语支部（地址：佩里斯利街4号）代表：**杜普莱克斯**，图书装订工；约·**卡尔德**，记者。

洛桑支部代表：**科尔纳**。

蒙特勒支部代表：**博坎**，木工。

日内瓦德语支部（地址：埃弗谢33号）代表：让①·**菲力浦**·**贝克尔**；查理·**海特**，商人。

苏黎世支部代表：查理②·**毕尔克利**。

拉绍德封法语支部（地址：新广场街8号库勒里医生处所）代表：**库勒里**；茹尔·**维约米耶**，表壳装配工；约瑟夫·**范扎**，雕刻工；让·**玛丽**·**富尼埃**，表盘制造工；**奥特斯泰克尔**，雕刻工。

---

① 原文为让（Jean），应为约翰（Johann）。——编者注
② 原文为查理（Charles），应为卡尔（Karl）。——编者注

拉绍德封德语支部代表：菲力浦·**彼得**。
洛桑德语支部代表：皮埃尔·**埃根魏勒**。
纳沙泰尔州支部：**阿哥诺**，商务代理；**于格南**，民事服务人员。
纳沙泰尔州勒洛克勒支部：**吉约姆**，教授。
圣伊米耶及松维利耶两个支部：**施维茨格贝尔**，雕刻工。
伯尔尼州比安支部：皮埃尔·**莫西曼**，雕刻工。
巴塞尔支部（地址：布尔威格路7号）：**弗赖**，花边编织工。
符腾堡州斯图加特支部：路易·**弥勒**，制鞋工。
马格德堡支部（地址：马格德堡基希加塞9号）：弗里德里希·**布特**。
科隆和索林根两个支部：弗里德里希·**莫尔**。

加入国际协会的各行业协会代表

伦敦裁缝协会代表：**劳伦斯**，裁缝。
日内瓦雕刻协会代表：**马松**；约翰·**博内**；昂利·**培列**。
日内瓦表壳装配工协会代表：**维默**；**格拉斯**。
风琴制作工人协会代表：路易·**马塞尔**。
日内瓦家庭协会代表：**马尼昂**。
团结协会日内瓦支部代表：**吉尔莫**。
日内瓦细木工协会代表：**瓦里纳尔**。
日内瓦建筑木工协会代表：**劳**。
日内瓦德意志工人教育协会代表：奥·**霍朋沃特**，装订工。
洛桑德意志工人教育协会代表：**施莱费尔**，裁缝。
沃韦德意志工人教育协会代表：**迈斯纳**，细木工。

代表人数共60名，其中46位代表来自国际工人协会的25个支部，

14位代表来自11个加入国际协会的行业协会。①

总委员会报告②

1. 国际协会的组织

临时中央委员会建议大体上采纳临时章程中所阐述的**组织计划**。两年来的经验证明了这一计划的正确性,并证明易于把它应用于不同国家而不致使行动的统一受到损害。我们建议下一年中央委员会仍设在伦敦,因为大陆的情况看来不利于改变会址。

中央委员会委员自然应由代表大会选出(临时章程第5条),代表大会有权增加委员的名额。

总书记应在代表大会上选出,任期一年,是协会中唯一领取薪金的工作人员。我们建议他的薪金每周两英镑③。

协会个人会员每人的年度会费统一规定为半便士(或一便士)。会员卡(证)另收工本费。

我们号召协会会员组织互助会,并在各个互助会间建立国际联系,但关于这一问题(成立互助会,从道义上和物质上帮助协会会员的遗

---

① 约·卡尔德的会议报告(见本卷第52页)对代表的划分略有不同,把60名代表分为国际协会代表45名,行业协会代表15名。《国际信使》的划分是正确的。根据吉约姆的说法,卡尔德错误地把中央委员会和伦敦法国支部总共6位代表算成了5位。

② 即《给临时中央委员会代表的关于若干问题的指示》,它在大会上得到宣读,成为讨论的基础,此处按《马克思恩格斯全集》中文第2版第21卷第265—277页刊出,法文版的不同之处在注释中已经说明。——编者注

③ 法文本中后面还有一段话:"常务委员会实际上是中央委员会的执行机构,应由代表大会选出;各个委员的职责由中央委员会确定。"——编者注

孤），我们把创议权留给瑞士人，因为这一问题本来是他们在去年9月的代表会议①上提出的。

2. 在协会帮助下实现劳资斗争中的国际联合行动

（a）一般说来，这一问题包括国际协会的全部活动，因为协会的目的就在于把各国工人阶级分散进行的求解放的斗争联合起来、普遍地开展起来。②

（b）我们协会至今成功地执行着一项特殊职能，这就是反击资本家在罢工和同盟歇业时一贯采用的以外国工人作工具来对付本国工人的阴谋。协会的伟大目的之一就是要使各国工人在求解放的大军中，不仅在**感情**上是，而且在**行动**上也是兄弟和同志。

（c）我们建议的一项伟大的"国际联合行动"，就是**由工人阶级自己对所有国家的工人阶级状况进行统计调查**。为了行动有所成就，必须掌握资料作为行动的依据。通过这样一个伟大的创举，工人将证明他们有能力把自己的命运掌握在自己手中。因此，我们建议：

在设有本协会支部的每个地区立即开始工作，按附在后面的调查大纲所列出的各点收集实际资料；

代表大会号召欧洲和美国的所有工人共同合作，收集关于工人阶级情况的统计材料；报告和实际资料寄交中央委员会；中央委员会把这些材料综合成一个总报告，把实际资料作为报告的附录；

这个报告连同附录一起提交下一届年度代表大会，经代表大会批准

---

① 指1865年9月25—29日举行的伦敦代表会议。——编者注
② 法文本中后面还有一句话："并使之协调一致"。——编者注

后，由协会出资刊印。

调查大纲（当然每个地区均可有所修改）

1. 行业名称。
2. 从业工人的年龄和性别。
3. 从业工人的人数。
4. 工资：（a）学徒工资；（b）计日工资或计件工资；中间人所付的工资额。每周平均工资、每年平均工资。
5. （a）工厂中的工作时数。（b）如存在着小作坊和家庭生产等不同的生产形式，亦调查那里的工作时数。（c）夜工和日工。
6. 吃饭的时间和工人受到的待遇。
7. 车间的状况和劳动条件：过分拥挤、通风不良、阳光不足、瓦斯照明、清洁程度等等。
8. 工种。
9. 劳动对身体状况的影响。
10. 道德状况。教育。
11. 生产情况：是季节性的还是全年相对均衡，是否波动性很大，是否受到外国竞争，主要是为本国消费而生产还是为外国消费而生产，等等。①

---

① 马克思建议的工人阶级状况统计调查大纲为日内瓦代表大会一致通过，但由于中央委员会经费不足和地方组织对此事的疏忽，难以完成统计资料的搜集并将其以中央委员会报告的形式予以出版。在协会的以后几次代表大会——1867年的洛桑代表大会、1868年的布鲁塞尔代表大会和1869年的巴塞尔代表大会——上都提到了实行日内瓦代表大会关于工人统计的决议的必要性，1871年的伦敦代表会议把《指示》第二点中的（c）项全部写入协会的组织条例。——编者注

3. 工作日的限制

限制工作日是一个先决条件，没有这个条件，一切进一步谋求改善工人状况和工人解放的尝试，都将遭到失败。

它不仅对于恢复构成每个民族骨干的工人阶级的健康和体力是必需的，而且对于保证工人能够发展智力，进行社交活动以及社会和政治活动，也是必需的。

我们建议把工作日**在法律上限制为8小时**。这种限制是美国工人的普遍要求①；代表大会的表决将使它成为全世界工人阶级的共同行动纲领。

对于大陆上不太懂得工厂法的会员们我们还要补充一点：如果不明确规定这8小时工作应安排在**一天中哪一段时间**，则一切法定限制都将不起作用或被资方所破坏。这一段时间的长短应该按照工作的8小时再加上吃饭的时间来规定。例如，若几次吃饭时间共占1小时，则法定的一天时间就应该是9小时，比如说，从上午7时到下午4时或从上午8时到下午5时，等等。夜工只是作为例外被允许存在于法律上明确规定的某些行业或行业部门中。总的趋势必须是完全禁止夜工。

这一节只涉及成年人，男性、女性都包括在内，可是绝对不允许让女工从事任何夜工，也不允许让她们从事任何不利于女性特点的或接触有毒和有其他危害作用的物质的工作。我们所说的成年人是指所有满

---

① 美国内战结束后，美国国内争取规定八小时工作日的运动加强了。全国成立了许多为八小时工作日而斗争的联盟。全国劳工同盟在1866年8月召开的巴尔的摩全国代表大会宣布，八小时工作日的要求是把劳动从资本主义奴役下解放出来的必要条件。——编者注

18岁或超过18岁的人。

4. 男女少年和儿童的劳动

我们认为,现代工业使男女儿童和少年参加社会生产这个伟大事业,是一种进步的、健康的、合理的趋势,虽然这种趋势在资本的统治下遭到了可怕的歪曲。在合理的社会制度下,**每个儿童**从9岁起都应当成为生产劳动者,① 就像任何身体健全的成年人一样,必须无例外地服从那普遍的自然规律,即:为了吃饭,必须劳动,不仅要用脑劳动,而且也要用双手劳动。

但目前我们需要谈的只是工人阶级的男女儿童和少年。应该把他们分为三类,区别对待:第一类9—12岁,第二类13—15岁,第三类16—17岁。我们建议法律把他们在任何工厂或家庭里的劳动时间限制如下:第一类2小时,第二类4小时,第三类6小时。第三类至少必须有1小时吃饭或休息的间歇时间。

可能应该在9岁以前就开始小学教育;但我们这里只是针对社会制度所产生的各种趋势提出最必要的抵御之策,因为现在的社会制度把工人降低为积累资本的简单工具,把为贫困所迫的父母变成出卖亲生儿女的奴隶主。儿童和少年的**权利**必须加以维护。他们自己没有能力采取行动来保护自己。因此社会有责任代他们采取行动。

如果资产阶级和贵族忽视它们对自己后代应尽的责任,那是他们自

---

① 自此以下至"把他们分为三类",在法文本中是:"就像成年人一样,必须无例外地服从那普遍的自然规律:'不劳动者不得食。'而说到劳动,我们指的尤其是体力劳动。但目前我们需要谈的只是工人阶级的儿童和少年。

　　基于生理方面的原因,我们认为应该把男女儿童和少年分为三类"。——编者注

己的过错。分享这些阶级的特权的孩子们注定要受他们的偏见的毒害。

工人阶级的情况就完全不同了。工人不是能自由行动的人。极其常见的情况是，他们甚至十分无知，以致不懂得自己孩子的真正利益或人类发展的正常条件。但是工人阶级中比较先进的那部分人则完全懂得，他们阶级的未来，因而也是人类的未来，完全取决于新一代工人的成长。他们知道，首先必须使工作的儿童和少年免受现存制度之害。这只有通过变**社会理性**为社会力量才能做到，而在目前条件下，除通过由国家政权施行的**普遍法律**外没有其他办法。工人阶级并不是通过这种法律的施行来巩固政府的权力。相反，他们是把目前被用来压迫他们的政权变为自己的武器。他们是通过共同的行动做到靠众多分散的个人努力所无法做到的事情。

从这一点出发，我们说，父母或雇主令未成年人劳动而不同时使其受教育，是决不能允许的。

我们把教育理解为以下三件事：

第一：**智育**。

第二：**体育**，即体育学校和军事训练所教的内容。

第三：**技术培训**，这种培训要以生产各个过程的一般原理为内容，并同时使儿童和少年学会各种行业基本工具的实际运用与操作。

对未成年劳动者应按不同类别循序渐进地施以智力、体育和技术方面的培训。技术学校的部分开支应当靠出售学校的产品来补偿。

把有报酬的生产劳动、智育、体育和综合技术培训结合起来，就会把工人阶级提高到比贵族和资产阶级高得多的水平。

不言而喻，法律应当严格禁止雇用9—17岁（包括17岁在内）的人在夜间和在一切有害健康的行业里劳动。

5. 合作劳动

　　国际工人协会的任务是把工人阶级的**自发运动**联合起来、普遍地开展起来，而不是以任何教条式的制度强加于人。因此代表大会不应宣布**任何特殊**的合作**制度**，而只应阐明一些总的原则。

　　（a）我们承认，合作运动是改造以阶级对抗为基础的现代社会的各种力量之一。这个运动的巨大价值在于它能实际证明：现在这种使**劳动附属于**资本的制造贫困的残暴制度，可以被**自由平等的生产者联合**的造福人民的共和制度所代替。

　　（b）但是，合作制度在单个的雇佣劳动奴隶靠个人的努力所能为它创造的狭小形式局限之下，决不能改造资本主义社会。为了把社会生产变为一个由合作的自由劳动构成的和谐的大整体，必须进行**全面的社会变革**，也就是**社会的全面状况的变革**。除非把社会的有组织的力量即国家政权从资本家和地主手中转移到生产者自己手中，否则这种变革决不可能实现。

　　（c）我们建议工人们与其办**合作商店**，不如从事**合作生产**。前者只触及现代经济制度的表面，而后者则动摇它的基础。

　　（d）我们建议所有的合作社用它们的共同收入的一部分建立一项基金，以便能够不仅通过讲道理而且还通过实例，也就是说不仅通过宣传教育，而且还通过多建立新的合作组织，来传播它们的原则。

　　（e）为了避免使合作社蜕化为通常的资产阶级的股份公司，所有从业的工人，不管他们是不是股东，应该一律平等地分享收益。作为一种临时权宜措施，我们同意让股东得到少量的利息。

6. 工会。它们的过去、现在和未来

（a）它们的过去。

资本是集中的社会力量，而工人能支配的力量只有自己的劳动力。因此，资方和劳方之间的**契约**永远不可能订得公平合理，甚至从一个把生活资料和劳动资料的所有权同活的生产力置于相互对立地位的社会的眼光看来订得公平合理，也是不可能的。工人的社会力量仅在于他们的数量。然而，数量上的优势被他们的分散状态所破坏。工人的分散状态之所以造成并长期存在，是由于**他们自己之间的不可避免的竞争**。

工会的产生，最初是由于工人们**自发地**企图消除或至少削弱这种竞争，以便在契约中有可能争取到起码高于纯粹奴隶的地位。因此，工会的直接任务仅限于日常的需要，设法阻止资本的不断侵权，一句话，仅限于工资和劳动时间的问题。工会的这种活动不仅是合法的，而且是必要的。只要现在的生产制度还存在，就不能没有这种活动。恰恰相反，这种活动必须通过所有各国工会的建立与联合而普遍地开展起来。另一方面，工会已经不知不觉地变成了工人阶级的组织中心，正如同中世纪的自治市和公社是资产阶级的组织中心一样。如果说工会对于进行劳资之间的游击式的斗争是必需的，那么它们作为**彻底消灭雇佣劳动制度和资本统治的一种有组织的力量**，就更为重要了。

（b）它们的现在。

工会过多地局限于与资本进行地方性的直接斗争，它们对自己所具有的与雇佣奴隶制本身作斗争的力量还没有充分的认识。因此它们总是过分地脱离一般的社会政治运动。然而最近看来它们似乎有些认识到它

们的伟大历史使命了，例如，在英国，工会参加了最近的政治运动①，在美国，它们认识到了自己应该起更大的作用②，还有，不久以前在设菲尔德举行的盛大的工会代表会议通过了如下的决议：

"本次代表会议非常赞赏国际协会为把各国工人联合成一个统一的兄弟联盟所作的努力，因此郑重建议与会各团体参加该协会，深信这对全体劳动者的进步和昌盛至关重要。"③

---

① "最近的政治运动"指英国1865—1867年争取第二次选举法改革的一般民主运动。

根据国际中央委员会的倡议和在它的直接参与下，选举法改革的拥护者于1865年2月23日在伦敦圣马丁堂召开会议，会上通过了建立改革同盟的决议。改革同盟成了领导工人争取第二次选举法改革的群众性运动的政治中心。中央委员会的一些委员，主要是英国各工会的领袖，参加了同盟的领导机关——理事会和执行委员会。同盟所领导的改革运动的纲领和对待资产阶级政党的策略都是在马克思的直接影响下制订的，他竭力促使英国工人阶级实行不依赖资产阶级政党的、独立的政策。资产阶级仅仅要求把选举权扩大到某些住房的房主和房客，与此相反，改革同盟按马克思的主张提出给予国内所有男性成年居民普选权的要求。被国际重新提出的这个宪章派的口号，在英国工人阶级队伍中得到了广泛的反响，并且使同盟获得了在此以前对政治漠不关心的工会的支持。同盟在英国各大工业城市和各地方都有分支机构。但是由于改革同盟领导层中的资产阶级激进派慑于群众运动的声势而动摇，由于工会机会主义领袖的妥协，同盟未能贯彻中央委员会拟定的路线；英国资产阶级使运动发生了分裂，在1867年进行了一次残缺不全的改革，这次改革仅仅把选举权给了小资产阶级和工人阶级的上层，而工人阶级的基本群众仍然和原先一样处于政治上无权的地位。——编者注

② 在美国内战期间，美国工会积极支援北部各州与奴隶主斗争；1864年春工会曾起来反对反动的海斯丁斯-福尔杰罢工法案。——编者注

③ 见《联合王国工联代表会议的报道。代表会议于1866年7月17日及其后四天在设菲尔德举行》1866年设菲尔德版。1866年7月17日—21日英国工会在设菲尔德举行了代表会议。出席会议的138位代表代表20万有组织的工人。会议的主要议题是与同盟歇业作斗争的问题，曾专门开过几次会，会议作出这项号召各工会加入国际工人协会的决议。——编者注

（c）它们的未来。

不管工会的最初目的如何，现在它们必须学会自觉地作为工人阶级的组织中心、为工人阶级的**彻底解放**的最大利益而行动。它们对这方面的任何社会运动和政治运动都须给予支援。它们既然把自己看做是并且以行动表明自己是整个工人阶级的斗士和代表，因而就不可不把工会以外的工人吸收到自己的队伍中来。它们必须特别关心那些报酬最少的行业中的工人的利益，例如农业劳动者，特殊的处境使得他们软弱无力①。工会必须让全世界②都相信，它们的奋斗决不是出于狭隘的私利，而是为了使千百万被压迫者获得解放。

7. 直接税和间接税

（a）无论怎样改变征税的形式，都不能使劳资关系发生任何重大的变化。

（b）但是，如果需要在两种征税制度间进行选择，则我们主张**完全废除间接税而普遍代之以直接税；**

因为征收直接税比较便宜而且不干扰生产；因为间接税提高商品的价格，这是由于商人不仅把间接税的数额，而且把为交纳间接税所预先垫支的资本的利息和利润也加在商品价格上了；

因为间接税使每一个人都不知道他向国家究竟交纳了多少钱，而直接税则毫无掩饰、简单明了，连最笨的人也不会弄错。所以，直接税使每一个人都能制约政府权力，而间接税则使任何自治的希望都归于破灭。

---

① 法文本中不是"特殊的处境使得他们软弱无力"，而是"特别不利的处境使他们不能进行有组织的反抗"。——编者注
② 法文本中不是"全世界"，而是"广大工人群众"。——编者注

8. 国际信贷

创议权留给法国人。①

9. 波兰问题②

（a）为什么欧洲工人要提这个问题？首先是因为资产阶级作家和鼓动家们共谋掩盖这个问题，虽然他们在大陆上，甚至在爱尔兰，充当一切民族的保护人。他们为什么绝口不谈这个问题呢？因为无论贵族或资产者都把那个居于幕后的阴暗的亚洲强国看做是抵挡工人阶级争取提高地位的汹涌浪潮的最后一个救星。只有在民主的基础上恢复波兰，才能真正把这个强国打倒。

---

① 法文本中是："创议权留给法国人，因为这一问题是他们在九月代表会议上提出的。"
　　这一问题最初是巴黎的协会组织提出的，在1865年9月伦敦代表会议上被列入1866年日内瓦代表大会议程。提议者的思想基础是蒲鲁东关于靠"人民银行"和"无息信贷"就可以实现社会变革的主张。马克思在《论蒲鲁东》一文中已对这一主张进行了批判。——编者注
② 法文本中标题是："必须消除俄国在欧洲的影响以实现各民族的自决权，必须在民主与社会的基础上重建波兰。"
　　在其他文献材料中所记载的关于波兰问题的提法略有不同。例如，马克思用法文书写的《日内瓦代表大会（1866年）议程》中的第9点是："通过实现民族自决权和在民主与社会基础上恢复波兰，消除俄国在欧洲的影响的必要性。"又如，伦敦代表会议1865年9月27日晚间会议的记录（英文）中是这样写的："通过在波兰实现'每一民族都应享有的自决权'和在民主与社会的基础上重建这个国家，来消除侵入欧洲的俄国影响，刻不容缓。"——编者注

（b）目前在欧洲中部特别是德国的状况发生了变化的情况下，比过去任何时候都需要有一个民主的波兰。没有民主的波兰，德国就会成为神圣同盟①的前哨，有了民主的波兰，德国就会成为共和制法国的合作者。在欧洲这个大问题没有解决以前，工人阶级的运动总是要遭到打断、遏止或阻碍。

（c）德国工人阶级特别有责任在这个问题上提出创议，因为德国是瓜分波兰的参加者之一。

10. 军　队②

（a）各种名目的，如和平的、经济的、统计学的、慈善事业的社会学的代表大会，都充分揭露了庞大的常备军对生产的有害影响。因此我们认为，详细论述这一点是完全多余的。

（b）我们建议普遍武装人民，普遍训练人民使用武器。

（c）作为暂时的必要措施，我们允许保存小规模的常备军，用以

---

① 神圣同盟是欧洲各专制君主镇压欧洲各国进步运动和维护封建君主制度的反革命联盟。该同盟是战胜拿破仑第一以后，由俄国沙皇亚历山大一世和奥地利首相梅特涅倡议，于1815年9月26日在巴黎建立的，同时还缔结了神圣同盟条约。几乎所有的欧洲君主国家都参加了同盟。这些国家的君主负有相互提供经济、军事和其他方面援助的义务，以维持维也纳会议重新划定的边界和镇压各国革命。

　　神圣同盟为了镇压欧洲各国资产阶级革命和民族解放运动，分别召开过几次会议：1818年亚琛会议、1820—1821年特罗保会议、1821年5月莱巴赫会议和1822年的维罗纳会议。根据会议的决议，曾于1820—1821年间镇压意大利的革命运动、1823年武装干涉西班牙革命，并企图干涉拉丁美洲的独立运动。由于欧洲诸国间的矛盾以及民族革命运动的发展，1830年法国七月革命后神圣同盟实际上已经瓦解。——编者注

② 法文本中的标题是："常备军及其与生产的关系"。——编者注

充当为民兵培养军官的学校;每一个男性公民都应当有一段很短的时间在这种常备军中服役。

11. 宗教问题①

创议权留给法国人。②

日内瓦代表大会讨论记录

9月3日会议

会议主席:公民杜普莱克斯

日内瓦支部受中央委员会委托负责大会召开的筹备工作,对代表资格进行审查。

报名参加会议人员情况介绍如下:来自各支部的代表45人,来自国际协会会员的各工会的代表15人,共计60人。

---

① 法文本中的标题是:"各种宗教观念及其对社会、政治和精神发展的影响"。——编者注

② 法文本中是:"创议权留给法国人,因为这一问题是他们在伦敦代表会议上提出的。"

这一问题是由巴黎的协会组织提出的,在1865年9月伦敦代表会议上以微弱多数票被列入1866年日内瓦代表大会议程。马克思后来在驳斥乔·豪威耳对协会历史的歪曲时写道,总委员会提出的议程"没有一个字谈到'宗教',然而在巴黎代表的要求下,这道禁菜被列入了为将要召开的代表大会准备的菜单中"(见《马克思恩格斯全集》中文第2版第25卷第321页)。——编者注

有几位自称跟巴黎支部的代表一样有出席代表大会资格,但未能报上名的人员提出要参加大会的各项议程的要求,由此引起了激烈的讨论。他们的理由是法国行政管理机关规定禁止集会,因此无法开会决定选派出席会议代表。一些代表支持他们的请求,指出大会的组织没那么完备而且也不是一成不变的,没必要如此严格,一切诚心诚意要求参加会议人都应当被允许,这样更有好处。英国代表提出反对意见,指出拥有数千名会员的支部和工会选派的代表们是抱着代表制度应该成为大会的基本制度这一信念来开会的,如果允许不代表任何注册团体的人员参加,对于正式选派的代表来说辩论和投票活动势必有失公允,有损他们的权利。大会最后通过折中意见决定,辩论和投票只允许具备正式代表资格的代表参加。

代表们经过这段插曲后进行大会主席选举。中央委员会选派的代表公民**荣克**获 54 票多数,担任大会主席。

日内瓦法语支部公民**杜普莱克斯**和日内瓦德语支部公民**贝克尔**担任副主席。

公民**库勒里**(拉绍德封)、**卡尔德**(日内瓦)、**布尔东**(巴黎)和**莫尔**(德国)担任书记。

大会决定每天举行两次会议,第一次上午 9 点开始,第二次下午 2 点开始。

公民**克里默**(伦敦)要求每个提交议案的会员只有 15 分钟的发言时间进行介绍和论述;对所有的提问要集中一次回答,时间是 10 分钟,委员对同一问题发表意见的发言时间限定在 10 分钟。

该提议获得一致通过。

1866年9月4日会议
上午9时

会议主席：公民**荣克**

公民**弗里布尔**代表巴黎支部宣读了该组织在巴黎的收支状况报告。报告同时还介绍了在国际法国取得的道义上的成就。

公民**克里默**宣读了设在伦敦的中央委员会的行政报告。报告称已有25173名各行业公民加入了国际协会，另有约20000多名新成员有望很快入会。国际协会工作在英国取得了巨大成果。

公民**库勒里**以大会的名义对英国工人为他们所做的一切表达谢意。

公民**弗里布尔**以所有法国与会代表的名义向中央委员会表达谢意，提出将伦敦的债务视为国际债务。

公民**舍马莱**代表巴黎支部宣读了包括讨论提纲中所列全部问题的研究结果报告①。

他的报告因休会时间已到而中断。

1866年9月4日会议
下午2时

会议主席：公民**荣克**

公民**舍马莱**（巴黎）继续宣读巴黎支部的报告。

公民**托伦**建议所有报告宣读、重读后再开始进行总辩论。

---

① 见本卷第60—62页。——编者注

此建议经多数同意通过。

公民**埃卡留斯**用德文宣读了伦敦中央委员会的报告。①

关于教育问题，有两份分别由巴黎支部少数派和多数派起草的报告。

巴黎支部的报告宣读之后，里昂代表团代表宣布放弃宣读其支部的报告，并表示巴黎支部的报告涵盖了他们的思想和原则，他们完全赞同。然而，关于教育问题，他们提出由家庭实行教育。

公民**弗里布尔**（巴黎）把会议期间刚刚收到的两名巴黎协会会员寄来的一份报告放在办公桌上，询问应该如何处理会员以个人名义寄来的报告。

大会根据公民**克里默**（伦敦）的建议，决定由日内瓦委员会负责审阅，之后向大会作简短汇报②。

公民**卡尔德**（瑞士）提议任命一个委员会负责起草最终章程。

提议获得一致通过。

公民**卡尔德**（瑞士）提出每个国家的代表人数应该按照代表团团员人数的比例决定。

卡尔德的提议被采纳。

德国4名：**毕尔克利，霍朋沃特，贝克尔，施莱费尔。**

英国3名：**埃卡留斯，卡特，杜邦。**

法国5名：**瓦尔兰，弗里布尔，舍特尔，托伦，奥布里。**

瑞士2名：**杜普莱克斯，库勒里。**

---

① 即《给临时中央委员会代表的关于若干问题的指示》。——编者注

② 该报告因时间关系没在会上宣读。

1866年9月5日会议
上午9时

会议主席：公民**荣克**

公民**卡尔德**（瑞士）提议对讨论问题提纲里提交的问题进行逐条讨论。要求对每一个问题设定一个格式作为公开讨论的起点。

公民**卡尔德**的提议获得在场全体委员的支持。

当对所建议的第二个问题进行研究时，公民**克里默**（伦敦）指出，在没有全体代表同时都在场的情况下所进行的讨论是不会有效果的，因为起草委员会委员们很有可能会把大会通过的某项或若干项决议拿掉。他同时指出讨论问题提纲的不同文本不尽相同。问题顺序也有变，法国版讨论问题提纲的某些条款在英国和日内瓦版本的讨论问题提纲里就没有。

1866年9月5日会议
下午2时

会议主席：公民**荣克**

公民**卡尔德**（瑞士）宣读了公民**斯坦帕**寄自米兰的致全体与会代表的信。信里表示，意大利公民为无法参加汇聚各国工人的重要大会表示遗憾。希望能把他们决定加入国际协会的行动视做出席会议。这封信在大会上产生巨大影响，被报以一致的掌声。多位代表要求将其翻译成德文和英文，并收入大会文件。这个要求得到所有代表的响应。

大会主席通报说，两家英国报纸《泰晤士报》和《每日新闻》刚刚分别发表了关于大会和国际协会的文章，之前它们对此一直不屑一顾。他同时指出，这两份伦敦最具影响力报纸的做法对全英国意义重大。

公民**库勒里**（瑞士）随后应约以最终章程起草委员会的名义作该委员会的报告。

多名委员要求全文宣读章程，以便进行逐条讨论。

提议得到响应。报告人开始全文宣读。

第1条关于任命总书记一项，代表们存在较大分歧。英国代表团建议总书记由代表大会任命，这样可以强化其责任。

公民**托伦**（巴黎）和部分代表则主张总书记应该由中央委员会任命。代表们希望避免以同样投票方式产生的中央委员会和总书记这两项权力出现分裂。在这个问题上产生的分歧有可能一直延续到下一届大会和影响国际协会的运转。

后者意见获大会多数支持。

第2条关于确定大会举办时间地点一项，公民**卡尔德**发言认为应该由中央委员会自主确定。

这一建议获德国和英国代表支持，却遭到法国和瑞士代表团众多其他成员的反对。

公民**缪拉**提出以下建议：由每届代表大会确定下届大会的举办时间，一旦确定不得更改，大会举办地点由中央委员会根据具体情况来确定。

赞成这一建议的会员表示，不管中央委员会确定的举办地在哪儿，希望各国代表团能如期在确定的举办时间出席会议，无需另行通知。

公民缪拉的建议虽然遭到英国代表的反对，但获得多数支持并通过。

有关章程条款的讨论在继续。

关于举办年度代表大会问题，公民**克里默**和**奥哲尔**说代表大会没有每年举办一届的必要，主要理由是旅行费用太贵。

大部分委员则认为每届代表大会对国际协会都是一次激励，可以吸收大批新的会员，有利于其工作的顺利开展。

大会决定此后每年举行一次代表大会。

章程第4、5、6条一致通过。

第7条关于向从一个国家前往另一个国家的会员预借差旅费一项①，代表们各抒己见。有的认为不应该开允许各支部向会员提供借款的先例，此做法很可能使支部深受其害。有的指出工人应该养成节约的习惯，不要指望借钱办事，并补充说国际协会所要做的只能是让参加会议的工人有事可做而已，为其起一个在一些国家被称为搭桥的作用。

公民托伦和**弗里布尔**回答说避免这些麻烦是轻而易举的事，他们建议出差会员所属的支部一定要向提供借款的支部或相关的支部进行还款担保。一旦出现借款未按期偿还的情况——这种情况应该极少发生，放款单位就立即到借款人所属支部的账户划款以便及时收回借款。这样做就不会有借钱收不回来和债务纠纷问题。这是属于每个公民的一种权利。每个支部自主决定如何操作以满足借款会员的要求。

英国代表团请求推迟讨论这个问题。请求未被采纳。议案经多数表决通过。其中有两票反对。

第8条关于加入国际协会要求条件的讨论十分激烈。

大会一部分代表主张，一切公民，即使不从事体力劳动，只要投身于工人阶级的解放，就应该被接纳为国际工人协会的会员。

法国代表和部分瑞士代表表示反对，主张体力劳动者身份这一点必须坚持。理由是，许多野心家和图谋不轨分子也许会趁机混入国际协

---

① 这是日内瓦代表大会制定的《国际工人协会组织条例》第7条的内容，而不是《章程》第7条的内容。——编者注

会，迟早有一天混成主人，利用国际协会为个人牟利，从而改变国际协会的性质。

大会经过长时间的讨论后决定采纳章程起草委员会委员们的意见。

凡是可以证明其劳动者身份的人均可被吸纳为国际协会会员；为此，每个支部自己做主负责吸收具备资格的人成为会员。

章程第9、10、11条一致通过。

1866年9月6日会议
上午9时

会议主席：公民荣克

讨论议程第一项：国际协会的组织

公民**杜邦**（伦敦）和**卡特**（伦敦）提议任命一个五人委员会负责起草国际协会的专门条例①。提议被采纳。

公民**埃卡留斯**、**弗里布尔**、**毕尔克利**、**库勒里**和**舍特尔**被任命为委员会委员。

公民**托伦**（巴黎）询问会议文件和报告发表所需费用是否由总委员会承担。

---

① 即《国际工人协会组织条例》。——编者注

公民**卡尔德**（波兰）① 要求任命一个委员会负责筛选需要发表的文献，对未录入大会发表的各支部文献由各支部自行决定是否发表。

公民**贝克尔**（德国）反对任命这样的委员会，建议把这项需耗时10到15天时间的任务交给伦敦总委员会完成。

公民贝克尔的建议获得一致通过。

公民**托伦**（巴黎）提议将英国、德国、法国②代表团的三个报告全文收入到大会文献。

提议获一致通过。

公民**杜邦**要求各支部将他们发表的材料寄给总委员会一份，用于国际协会的存档。

公民杜邦的提议被采纳。

公民托伦建议将公民斯坦帕的来信**全文**收入大会文献。

主席团提议给意大利工人写一封回信。

提议得到批准。

1866年9月6日会议
下午2时

会议主席：公民**荣克**

公民**杜邦**（伦敦）提请大会关注发生在费内的事件，说有必要向全体代表通报。由工人组成的费内乐队表示愿意参加大会并为星期日的庆祝活动免费演出。警察局的一道禁令使他们的计划泡汤。当局同时还

---

① 卡尔德的身份时而是波兰人，时而是瑞士人。他本人是定居在瑞士的波兰难民，原名叫茨韦尔查凯维奇。

② 总委员会决定"法国"一词包括巴黎支部和里昂支部的报告。

收回了已经发给乐队指挥的补贴。

公民**杜普莱克斯**（日内瓦）证实了公民杜邦所讲的情况。

公民**弗里布尔**（巴黎）提出如下建议：

"大会对这一给费内乐队指挥造成损害的行政行为深表震惊，兹委托大会主席向其表示遗憾和同情。"

建议经投票表决通过。

公民**杜邦**（伦敦）报告说有一个不属于代表团的法国小组来日内瓦要求出席大会，会议最好立刻表决同意他们派一名代表到会，了解他们在公开会议上想要表达的内容；他补充说，这个小组还指责巴黎代表团隐瞒真相。

公民**弗里布尔**（巴黎）代表法国代表团驳斥他们的无端指责，指出巴黎代表团一直而且现在还在要求让这个持不同政见的小组①参会。

许多德国和英国代表表示无法理解为什么还在提这个问题，要求宣布会议内容安排。

会场出现一阵骚动，公民**杜普莱克斯**称大会由日内瓦委员会承办，他要求日内瓦支部会员恢复秩序。

会议内容安排宣布后获多数赞同。其中17票反对。

讨论议程第二项：
在协会帮助下实现劳资斗争中的国际联合行动

公民**杜邦**（伦敦）宣读了中央委员会报告中有关该问题的段落。然后补充说："我提请大会注意中央委员会建议的统计工作。这是我们首先需要解决的最重要的问题之一，因为这项工作可以为我们提供一系

---

① 参看本卷第81页注①。——编者注

列有关各国工人阶级不同状况的第一手数据。因为我们掌握了社会斗争的内容就可以做到有的放矢。"

公民**劳伦斯**就这一问题发言，阐述各种力量如何联合起来促进这场斗争，使这场斗争的性质愈加尖锐激烈。他希望各国工人阶级之间建立联系，以相互了解各方的状况。人们可以通过这种方式达到挫败老板们计谋的目的。他以伦敦缝纫工人最近一次罢工为例来证明自己的论点。老板们为达到使工人们的正当要求落空的企图而引进了一批德国工人，他们初来乍到，既没工作，又对周围老百姓的语言一窍不通。老板们借机对他们实行肆意剥削，发给他们低于英国人的薪水。伦敦缝纫协会与中央委员会一道设法向这些可怜的工人伸出援手，协助他们回国或拿到合理的工资。伦敦铁路建设土方工人不久前也经历了类似情况。面对资本家借助工业手段变本加厉地压榨工人，工人要撼动桎梏的唯一手段就是需要各国所有劳动者齐心协力跟资本家一族展开殊死斗争。为了开展斗争，国际协会的每个支部应该成为一个信息处，让每个工人能在那里得到其欲前往的国家有关工人阶级状况的有用的情况。为此，公民劳伦斯提出以下建议：

"国际协会各支部要与工人协会或还没有工会组织的地方的劳动者个人建立联系，各支部对其所在国工人阶级的经济政治状况写一份报告，并将报告发给其他支部。"

公民**缪拉**（巴黎）支持公民劳伦斯的建议。

公民**库勒里**（瑞士）强调说，工人积攒下来的资本千万不要落到资本家的手里，应该被用来培植合作社，合作社反过来帮助工人阶级致富，增强工人阶级抗击剥削阶级的斗争实力。他以"资本主义剥削是法律承认的盗窃"结束其发言。

公民**杜邦**（伦敦）发言指出，应该说劳伦斯的建议没有实际意义，因为中央委员会已经对此作了安排，他要求要进行详细介绍工人阶级地位情况的统计。接着他补充说，这项统计无论如何都得做，因为相对于老板而言，工人阶级的地位是岌岌可危的。下面这件事就是典型的例子：一名设菲尔德的工人被一个老板雇用两年。一次罢工后，工人们的工资增加了；这名工人要求同样增加工资；老板拒绝了，工人停止了工作。老板于是把工人告上法庭，工人被判入狱三个月。等工人出狱后，老板要求他重返工作岗位，又被拒绝；法官威胁工人说他必须立即接受罢工前规定的工资待遇重返工作岗位，否则将面临三个月到三年的牢狱之灾。请大家看看，所有的都是对工人不利，在资本家面前，工人孤立无援。至少我们应该通过统计让工人意识到他们的真实处境。

公民**托伦**（巴黎）发言说英国的自由环境允许反抗和罢工这类社会运动的存在；而在法国，由于对工人阶级组织设置的种种障碍，罢工迄今为止只是一种极端手段，结社被视做谋求解放的唯一方式。

公民**奥哲尔**（伦敦）指出，在英国发生罢工时，老板通过引进欧洲大陆工人，或者干脆以引进大陆工人为要挟迫使工人作出让步。要利用国际协会防止类似事情再度发生。另外，引进欧洲大陆工人的首要原因是因为支付给他们的工资较低，英国工人们今后要全力支持大陆工人的一切请求，必要时甚至不惜做出经济利益的牺牲来支持他们的斗争。

公民**埃卡留斯**（伦敦）说，罢工行动不该仅限于一个国家，资本家的集权变得如此强势，老板们可以通过引进外国工人或委托外国加工的做法使罢工破产，最近发生在设菲尔德的罢工就是这种情况。老板们想通过委托美国生产来抑制工人运动，但是美国工人拒绝充当他们阴谋的推手。类似事情不是天天都能发生，通常都是老板的这一方法得逞。因此，时至今日，要想让罢工达到目的，所有国家的工人应该同时拒绝工作；要把罢工变成全球性的。号召全球罢工，就是呼唤革命。

公民**克里默**（伦敦）认为统计工作十分必要。为了强调其重要性，他列举了1859年发生在英国著名的建筑工人大罢工事件。那次大规模的罢工有数千名工人参加,耗资高达数千英镑,英国所有工人协会为这场斗争慷慨解囊,倾其所有。老板们威胁说要大批引进外国工人。工人们立刻致信所有外国工人工会团体,但是,由于当时不具备现在国际协会的关系网络,工人们不得不在罢工 38 周后作出让步。你们从这件事可以看出,要使劳动反抗资本的斗争有个好的结局,需要大力进行有利于工人阶级的宣传。为了避免把工人在国与国之间调来调去,应该设法制定相对统一的工资标准,要做到这点,就必须支持所有要求增加工资和减少工时的运动。

公民**贝克尔**(德国)提出以下建议:

"世界各地的工人团体一定要通过总委员会进行联系,就工资额、工作时长、包工方式等开展相互交流。这样,不同国家的工资标准就可能会拉平。工资问题不仅仅是一个国家的问题,而是国际性的问题,因此我们要求各国工人通过中央委员会的作用尽可能多地参加每天都在进行的反对资本的斗争;因为,他们可以通过这种手段成功阻止老板在当地工人罢工之际引进外国工人的做法。"

通过。8 票反对。

公民**科尔纳**(瑞士)建议在不同的城市设立信息处方便工人找工作和老板雇用工人。

公民**卡尔德**(波兰人)原则上谴责罢工。他声称,这是一种野蛮手段,它确立了我们要求废除的雇佣劳动。我们所倡导的应该是协会,协会把工人阶级组织起来,保障他们享有工作的权利,发挥他们的才智。

公民**荣克**(伦敦)离开大会主席的位子站出来为罢工辩护道,这是经济条件所致,至少在英国是这种情况。英国所有的罢工都是以反抗老板们卑劣的暴敛来捍卫自身利益的行为。通常是老板关闭工厂,刚刚发生在设菲尔德的工人和缝纫工罢工就是这种情况。罢工尽管代价昂贵,但是,不管是要求缩短工时,还是要求提高工资的罢工都为组织良好的英国人带来了益处。

公民**卡尔德**（波兰人）和**卡梅利纳**（巴黎）反对罢工行为，表示不相信英国人已经从中受益。

公民**杜邦**（伦敦）发言说英国人没有把罢工当做原则，而只是把它作为一种斗争手段。他补充说，罢工把工人阶级组织了起来，类似情景在欧洲其他任何国家绝无仅有，就目前的状况而言，只有罢工才能完成这一壮举。协会由于所具备的能力微乎其微，作用有限，根本达不到类似效果。如果有人在原则上谴责罢工，那么，罢工作为工人阶级所能掌握的唯一斗争手段这一点是不容置疑的。关于开展统计工作的议案，他已经将总委员会建议的方案交给大会进行审议并获得全票通过。

公民**卡尔德**（波兰人）和**托伦**（巴黎）提出以下建议：

"大会宣告，鉴于目前处于战争状态的工业现状，人们要携手共同捍卫工资，但是大会认为有责任表明，还要实现一个更高的目标，即废除雇佣劳动。大会建议研究制定建立在正义和互利基础上的经济措施。"

此声明获得通过。

讨论议程第六项①：

工会（工联）。它们的过去、现在和未来

公民**弗里布尔**（巴黎）以巴黎代表团名义提出以下建议：

"过去是行会，即专制；现状是不团结，孤立，即对峙和受资本奴役；未来是合作带来的消费者、生产者和资本家的共存。"

这条建议声明与同一议题的英文报告摘录获得通过。

---

① 大会很有可能是在伦敦的议程之外对该项议程进行了讨论，因为它在议程第二项的讨论过程中莫名其妙地得到讨论。

1866 年 9 月 7 日会议
上午 9 时

会议主席：公民**荣克**

讨论议程第五项：合作劳动

公民**埃卡留斯**（伦敦）宣读了中央委员会的报告，报告获一致通过。

公民**弗里布尔**和**舍马莱**（巴黎）作了以下补充：

"大会要求协会避免一人权力独揽的管理形式，让所有会员按照共同签署的协约对全部事项行使充分和全面的管理权。"

公民**博坎**（蒙特勒）提议对洛桑支部去年冬季自己出钱给工人找活干的做法提出表扬。

公民**克里默**（伦敦）提及了同样情况。伦敦土方工人协会也自己出资2万多英镑（约合50万法郎）搞工程。

讨论议程第六项

见上文。

讨论议程第七项：直接税和间接税

会上宣读了中央委员会的工作汇报。经过短暂的讨论后，法国代表团提请大会对以下建议进行投票表决：

"税是每个人应该为总开支所缴纳的分摊额：这就是公民与国家所代表的机关之间的交易。公民对其所需的服务和应该为服务所支付的费用标准拥有唯一的发言权，因此对于征税和取消税收他们有权决定。

税收应尽可能是直接税，做到准确制定每个人的纳税额，以便于对合理税负分配的管理。"

公民**库勒里**（拉绍德封）提出对该建议的一处进行修改，把"税收应尽可能是直接税"按照英文报告的提法改成"税收应该为直接税"。

经过简短讨论后，他撤回了修改意见。大会赞同他的做法。

讨论议程第八项：国际信贷

公民**弗里布尔**（巴黎）建议增加以下内容：

"1. 大会就国际信贷展开调研，并恳请协会各支部将结果转给中央委员会，由中央委员会编入《公报》；以便广而告之，争取在下一届大会时这一问题得到解决。

2. 大会从现在开始就建立所有现存或即将成立的工人银行的联合会，以便对今后把它们合并在国际工人协会监督下的中央机构之中的设想进行调研。"

此建议得到公民**库勒里**（拉绍德封）的响应，获得一致通过。

讨论议程第三项：缩短工作时间

公民**杜邦**（伦敦）宣读中央委员会报告：

"1. 大会认为缩短工作时间是迈向工人解放的先决条件。

2. 大会建议每天的工作时间限制为八小时。

3. 夜班只有在法律允许范围内和特定的情况下方可以获准，而且只限男性。"

法国代表团提出以下建议：

"1. 人只有在其全部才能得到充分发展的情况下才是自由的，因此，一切阻碍人的能力发展和发挥作用的任何延长工作时间的做法，都应该被作为反生理和反社会的做法加以谴责。

2. 就目前而言，我们认为每天 10 个小时的工作时间足以创造出满足生活的物质所需。

3. 因此，国际协会应该尽一切努力确认各种职业的同等价值，并确定个体为集体提供劳动应得报酬的最低标准。"

1866 年 9 月 7 日会议
下午 2 时

会议主席：公民**荣克**

公民**奥哲尔**（伦敦）发言。关于制定报酬的最低标准问题，他认为这个议案执行有难度。他特别强调，大会要坚持中央委员会提出的八小时工作制。八小时的工作时间对支付工人的费用绰绰有余。足以使一个人在社会生产中作出很大的付出。还记得著名的共产主义者欧文用实证说明任何人付出三个小时的工作时间将足以生产出目前的社会财富，想想看，从欧文时代起，机械师们取得了多大的进步，而所有这些进步都是为了解放劳动力。

公民**克里默**（伦敦）说公民奥哲尔关于薪酬最低标准的发言只是他个人的观点而已，因为他本人认为制定最低标准是不可能的事情。这个建议里真正的要害问题是工时问题；这是我们应该积极加以解决的唯一问题，我们要强烈要求八小时工作制。目前在美国工人阶级正在进行把工作时间缩短为八小时的伟大运动。美国无产阶级对国际协会高度重视，确切地说是因为这个问题；他们确信我们一定会声援他们的斗争。我们不应该背弃他们而提出比他们低的要求。另外，我们的要求越多，得到的也就越多。最近建筑工人举行罢工要求缩短工时；如果他们提出八小时而不是九小时的要求，他们的要求势必得到满足。

因此，八小时工作是各国工人阶级的行动口号。我认为这一要求不过分。

公民库勒里（拉绍德封）表示，这是可以使代表大会有所作为的最重要问题。我们要进行革命，首先要有人，而当今的生产体制摧残着人们，把人当成齿轮使用。八小时工作已经足够长了，尤其是对女工而言。在英国，资本家出于自身考虑首先主动要求缩减工作时间，因为他们懂得过度劳动降低人类这个动物的生产力。

公民卡尔德（波兰）发言说，实际例子我们这里就有，没必要跑到英国去找。圣加尔州的老板也已经主动采取了行动并取得了效果。如今，法定工作时间是14小时的工厂跟那些被监管的妓院一样处在警方的监督之下。

公民查·毕尔克利（德国）极力为中央委员会辩护。他说，所有愿意人民得到教育的人应该对八小时工作投赞成票，因为，你们还能要求一个每天工作12到14个钟头的人再干别的事情吗？他回到家里，还有力气和心思打开书阅读吗？还有，我们这些欧洲大陆人士要支持我们英国和美国的兄弟与资本家的斗争，如果我们提的要求比他们的低无异于是对他们的背叛。

公民缪拉（巴黎）发言说，虽然工业发展的程度有差异，并因此导致各国工人阶级在反抗资本的斗争中所处的地位也不一样，尽管不可能在所有国家实行同样的通用法律，我们在这里真正和一定要做好的就是批准对英国和美国工人阶级运动的声援，因为这两个国家工业最发达，等到法国达到同样的发展水平，我们也会同样提出对其声援的要求，因为我们已经有了第一届工人代表大会批准声援的先例可循。

公民弗里布尔（巴黎）说他不主张缩减工时一刀切，法国代表团只是坚持工人的劳动不要妨碍他们才智和能力的自然发展,并且认为对于这个问题不可能制定任何规定。

中央委员会报告中关于工作时间的内容由大会表决,获多数票通过。有10票反对。巴黎代表团提出以下议案:

"国际协会应该尽一切努力确认各种职业的同等价值,并确定个体为集体提供劳动应得报酬的最低标准。"

议案被一致通过。

讨论议程第四项:妇女和儿童的劳动①

公民**杜邦**(伦敦)宣读中央委员会报告。

大会应该认真关注学徒工问题。老板与学徒工之间签有正式合同。要求学徒工一定要信守合同,而老板却很随意。原因是童工在学徒期间受老板的任意剥削,干各种各样与本行无关的差事。徒工往往只有学徒期满后才开始学本行手艺以便成为工人。这个问题应该引起我们的格外关注,因为对儿童的剥削与对成年人的剥削相比显然格外不公道。

公民**库勒里**(拉绍德封)发言表示,我为大会关注妇女问题感到高兴。我们应该明确宣告,我们同时致力于女性解放和男性解放。我们不但要把她们从马路卖淫行当中,而且还要把她们从卖身工厂的做法中拯救出来。让她们像男性一样接受全面的教育,不再成为任何宗教仆役的猎物。总之,要让她们精神和身体得到全面发展,因为她们是人类的希望。

公民**舍马莱、弗里布尔、佩拉雄**和**卡梅利纳**提出以下建议:

---

① 在《给临时中央委员会代表的关于若干问题的指示》中,这项议程是"男女儿童和少年的劳动",妇女劳动是法国代表团提出的问题。——编者注

"从身体、道德和社会角度看,妇女和儿童在工厂的劳动是加快人类退化的主要原因和资本家阶层制造精神摧残的一种最强大的手段,原则上必须对此给以强有力的抨击。"

他们补充说,妇女生来不是外出工作的,她们的位置应该在家里,她们天生就该是孩子的老师,只有她们才能教孩子怎样养成公民意识,如何变得阳刚和自主。这个问题应该列入下一届代表大会议事日程。今后的统计情况将为我们反对妇女参加工厂工作提供大量有力证据。

公民**瓦尔兰**(巴黎)说:我跟你们一样认为妇女在工厂工作的情况有损她们的身体,并且孳生腐化。但是,客观地讲,我们还不能对妇女参加工作一概加以反对,你们的理由是希望把她们从卖淫中拯救出来,那么如果不给她们提供谋生的手段,你们怎么可以做得到?孤儿寡母们的命运又将如何?她们只能伸手索取或卖淫。反对妇女参加工作等于认可施舍,容许卖淫。

公民**弗里布尔**(巴黎)指出,寡妇和孤儿终究是个例,他们任何情况下都不可以使我们订立的法律失去效力。如同我们要求所有男人必须工作一样,其实我们完全知道他们其中不少人由于自然事故是无法做到的,但是我们主张的是普遍性的法律。寡妇和孤儿与残障人士者的情况是相同的。

公民**托伦**(巴黎)说,只要有工厂雇用女工,妇女就永远不可能有自由身,就无法发展她们的天性。工厂使她们颓废。

公民**劳伦斯**(伦敦)说:比我们在这里讲的长篇大论更具说服力和所表达的一切慈善想法更摸得着的东西是:社会进程。我们不要注重理论,我们是工人,是讲实际的人,不是乌托邦主义者。那么,我们要是真的想为工人阶级的解放做实事,我们的作用只能是关注我们周围所发生的一切,理解社会运动,而不是把我们的观念和个别看法强加给社会运动。中央委员会的报告已经讲得很清楚,现代工业的趋势就是要妇女和儿童参与社会生产。这种状况实实在在存在，在英国的某些地方甚至出现妇女不再待在家里，男人沦为下厨房做饭的情形。我们对让妇女参加工作的做法很不赞同，但实际情况已经如此，所以对妇女参加工作一律反对显得有些不理智。我们要做的是坚决反对资本家阶层对妇女进行的剥削。

中央委员会报告中关于妇女工作的内容由大会表决并获得多数通过。

以下由公民**瓦尔兰**和**布尔东**（巴黎）提交的旨在强化英文报告的修改建议经表决后被否决：

"教育缺失、工作繁重、薪水过低、生产车间卫生条件差是当前造成在那里工作的妇女身心健康恶化的原因；这些原因可以通过更佳的劳动组织方式和通过合作加以消除。对于需要通过工作而体面生活的妇女，人们要设法改善她们的工作，而不是剥夺了之。对于儿童，要推后他们进厂年龄，尽可能限制劳动时间的长度。"

公民舍马莱、弗里布尔、佩拉雄和卡梅利纳的建议经过表决被采纳。

关于儿童教育，法国代表团提出以下建议并被一致通过：

"大会宣布，职业教育要兼顾理论和实践，以防止利用特别教育形成一个贵族阶层，培养出来的不是工匠，而是工人的上司。"

1866 年 9 月 8 日会议
上午 9 时

会议主席：公民**荣克**

讨论议程第十项：

常备军及其对生产的关系

公民**杜邦**（伦敦）主持讨论并宣读了中央委员会有关该议题的报告。

公民**维约米耶**（拉绍德封）提出以下决议：

"1. 代表大会承认常备军体制有悖于社会组织的进程和当前的发展。

2. 代表大会知道无法立即改变现状，但是坚信所有劳动者的联合将导致其消亡。"

法国代表团提出以下建议：

"1. 常备军队把最强壮的人从和平任务中争夺走，以致使他们（其实确实使他们）无法为社会正常工作。军队对这些人的占用，在国内也好，在国外也罢，增大了对生产的危害。

2. 民兵制度，即全民皆兵，是唯一可以接受的作为过渡的做法。

3. 代表大会十分欣慰地注意到在取消常规军队、消灭战争和制止国际对立方面所付出的努力，向所有致力于这些观念传播的人，尤其向公共福利联盟的创建者表示钦佩。"

公民**海亚特**（德国）提出以下建议，并获得公民**波尔恩**和**毕尔克利**（德国）的支持：[1]

"代表大会要求所有支部在情况允许的任何地方，尽量以同等基础并遵照同样原则成立军事训练团体，以加快全民武装。"

公民**海亚特**补充说，类似团体在德国已经存在，在政府禁止练武的

---

① 根据卡尔德的会议记录，此建议应该是海特和霍朋沃特提出来的（参看本卷第74页）。

地方，如在体操界，用棍棒代替枪支。

大会全体代表赞同发言者阐述的原则，所有决议均获得通过。

讨论议程第十一项：

宗教观念：它对社会、政治和个人发展的影响

法国代表团提出以下建议：

"代表大会赞同人类享有人身和智识的自由，注意到宗教观念的影响企图否定人的自我意志和尊严；然而，所有宗教观念回避理性探索，代表大会对这种影响表示抗拒并加以唾弃。"

公民**彼得**（德国）指出，今天，我们不要把宗教与道德混扯到一起，这是截然不同，甚至是矛盾的两码事。我们坚决要求把两者区别开，集中力量与宗教斗争，它产生的危害胜过常备军。

公民**库勒里**（拉绍德封）认为，道德被捆绑在宗教左右，宗教把道德变成附庸，带它到所有藏污纳垢的场所，利用它进行辩解，甚至作恶。我们应该设法把道德从这样的保护伞里解救出来。道德必须在理性和科学里扎根，要把这样形成的道德传给孩子们。因此应该绝对禁止在学校里搞宗教教育。

公民**弥勒**（德国）站出来批驳把宗教和道德混为一谈。宗教诋毁道德。宗教在乡下的危害尤其严重，主要应该在乡下禁止宗教，强调理性道德教育。

公民**施莱费尔**（德国）进一步阐述宗教与道德之间的对立，提出防止神职人员的影响。

公民**卡尔德**（波兰）尤其反对针对妇女的宗教教育。

公民**博坎**（蒙特勒）强烈要求把道德和宗教分开。

公民**维约米耶**（瑞士）和**施维茨格贝尔**（德国）① 提出以下建议：大会主张意识自由，教会与国家分开，所有学校不得搞任何形式的宗教教育。

公民**托伦**（巴黎）发言说，科学进步必将摧毁一切宗教偏见，让尊严情感回归人类。他建议大会不要作出任何决议。

全体与会代表一致认为人类必须摆脱一切宗教偏见；鉴于这种情况，大会按议事日程继续开会。

讨论议程第九项：
关于通过实现民族自决权和在民主和社会的基础上
恢复波兰，消除俄国在欧洲的影响的必要性

公民**卡尔德**和**贝克尔**（德国）要求代表大会对此问题做出肯定答复。但是大会把该问题归类为政治问题，不纳入讨论范围，让瑞士和德国代表自主决定是否签署贝克尔提出的如下重建波兰的决议。

"鉴于一切专制随着国际工人协会的发展和巩固行将消亡，民主和社会波兰的重建将自行完成。"

1866年9月8日会议

下午2时

会议主席：公民**荣克**

---

① 施维茨格贝尔其实是瑞士人，为来自松维利耶的代表。

建立互助会

在道义上和物质上帮助协会会员的遗孤

公民**杜普莱克斯**（瑞士）指出，所有已加入国际协会的会员要求成立一个互相救助的总组织。由于目前各类互助会是地方性的，许多工人因为居住国的改变而丧失权利。日内瓦支部尝试成立一个协会，其功能包括：医疗救助、互助贷款、援助国际协会孤儿。日内瓦支部希望得到代表大会的支持，以便把该协会办成国际性的，因为它的成立对于我们实现既定目标大有帮助。

公民**贝克尔**（德国）希望各个支部自主决定是否成立互助会，并要求各支部拿出部分资金用于此项事业。

公民**舍马莱**（巴黎）认为应当把不同的互助会联合起来。但是这在法国实行起来很困难，因为互助会都归政府管，所有的资金都进入国库。

公民**博坎**（蒙特勒）表示日内瓦协会解决了或许其他各国支部有可能遇到的同样难题。做法是，每个协会可以通过从被救助的会员所属分会的账上划款的方式收回借款，他认为这种做法在法国完全可行。

公民弥勒代表斯图加特支部提出以下建议：

"对所有联合起来的互助会要有统一的管理规定，否则将偏离国际目标。此类互助会在德国、瑞士等国家已经存在，但还远远满足不了需要；只有在一个协会内成立足够数量的这类组织才能收到最佳效果。

因此，一定要有一个中央组织，统一收取所有支部交上来的会费，然后负责它们的费用开销。我们向诸位建议的这种做法已经在人寿、火灾等保险行业实行，现在有章可循。"

英国代表团提议：

"请本届代表大会完全赞同日内瓦支部关于成立互助会的所有措施，并请本届代表大会责成中央委员会研究和采取最佳办法来确立符合国际要求的原则。"

建议经投票表决通过。

里昂和巴黎代表团表达了以下愿望：

"代表大会在承认成立储金会和互助会不失为一种理想做法的同时，然而认为目前它们还无法全面展开，因此在此份报告中表示对于支部下设互助会或信贷社问题由各支部自行决定。大会还应该号召已经着手这项工作的支部要设立专门统计，以利于这些组织的发展。"

获得一致通过。

议程第十三项：

特别条例讨论①

公民**库勒里**逐条宣读条例，分别进行表决。

第1、2、3条一致通过。

第4条有关个人缴纳年度会费事项的讨论内容如下：

公民**杜普莱克斯**（瑞士）指出此条只适用于个人会员，各承认国际协会原则的工会，不管会员人数多少，都缴纳一定数额的年度会费。

公民**库勒里**希望各协会应缴纳的会费标准别太高。

法国代表团反而建议会费应该以个人名义缴纳，标准一律统一。

---

① 即为大会补充协会《章程》而制定的《组织条例》。——编者注

公民**劳伦斯**（伦敦）希望不要因为会费问题吓跑各入会的工会，要通过降低它们的会费来调动他们的积极性。

公民**弗里布尔**（巴黎）指出，既然有义务的不平等，就会有权利的不平等；因此他的意见是所有会员都承担同样费用。

公民**舍马莱**（巴黎）说原则上各会员的会费应该相同，但是他建议，考虑到已经入会的英国工会团体和即将入会的工会团体的特殊情况，把它们的会费标准降低百分之五十。

公民**卡梅利纳**（巴黎）表示是否可以考虑在不违反国际协会"**不承担义务就不享受权利**"① 口号的情况下确定不同的会费标准。

有关这个问题的讨论持续了较长时间；公民**瓦尔兰、弗里布尔**等先后发言提出 1866—1867 年度会费标准破例定为 30 生丁，均以个人名义缴纳。

此条经表决通过。

第 5、6、7、8、9、10 条一致通过。

第 11 条规定：国际协会的每位会员都有选举和被选举权。对此条的讨论情况如下：

公民**托伦**（巴黎）指出，如果不加任何区分地吸收各阶层公民加入国际协会，而不管其是不是工人，那么，在选出席大会代表时就不应该采取同样的处理方式了。在当今这种工人阶级始终如一和毫不留情地与资产阶级进行斗争的社会组织状况下，所有肩负代表工人团体使命的人士应该而且必须是劳动者。

公民**佩拉雄**（巴黎）持同样看法并更加过激，认为选举一个不具备工人身份的人当代表等于有意损害国际协会的利益。

---

① 这句口号的原文是："没有无义务的权利，也没有无权利的义务"。——编者注

公民**维约米耶**（瑞士）指出，把某类人排除在我们国际协会之外，这有违我们的总原则，我们的原则规定吸收会员不分种族和肤色，只要他不辱代表使命就可以接收他入会。

公民**克里默**（伦敦）对把这个问题拿出来重新讨论感到费解，认为没有必要。他指出，中央委员会委员就有好几个从事非体力劳动行业的公民，他们的表现无可挑剔，不仅如此，而且如果没有他们尽心奉献，国际协会在英国的脚跟就很可能无法站得如此之稳。这些委员中仅以公民马克思为例，他为了工人阶级的胜利鞠躬尽瘁。

公民**卡特**（伦敦）接着发言说，刚才向诸位提到了公民卡尔·马克思，他充分理解出席第一届代表大会的代表都应该是工人这一重要性，因此谢绝了中央委员会给他本人的代表名额。但这绝不可以成为妨碍他本人或其他任何人来到我们中间的理由，恰恰相反，真正彻底献身于无产者事业的人十分稀缺，不可以把他们拒之门外。资产阶级制胜的根本是人数上的优势和强大。资产阶级与科学结盟，而恰恰是所谓的资产阶级经济科学提高了它们的威望，使它们的一方把持权力。恳请热衷经济问题、承认我们事业的正义性和赞同一定要进行社会变革的人士出席工人代表大会摧毁资产阶级经济科学。

公民**托伦**（巴黎）说，我作为工人在此对公民马克思谢绝接受提供给他的代表资格表示谢意。公民马克思的这一举动表明工人大会就该由唯一的劳动工人构成。如果我们吸收了其他阶级的人，难免有人会说我们的大会不代表工人的意愿，不属于劳动者，我认为有必要向世界证明我们是先进的，我们能够按自己的主张行事。

公民**托伦**关于只有具备劳动工人身份才可以获得代表资格的建议通过投票表决，结果以20票赞成25票反对被否决。

第11条经过投票表决获多数通过，其中10票反对。

第12、13、14、15条一致通过。

大会经过投票决定中央委员会 1866—1867 年总部仍设在伦敦。

公民**埃卡留斯**（伦敦）建议原中央委员会权力机构继续运作。

巴黎代表团对该建议作出积极响应。但是代表团委托公民**弗里布尔**要求把勒吕贝清除出中央委员会，指责他犯有对弗里布尔，尤其是对托伦还有国际协会巴黎整个支部的诬陷罪。

就此议题展开了严肃的讨论。公民**弗里布尔**和**托伦**要求中央委员会对他们提出的公民勒吕贝诬陷一事作出明确表示：有还是没有？

中央委员会代表团回答说，公民勒吕贝确实犯有所说的诬陷罪，并声明，作为一名中央委员会委员，违反协会约定，散布虚假指控，无凭无据，应该被从中央委员名册上除名。

大会接着针对公民弗里布尔和托伦作出以下决议：

"大会声明，公民弗里布尔和托伦从未做过有损国际协会的事情，他们的行为正当合法。"

代表大会决定将委员会委员确定为 50 人，继续行使职责。

关于公民**科尔纳**受委托提出的建议，代表大会决定下一届大会在洛桑举行，开幕日期定为 1867 年 9 月的第一个星期一。

公民**克里默**（伦敦）建议所有留在本国的代表设法争取促使政府制定单一的邮费标准，把国家间的信函费用降至 10 生丁（一个便士）。建议指派一个委员会前往日内瓦、伯尔尼、巴黎、伦敦进行交涉。

大会采纳了公民克里默的建议并指定英国代表团来完成这项工作。

随后，大会主席宣布会议闭幕。

附件 A①

协会条例②

1. 总委员会受权执行代表大会的决议。

（a）为此，它收集各国中央委员会送交给它的一切材料，以及它能够通过其他途径获得的一切材料。

（b）它负责组织代表大会并在各中央委员会的协助下把代表大会的议程通知每个支部。

2. 总委员会应在经费许可的范围内经常出版通报，详细报道国际工人协会所关心的一切情况。这种通报主要应该涉及以下问题：工作的供求状况，合作团体，所有国家中工人阶级的状况，等等。

3. 上述通报以各种文字出版，并分发给所有同总委员会联系的委

---

① 1867年4月27日出版的第17期《国际信使》刊登了附件A，内容包括国际工人协会《组织条例》和1866年美国工人代表大会决议。第18、19期中断刊登大会文件，第20、21期重新开始刊登法国代表的报告。之后的几期，第21到27期大英博物馆图书馆没有收藏，并且直到现在也没有发现。该期刊的最后两期，第28、29期没有刊登任何关于日内瓦代表大会的内容。该刊物英文版与法文版的内容有多处不同。英文版《国际信使》刊登了附件A：致日内瓦代表大会信函目录以及斯坦帕和毕希纳的两封来信；关于国际协会的两篇文章作为附件B，协会组织条例作为附件C被刊登。日内瓦代表大会通过的《章程》没有在任何可以找到的《国际信使》上刊登。

② 译文按《马克思恩格斯全集》中文第2版第21卷第536—537页刊印，该译文原文本为法文，由卡·马克思和保拉法格于1866年10月下半月审校。在《国际信使》发表的这份法文本中，国际协会的领导机构被称为"中央委员会"（Conseil central），而各国的中央委员会被称为"中央局"（bureaux centraux），其他无不同之处。——编者注。

员会，然后由各委员会负责发给每个支部一份。

4. 为了使总委员会能够执行这些决议，在1866—1867年度作为一种特殊情况向国际工人协会的每个会员征收30生丁（3便士）会费。

这些会费主要用来支付总委员会的多种费用，如总书记薪金、发表文件及通讯的费用，代表大会的组织工作和其他筹备工作的开支，等等。

5. 在一切条件许可的地方建立中央委员会，其负责人员由该国的各个支部任命，并可以随时由各个支部加以撤换。各中央委员会的负责人员应向总委员会每月至少呈交一次报告，在必要时则应不止一次。

6. 各中央委员会的开支由同它们联系的各个支部负担。

7. 同总委员会联系的各中央委员会，也像总委员会一样，有责任为协会支部给予协会会员的贷款作担保，但申请人的会员证上必须有申请人所属支部书记的签名。

如果申请人向支部提出贷款申请，而该支部缺乏经费，它有权向发放贷款的管理机构或支部开出期票。

8. 各中央委员会和支部在每个协会会员要求阅读总委员会报告时，应该无偿地向他们提供这些报告。

9. 每个支部，不论大小，均有权派遣一名代表出席代表大会。如果某一支部没有经费派遣代表，它可以同其他支部合派一名代表。

10. 代表的费用由派遣该代表的支部或合派该代表的几个支部负担。

11. 国际工人协会的每个会员都有选举权和被选举权。

12. 会员在500人以上的支部或小组，每500人可以增派一名代表。

13. 在代表大会上每个代表只有一票表决权。

14. 每个支部有权根据当地条件和本国宪法的特点拟定自己的条例和章程，但其内容不得与共同章程和条例有任何抵触。

15. 本章程和条例可以由每次代表大会进行修改，但须有出席代表的三分之二要求修改。

1866 年美国工人代表大会决议

当国际工人协会在日内瓦举行代表大会之际，美国工人召开大会阐述他们的意愿和追求。无产阶级由同一纽带和必须组织起来反抗资本家阶级从而获得彻底解放的需要而团结一致。我们认为把日内瓦代表大会决议再附上 1866 年 8 月 20 日在巴尔的摩举行的美国工人代表大会的决议是有意义的。欧洲工人阶级将高兴地看到工人运动不仅仅集中在欧洲，而且在美国也形成气候，并且力度更强，原因是这个国家享有的政治自由提醒美国无产者不要接受与资产阶级操纵者达成的任何妥协。

一

鉴于国际工人代表大会即将在日内瓦城举行，我们因时间太紧而无法派代表以美国名义出席会议，因而提议：

委托全国工人联合会执行委员会向国际工人协会表达我会的祝贺，同时附上大会讨论问题复本，祈祷上帝为他们的光荣事业助一臂之力；如果欧洲代表大会在我会下一届会议之前召开，同意执行委员会派一位代表前往出席。

二

鉴于历史和过去的立法表明，凡是涉及工人阶级利益的问题，不要相信政见声明和现有政党的保证。

特决定：

该是美国工人阶级割断与旧政党所有联系和亲密关系而组织成**全国劳工同盟**的时候了。联盟的宗旨首先是迫使国会和国家立法机构颁布法令将每天工作时间缩减至**八小时**，指定有关人士为了和代表工人阶级的利益工作。

　　达到预期效果的最佳手段是借助新闻和公开演讲进行系统性鼓动，成立推动八小时工作日同盟；代表大会要求每位代表返回原地后向他们的工人同志宣传立即成立这一组织的必要性。

　　为了贯彻落实代表大会的决议，我们要求所有工人运动的朋友们投票支持的候选人必须旗帜鲜明地表示对每天工作时间缩短为**八小时**实行立法、支持工人运动提出的改革。

　　任何一名工人无论到哪儿应聘何种职业，只要保证履行上述要求就该优先于其他人被录用。

三

　　由于阶级特权变本加厉和令人担忧的蚕食，经过对引导工人阶级实现同一目标的最合适、最有效的手段进行冷静和深入的探讨，我们提出以下建议：

　　要使工人摆脱他们所从事的奴役性工作，当前首要和重中之重的**问题**是要在美利坚合众国立法把每天的合法工作时间确定为**八小时**，为此，工人阶级一定要持之以恒，做到不获全胜誓不罢休。

　　凡是有**全国劳工同盟**存在的地方，美国工人必须加入该组织，在还没有的地方，应当依照同等条件要求立即成立。每个联盟的职责是在**工联**（工人联合会）中发挥代表作用，协助建立全国性以及国际性的工人组织。

　　我们要通过合作找到对付当前工业体系弊端的长效良方，极力主张在这个国家建立数个商店和合作式生产厂,建议这种方式应该遍布本地区的每个地方和每个工业行业。

本国目前实行的感化院制度不仅是对生产者阶级的冒犯,而且还为贪得无厌的老板们利用政府作用降低了劳动成本,因此,我们奉劝工人们坚决主张囚犯的劳动报酬要实行与同类行业工厂同工同酬的做法。

我们向纺纱女工和工业一线女工提供单独和联合性质的保护,强烈要求她们合作,因为我们知道,工人阶级中迫切需要改善地位的莫过于纺纱女工或工业行业的女工们。

今天,我们还要为了农业利益向耕种者伸出援手,因此我们声明:(1)各联盟应该作出统一决定:"美国本土的全部土地只归耕种者所有";(2)任命本会特别委员负责监督此项决定的实施。

代表大会要谴责人们通常所说的罢工,建议工人只能在无计可施的情况下才考虑采取这一做法。

各国和每座城市的科技、理工教学机构和图书馆以及类似的建筑设施应该成为工人们获取文化知识和社会进步的场所。

约·卡尔德的会议报告

——1866年9月3—8日在日内瓦举行的
国际工人协会工人代表大会①

9月3日星期一代表大会开幕之日，来自不同国家各支部的代表齐聚在布儒瓦堡会场。9点半，队伍集合完毕，代表们列队依次入场。

一支以独鼓为前导的简易乐队②演奏进行曲。来自不同国家的支部和工人协会的代表队伍在瑞士联邦国旗和国际工人协会会旗（国际工人协会的口号"没有无义务的权利，也没有无权利的义务"在会旗上熠熠生辉）引导下前往会场。跟在日内瓦支部会员队伍后面的是各自举着会旗的工人协会代表队伍。它们来自12个工会组织，以13面旗帜为前导。分别是：

细木工工人协会、锁匠协会、雕刻工人协会、建筑木工协会、表壳制作工人协会、石匠协会、首饰工人协会、印刷协会、格吕特利联盟、和谐协会、日内瓦法语区工人教育协会、沃韦法语区工人教育协会。

---

① 这份文献于1866年在日内瓦由迪科曼和厄廷格出版社出版，作者卡尔德为参加大会的日内瓦记者。——编者注
② 需要说明的是，大会组委会联系了日内瓦所有的乐队，请他们参加大会的隆重开幕仪式，但均被已经有约在先为由拒绝。组委会其他方面努力的结果也同样无果而终，例如，本打算找一个比位于特雷贝尔酒楼更为合适的宽敞明亮的会场，结果不是回答说已被预订，就是租金高得超出低廉的预算。组委会只能作罢。

代表队伍沿着纽沃广场、克拉特里街、贝莱尔广场、弗里斯桥行进，穿过河心岛和桥之后，向右转进入贝尔格堤街一直到贝尔格桥。代表队伍跨过桥，穿过勒格郎凯、湖泊广场和隆日玛勒广场，来到河畔街并一直走到与此街同名的广场；代表队伍穿过广场后上到特拉西埃街后一直走到会场所在地特雷贝尔酒楼。

会场座无虚席。日内瓦法语支部主席、该支部出席大会代表**杜普莱克斯**走上主席台向大会致词：

"工人们终于迎来了在欧洲面前关心过问自己问题的这个日子。我们经历过太长时间的孤立，我们的力量曾经长期分散；我们组成的协会将赋予我们足够的力量，让我们能够做到改善工作条件，如同伟大的公民林肯废除黑奴制一样，在古老的大陆和全世界废除白奴制。

至今为止，工人们所能得到的仅仅是苦难和辛劳，原因是他们处于无知状态，忽略了对自身利益的自我把握，任凭别人对他们利益的摆布。9月5日将成为历史上值得纪念的重要日子。由已经开始覆盖整个欧洲的工人协会选派的来自各地的代表将代表各自的协会自由坦诚地开展讨论；他们确信，必将得到工人们的支持和坚持，正是靠这种支持和坚持方得以达到目的。

今天，能够承担宣布工人大会开幕的使命让我倍感荣幸，尤其是在这种自由氛围中，我们可以畅所欲言，同时，我们始终牢记协会'没有无义务的权利，也没有无权利的义务'这句格言。我们会尊重东道主这个自由国家，一定避免不要因为我们的讲话给这个国家造成任何不必要的麻烦。"

他的致词博得经久不息的掌声。

日内瓦德语支部主席、该支部代表**贝克尔**先生接着发言：

"兄弟们，代表们：

欢迎诸位从欧洲各地赶来投身于此项事业，而且为了成就这项事业，你们不惜全力以赴，献计献策，百折不挠。不同国籍的工人们第一次以自由、真理和正义的名义携起团结友爱之手，在这个世界历史的庄严时刻，有谁能不为之心潮澎湃？

亲爱的兄弟们，我们有理由为今天的日子自豪，这一天，一个伟大的想法，人类从未孕育的最伟大的想法，把我们永远地凝聚在一起，是的，我们发誓，让这个伟大想法的实现应当永远成为不分出身和国籍的所有人的共同财产。我们这一代人因为这个伟大的想法掀开了世界历史的新纪元。只有自私自利的瞎子才不想看到历史应该把当今人人争斗的状态改变成和平与人人为人人工作的状态，以避免一切文明的成果毁于一旦，永久无法挽回。然而，统治阶级丧失了道德意识和人类尊严的情感，它们日复一日地拿原则与金钱利益或与人类压迫者的恩惠做交易。新希望应该来自底层，来自无产阶级，来自长久以来饱受漠视的平民。只有劳动者的彻底解放，他们的身心得以正常发展，才能拯救社会免遭难以逃脱的灾祸；自然的恩泽、科学成就和人类智慧在艺术领域的创造应该惠及人类的子孙。人人都要为共同的好处努力工作，人人享有自然和大家庭赋予每个人的那份恩泽。任何人不管是靠双手还是靠大脑劳动，只要他是为了大众利益做事，就是工人。我们所有在座的就是这样的工人。

我们的德国和意大利弟兄们受信奉上帝而引起的有利于那些所谓高大人物的战争的影响无法来到我们中间，无法为成就我们的艰难事业助一臂之力，我们对此感到遗憾。因此，别人做了坏事，总是要我们这些平民百姓付出血和金钱的代价，这是基督教文明的麻风病。

但我们不因为人数上的劣势而气馁；我们知道，有数十万勇敢者在远处，为了神圣的事业和我们追求的伟大目标，他们的心脏和我们的心脏同时跳动。大家记得，500年前，在格吕特利建立联盟的仅仅三个人而已，没有这个联盟，我们真的连树我们协会旗帜的方寸之地都找不到。我们盼望传递佳音的信使们从一个山谷到另一个山谷高呼：'弟兄们！起来吧！伟大的日子已经到来！'的这一天终将到来；我们的孩子们将来会回忆起我们1866年9月在日内瓦开始了可以拯救人类的解放事业。这个思想应该给我们克服所有障碍，承受最严峻考验的力量；使我们挣脱当今的所有苦难。

但是我们应该看清我们所追求的目标；砸碎压迫我们和迷惑我们视线的三个枷锁：残暴力量的枷锁，无情无义的金钱枷锁，世袭偏见的枷锁。我们首先要挣断来自我们内心的世袭偏见枷锁，要把我们关于法和道德的想法与我们在地球上实现正义这个目标的伟大原则统一起来。我们的目标是伟大的、纯洁的，达到这一目标的手段也应该是纯洁的。我们应该恪守原则：毫不妥协，毫不让步。不要用另一个世界虚幻的许诺蒙骗人民；让他们知道其处境的真正原因，向他们传授他们长久以来不曾了解的伟大哲学和科学真理。

我们唯一推崇的是我们的理性带给我们的伟大的理想，我们只听从我们意识的评判，我们相信人类理性的创造威力是唯一的信仰和法则。只有这样我们才能达到我们的目标：在地球上实现正义。"

他的发言博得热烈掌声。拉绍德封支部主席、出席会议代表**库勒里**先生接着发言：

"我们很高兴来到这里，以我们那里工人的名义向日内瓦的劳动者和其他地方劳动者的代表们表达我们的情谊。

工人阶级终于明白只能由自己拯救自己、凡事只能靠自己的力量。我们应该为此感到欣慰。

但是应该把这些力量联合起来，进行正确的引导。由于工人的无知，或者由于他们在学校所接受的教育对善良、正义、正直的概念不作解释，反而进行误导，有些人经常利用他们来达到某些政治目的或实现个人野心。

在这类学校里，人们不厌其烦地强调我们的义务，从来不提我们的权利，教导我们服从所有已经建立的强权，谈论什么战神之类；诸如此类的伪科学，工人们学了后注定会给自己套上枷锁。

因此，首先要更换学校，由协会取而代之，协会是一所大学校，劳动者可以在这里学到那种货真价实的生命科学；错误思想的专制被铲除之日乃是暴君消声灭迹之时。

日内瓦的劳动者们，你们拥有政治自由，但你们尚未具备全部自由，以用来建立真正平等的统治，这个真正平等的统治就是正义。你们把我们召集到你们这里来开会，做得好，我们将在这里自由地探讨有关我们自由的益处；但愿我们拥有全部自由的那个日子最终毫无例外地光顾所有人。"（掌声）

开幕式在乐队演奏的凯旋曲中结束。

开幕式当天下午2点，代表们举行会议讨论设立大会主席团和确定讨论会日程等事宜。当大会主席**杜普莱克斯**先生邀请代表提交委托书时，一位自称是巴黎支部会员的人闯入会场，对大会只允许正式代表发言，不让一般会员参加辩论甚至进入会场的有关规定提出抗议。

此事件激起了长时间的激烈讨论。巴黎的几位代表以及**库勒里**先生表示同意所有到会的人发言。其他代表，主要是英国代表则反对这样处理问题。指出他们花委托人辛辛苦苦筹来的钱大老远来到这里，目的是与众多的正式代表队伍交流，况且会议程序规定只有正式代表才能参加讨论。如果为了照顾不具备代表资格的会员而临时修改大会的规定势必改变正式代表的性质，损害他们委托人的权利，大会势必变成地方性质而不再是国际性质的会议。通常情况都是会议举办地拥有多数会议代表，如果让当地支部的所有成员参加投票，来自其他地方代表们的票数比例显然要受影响。

洛桑支部代表**科尔纳**先生赞同英国代表们的意见。为了结束对这个问题的讨论，他建议通过对代表资格的审查确定大会的正式参会人员。

库勒里先生指出，既然大会主席团还没设立，任何人都无权进行资格审查。通过简短讨论后认为这样争论下去没有任何意义，库勒里先生最后收回自己的问题。

在有关会议对外开放问题的讨论中，法国代表要求所有会议全部公开，其中一位代表甚至批评日内瓦委员会过于谨慎。**杜普莱克斯**先生回答说采取这些措施主要是考虑到避免给法国代表回国时招惹麻烦。

巴黎代表**弗里布尔**先生在代表们的掌声中声明说，法国代表来这里开会的一切风险和后果自负，他们对自己的所作所为负责，日内瓦支部没有任何责任。

最后，经过热烈讨论后，代表委托书被提交给了大会主席团。法国代表借此机会解释说，由于法国法律规定禁止 20 人以上的集会，因此他们选派正式代表颇费周折。

经过对代表委托书的审查后确认，参加大会开幕式的代表 54 人。包括后来赶到的代表在内，代表总人数为 60 人，其中，国际协会所属的 25 个支部代表 45 名：5 名来自中央委员会和设在伦敦的法国支部，17 名来自 4 个法国支部，3 名来自 4 个德国支部，20 名来自 15 个瑞士支部；13 个工人协会的代表 15 名：2 名来自伦敦的 2 个工人协会，13 名来自 11 个日内瓦和瑞士其他各地的工人协会。

大会进行主席选举。设在伦敦的中央委员会的代表、出身于瑞士并在英国居住 20 年的**荣克**先生获得这一殊荣。**杜普莱克斯**先生把他请到主席台坐好后，表示瑞士为首届工人大会由一位瑞士之子主持感到荣幸。

接着大会主席团选举**杜普莱克斯**和**贝克尔**先生为副主席，并选举了四名书记，他们分别是日内瓦法语支部的代表**库勒里**和**卡尔德**先生，巴黎支部的**布尔东**先生，科隆和索林根两个支部的共同代表**莫尔**先生。

大会在关于会议是否公开问题进行激烈讨论后决定每天举行两次会议。上午一次9点至12点举行，只允许正式代表参加，讨论和制定协会最终章程；下午一次2点至5点举行，接受公众参加，讨论向代表大会提交讨论的问题。

大会开幕第二天，即9月4日星期二的会议日程全部安排听取设在伦敦的中央委员会①和巴黎支部②的两个报告。

第一份报告首先介绍协会概况，协会在英国拥有会员25173名，包括国际协会本身的会员和加入国际协会的工会会员。报告接着对下列主要问题逐一进行阐释。

在协会帮助下实现劳资斗争中的国际联合行动

我们提出由各地工人主动对工人阶级的状况进行统计调查。这项工作在协会拥有分支机构的一切地方都将立即展开。调查的项目包括生产部门种类，工人的年龄和性别比，工资和押金，工作时间，工场和劳动条件评定，道德状况，生产情况等。

缩短工作时间

缩短工作时间是问题的关键，如果无法实现，诸如智力发展、解放等都无从谈起。提出八小时工作为每天的法定工作时间。夜班只有在法

---

① 即《给临时中央委员会代表的关于若干问题的指示》，见本卷第6—18页，此处从略。——编者注
② 即《法国代表团向日内瓦代表大会提交的备忘录》，见本卷第82—112页。——编者注

律特许的情况下才可以。

男女儿童和少年的劳动

现代工业使青少年参与社会生产的趋势已经趋于合法化，尽管在资本的桎梏下的实际做法是一种恶劣行径。在一个理性的社会，凡是年满9岁的儿童均应当成为生产劳动者。我们提出9至12岁儿童的合法工作限定在2小时；15岁以下限定在4小时；17岁以下限定在6小时。他们的工作应该与精神、身体、技术教育相结合。部分教育费用可以来自他们所生产的产品销售收入。

合作劳动

合作运动是当今社会的一股改造力量。这是一种自由平等的生产者协作的共和体制，用以取代劳动依附于资本的制度。但是，这项活动由于受雇佣劳动奴隶们通过合作方式所带来微不足道的发展的限制，要改造社会显得很乏力。社会的全面变化是必然的。政府的权力应该从资本家以及有产者的手中转移到工人阶级自己手中。

相对消费合作而言，生产合作则更值得提倡。合作社最好将部分财力用于对其原则的宣传。合作社为防止改变性质一定要实行统一工资标准。

工　会

工会的失误是因为它们过于专注眼前的斗争。工会应该反对资本主义制度本身，它们现在已经开始认识到这一点。最近在设菲尔德举行的代表大会通过决议号召所有出席会议的工会加入国际协会。工会一定要做团结所有非会员的工作，设定伟大的目标，即全体工人阶级的解放。

巴黎代表**舍马莱**先生宣读如下报告：

资本与劳动

劳动是一种行为，人们通过这种行为创造用来满足物质和精神需求的可交换和可消费的服务。资本是已经创造出来但未被消费的经营所得款项，是劳动的积累。这是两个完全相同的概念，最彻底的平等就是应该对它们实行交换。

利益的合法性可能受到质疑。今天的工作等于昨天的工作，用等同的劳动回馈已经付出的劳动是最理所当然不过的了。

报告探讨了这个想法并指出设立免费信贷的可操作性。

科学文化教育、素养教育、家庭

传播教育的任务应该由谁承担？应该交给国家吗？应该是免费和义务性质的吗？这份报告的结论是教育自由。在工业体制下，教育与学艺，即学校和工厂，是密不可分的。将它们割裂开等于重新制造阶级差别。我们所有的官办学校：矿业学校、工艺与技术学校、商业学校、海洋学校等均试图弱化劳动者。国家负责的教育，逻辑上讲就是只有一个统一的大纲，目标是通过单一的模式塑造智力；这是对生命的否定，是全面衰退。唯有家庭教育才能培育男人。家庭是社会的基础。

税 收

起初，这是奴役的标志，是被征服者要拿出的进贡。革命将其意义改变了，它成了每个人为分担公共开支应交的份额，纳税人与国家之间的一种交易。至于需要什么样的服务和所愿意支付的费用只有这个群体的成员最有资格发言。但实践与理论相差甚远。实际上税收在慢性导致贫困，只有劳动者掏钱。

报告对已有的不同税收形式进行了归纳：有劳役形式，报告对此形式不赞成；兵役形式，又称流血牺牲税，分布形式极不公正；门窗税、消费税、赠与税等诸多杂税针对公共健康和公共生活。然而，今天要想进行税收的彻底改革是不可能的。这项改革牵涉到劳动者的彻底解放。我们只能强调税收应该尽可能为直接税。

常备军

报告对此表示强烈批评：常备军危害自由，造成财富损失，不道德。人民本身才应该是自己的警察和自己的军队。

合作与协会

合作是一种有别于协会的组织形式。合作把不同的人汇集到一起使其发挥各自的能力和主动性。数名生产者通过这种联系形式以部分产品、服务、义务等达到对各自利益的相互保证，无论在生产还是在消费方面相互都是完全独立的。因此，合作的参与者越多，有益于自由和福利生产的服务面就越广。因此合作具有普及扩大的趋势。合作完全有别于协会，协会随着发展扩大势必造成个人作用完全被吞噬，导致政府共产主义。

以上是巴黎支部报告的要点。

巴黎支部的另一位代表宣读了一份该支部少数会员不同意见的报告，内容涉及罢工和教育，部分会员主张教育应该由国家提供，是免费和义务的。

大会接下来任命国际工人协会新章程起草委员会，委员会由13名委员组成，新章程草案将在公开会议上进行讨论。

大会周三上午的第三天会议讨论章程。起草委员会的修改意见基本一致获得通过。但是，对什么人具备入会条件、劳动者概念的界定、脑力劳动者是否可以入会等问题展开了激烈辩论。英国代表认为脑力劳动者可以入会；法国代表则持相反意见，指出这两种类型的劳动者情况不一样，这样做可能存在让野心家们混进协会，或让那些试图借助协会以达到他们与协会目标相违的派别钻进来的危险。

拉绍德封支部代表**维约米耶**先生强烈抗议对脑力劳动者的排斥。他指出，对运动起积极推动作用的正是那些脑力劳动者。他列举库勒里大夫的例子，并借此机会对他为拉绍德封支部所做的一切表示敬意。

德国代表也强烈批评对脑力劳动者的排斥，指出这种做法是一种对科学的鄙视，等于说工人不配了解科学或不知道如何欣赏科学。

法国代表的反对意见无果而终。

大会对起草委员会提交的章程文本通过如下：

国际工人协会章程

鉴于：

工人阶级的解放应该由工人阶级自己去争取；工人阶级的解放斗争

不是要争取阶级特权和垄断权，而是要争取平等的权利和义务，并消灭任何阶级统治；

劳动者在经济上受劳动资料即生活源泉的垄断者所支配，是一切形式的奴役即一切社会贫困、精神屈辱和政治依附的基础；

因而工人阶级的经济解放是一切政治运动都应该作为手段服从于它的伟大目标；

为达到这个伟大目标所做的一切努力至今没有收到效果，是由于每个国家各个不同劳动部门的工人彼此间不够团结，由于各国工人阶级彼此间缺乏亲密的联合；

劳动的解放既不是一个地方的问题，也不是一个民族的问题，而是一个社会问题，涉及存在有现代社会的一切国家，它的解决有赖于最先进各国在实践上和理论上的合作；

目前欧洲各个最发达的工业国工人阶级运动的新的高涨，在鼓起新的希望的同时，也郑重地警告不要重犯过去的错误，要求立刻把各个仍然分散的运动联合起来；

鉴于上述理由：

第一次国际工人代表大会宣布，这个国际协会以及加入协会的一切团体和个人，应承认真理、正义和道德是他们彼此间和对一切人的关系的基础，而不分肤色、信仰或民族；

本代表大会认为，一个人的责任是要不仅为他自己，也要为每一个履行其义务的人要求人权和公民权，没有无义务的权利，也没有无权利的义务；

根据这种精神，定出国际协会的章程如下：

1. 本协会创立的目的，是要成为追求共同目标即追求工人阶级的保护、发展和彻底解放的各国工人团体进行联络和合作的中心。

2. 本会定名为"国际工人协会"。

3. 总委员会由国际协会中属于各国的工人代表组成。总委员会从其委员中选出管理各种事务所必需的负责人员，即主席、财务委员、总书记、各国通讯书记等。代表大会每年确定总委员会驻在地，选举委员并赋予总委员会以增加新委员的权利，规定下次代表大会召开的时间和地点。代表按规定的时间和地点集会，无须另行通知。在必要时，总委员会可以改变集会地点，但无权推迟集会时间。

4. 全协会代表大会在年会上听取总委员会关于过去一年活动的公开报告。在紧急情况下，总委员会可以早于规定的一年期限召开全协会代表大会。

5. 总委员会应成为沟通各种互相合作的团体之间联系的国际机关，以便使一个国家的工人能经常知悉其他各国工人阶级运动的情况；使欧洲各国中的社会状况调查工作能同时并在共同的领导下进行，使一个团体中提出的但具有普遍意义的问题能由一切团体加以讨论，并且在需要立刻采取实际措施时，例如在发生国际冲突时，使加入协会的团体都能同时和一致行动。总委员会应在它认为适当的时候主动向各个全国性团体和地方性团体提出建议。为了加强联系，总委员会应发表定期报告。

6. 既然每个国家工人运动的成功只能靠团结和联合的力量来保证，而国际总委员会活动的成效又在很大程度上取决于它是同少数全国性的工人协会中心还是同许多细小而分散的地方性团体联系，因而国际协会的会员应该竭力使他们本国分散的工人团体联合成由全国性中央机关来代表的全国性组织。但是，不言而喻，章程中这一条的运用要取决于每一国家法律的特点，同时不管是否存在法律造成的障碍，并不排斥独立的地方性团体同总委员会发生直接的联系。

7. 国际协会的每个会员，在由一个国家迁居另一国家时，应该从加入协会的工人方面得到兄弟般的帮助。通过帮助他应该得到：

a) 他前往的地方跟自己职业相关的信息；

b）根据支部条例规定的有关条件，并由该支部提供担保的贷款。

8. 每一个承认并维护国际工人协会原则的人，都可成为会员。每一个分部对它所接受的会员的品质纯洁负责。

9. 每个支部均有权任命自己派驻中央委员会的通讯书记。

10. 加入国际协会的工人团体，在彼此结成亲密合作的永久联盟的同时，完整地保存自己原有的组织。

11. 凡本章程规定未尽之处，将另由有待于每次代表大会修订的特别条例来补充。

闭会前，**卡尔德**书记宣读了伦巴第工人协会中央委员会米兰的来信，来信抱怨战争中断了一切工作，搞得委员会无法派代表出席大会。因此，意大利所有工人协会不得已只好通过信函方式共享与会者的思想和原则；意大利的工人协会认识到需要团结和联合。代表大会决定把这封信列入大会文献发表，并向伦巴第委员会回函。大会主席团在致伦巴第委员会的信函中表明支持意大利工人协会加入国际协会，并且与设在伦敦的中央委员会直接联系。

周三下午的会议讨论了以下议题。

第二个议题：
在协会帮助下实现劳资斗争中的国际联合行动

英国代表就此议程指出，所有国家的工人必须协调和团结一致跟老板们抗争。在英国各类罢工过程中，经常出现老板们利用引进一些接受他们很低待遇条件的大陆工人，让他们充当剥削本国工人的工具来对付本国工人的反抗，并屡屡得手。代表们列举了发生在1859年那次持续30周之久的罢工的例子，那次罢工就是被这种竞争挫败的。因此一定要进行全面的协作。英国工联决意为达到这一结果不惜付出巨大的代价。

他们因此建议，规定国际协会的所有支部要与每个国家的工人协会建立联系，设立劳动工作统计制度，发表月度公告，借此建立起一个全覆盖的联系网来组织大规模、坚不可摧的罢工活动。

法国和瑞士代表**托伦、弗里布尔、库勒里、卡尔德**和**贝克尔**先生表示对采纳英国代表的提议不持异议，但是指出，罢工远不是解决社会问题的办法，协会追求的目标是取消雇佣劳动，这个目标只能通过联合，特别是合作形式的联合才能实现。资本应该回到劳动者手中。但是他们赞同罢工是一种必要的过渡手段，是当前形势下合法的斗争形态，对英国人的提议表示赞成。

英国代表**杜邦**先生对建议作概括说明。他强调由各国支部进行工作普查的重要性。为公平起见，有些法律、一些发生的事件有必要让劳动者阶级知情。

大会决定，由中央委员会在各支部报告的基础上编写一份准确反映各国工作条件的统计。在月度公告上刊登并寄给所有支部。

代表们还通过以下建议："大会声明，在目前处于战争状态的工业领域，人们要为捍卫工资而互相帮助。但同时大会必须表明，废除雇佣劳动才是一个需要实现的更高目标。大会要求探索建立在正义和互利基础之上的经济手段。"

从周四起上午的会议以公开会议形式举行，以便在本周内完成大会议程。大会按以下顺序对下列问题逐一进行了讨论，对每个问题的讨论日期未标明。

第三个议题：
工会。它们的过去、现在和未来

弗里布尔和**舍马莱**先生发言。以往，在行会和工头制度下，工会是对劳动者的奴役；其今天的状况是涣散和无政府的。未来的工会应该实现劳动者、资本家、消费者三位一体。工人应当成为他们自己产品的主人。

杜邦先生宣读了伦敦中央委员会关于该问题研究的结果："资本是一种集中的社会力量，而工人只拥有自己的劳动力。因此，劳资之间不可能在公平的条件下缔结协定。工人的力量仅在于他们的数量。然而，数量上的优势被他们的分散状态所破坏。这种分散状态源自他们相互间的竞争。工会作为从事同资本斗争的自发产物，今天应该看得更远，联合起来把它们的行动全面铺开。它们无形中组成了数个中心，如今这些中心应该通过共同行动发挥改变雇佣劳动和摧毁资本主义专政的作用。"

关于这方面的建议被大会采纳。

第四个议题：
合作社

设在伦敦的中央委员会的代表**埃卡留斯**先生所宣读的该委员会报告指出，国际协会应该努力普及合作运动，而不是对该运动实行领导或强加给它某种形式。**弗里布尔**先生和其他法国代表提出以下解决办法，并获得一致通过：

"大会要求各合作社避免采用任何使权力集中在一个人手里的行政管理形式。所有会员要充分和全面行使权力以确保他们之间签订的契约中的所有条款得到严格履行。"

伦敦代表**克里默**先生列举事实证明老板们对合作的反对达到何等程度。在美洲战争影响棉花运往英国之际,失业的工人饱受各类饥饿的煎熬和折磨。而对如同其他工厂那样遭受失业困扰的合作工会会员们的救助无一不被拒绝。人们答应他们若想借钱只能卖掉自己的股票,而股票已经一文不值。

根据蒙特勒代表**博坎**先生的提议,大会对洛桑支部表示敬意,该支部为了应对建筑承包商联合压低薪水,不依靠外界救助,凭自力更生承接公共工程,而且还成立了互助信贷银行。

第五个议题:
直接税和间接税

法国代表在简短的讨论过程中阐述了以下想法:

"无论哪种形式的税收,归根结底都只能是生产者掏腰包。所有人都应该是生产者。收税,甚至于纳税,是每个人为承担公共开支所要支付的份额;对公共开支的必要性和费用标准唯一拥有发言权的是公民。在等待势必导致社会发生一系列变化的税制彻底改革过程中,代表大会表示希望实行直接税,希望在诸如纳沙泰尔共和国等地实行直接税。不再有官僚、践踏个人自由、警察讯问!除此之外,直接税还是对每个人的财富实行按比例课税的唯一手段。"

库勒里先生提出的直接税和唯一税种的修正案被否决,以法国代表团建议为蓝本而起草的建议获得一致通过。

第六个议题：
建立国际信贷机构

（议程中不慎漏掉）

大会根据法国代表的提议决定：

"1. 在各支部展开对国际信贷的探讨，要求各支部把研究结果寄给中央委员会，中央委员会负责在公告里刊登，把问题向所有人通报，以便在下一届大会时解决。

2. 大会着手对已有的或将成立的工人银行实行联合的设想进行探讨，以便在不久后把这些银行联合在一起设为国际工人协会的一个中央机构。"

库勒里先生觉得这个组织不失为消除危机和失业这两个工人阶级周期性灾难的方法。

第七个议题：
缩短工作时间①

杜邦先生宣读中央委员会报告以下决议内容：

"1. 大会认为缩短工时是为工人解放而迈出的第一步。

2. 原则上，每天八小时工作足够了。

3. 除法律规定允许外，不得安排夜班工作。"

该议题引起激烈争论。

来自拉绍德封的代表**维约米耶**先生在几名法语区代表的支持下提出

---

① 实际上是议程第三项"工作日的限制"。——编者注

在大陆实行十小时的工作应被视做正常的工时。

法国代表团反对做出任何规定,认为这个问题不应该纳入法律范畴。各国的生产条件有差异,工作时间的长短应该根据这些条件而定;然而,现在要做的是确认各种职业的同等价值,规定最低工资标准。

伦敦中央委员会代表**奥哲尔**先生发言指出:

规定最低工资标准固然重要,但缩短工时更重要。应该把这项任务当成共同的、万能的旗帜。罗伯特·欧文说过,如果每个社会成员完成他的那一份,三个小时就够了。至今为止,领取丰厚薪水的劳动者很少为别人着想。以后要反其道而行之。人们要格外关注那些低薪阶层的命运,所有人要团结。规定最低额并非易事;但是,对于把工时缩短为八小时的问题,不能犹豫不决。

英国人**克里默**先生担心一个适合所有情况的最低工资标准恐怕无法实行。至于把工时缩短为八小时,这方面已经有所行动。在美国这项原则有望立法。所有工会都争先恐后地实行,各主要报刊也不断发出呼吁。这个大国的人们要求得到我们的支持;我们没有理由拒绝。对于这个问题,整个英国都在动。克里默先生受托到各地进行宣传活动。在英国的几家大型工厂就将工时从十个小时缩短为九个小时的要求进行了磋商。已经成功缩短为九个半小时。如果当时要求缩短为八个小时,结果可能就会获得九个小时。国际协会要竭尽全力投身于这项运动。

数位法国和瑞士代表表达了同样的看法。

来自拉绍德封的**库勒里**认为,要求普遍实行最低工资标准和全面实行八小时工作制恐怕实际难度很大。大工厂的生产体制对人的健康有一定影响,需要削减劳动时间。在瑞士,尤其是在钟表厂,每天工作十个小时以上不成问题。不妨把代表大会的声明折中一下,以便使之具有普遍操作性。

马格德堡支部代表**布特**先生针对该动议提出以下修改意见:主张目

前在大陆实行十小时工作制，给雇主们留出时间让他们自己考虑决定最终实行八小时工作制。

巴黎支部代表**缪拉**先生表示赞同，指出，要做到各地普遍实行同样的工时，工业发展应该处在同一水平。

奥哲尔先生再次提出制定八小时工作原则的必要性。限定工时是必要的。过去在工厂的劳动时间曾长达十五个小时之久。厂长们滥用工人的劳动力，儿童们超负荷劳动的程度超令人发指，监工挥动鞭子抽醒困乏得昏昏欲睡的工人。是法律制止了此类胡作非为。工人每天干八个小时工作之外，可以有时间开发自己的智力，工作起来则更主动、更好，因此八小时的生产效率要胜过以往十二个小时，甚至十五个小时。最后，实行八小时工作的美国工人抱怨来自欧洲大陆的竞争，在欧洲企业主试图通过滥用工人劳动力的做法进行廉价生产；这类情况势必造成美国工人不可能跟我们同心同德。他们那里试图对欧洲产品强制实行进口税以应对我们的野蛮竞争。我们应该从团结和联合的需要出发，接受八小时工作制原则。

洛桑和日内瓦德语区工人支部代表**施莱费尔**和**霍朋沃特**、日内瓦德语支部代表**贝克尔**、苏黎世和韦齐孔支部代表**毕尔克利**、斯图加特代表**弥勒**等全力支持此动议；同意上述发言者关于必须注重工人的教育和智力发展的所有观点，尤其是在瑞士这样的民主国家更应该如此。

洛桑支部代表**科尔纳**提议在大陆实行十小时工作，但原则上赞同八小时工作，让每个国家根据情况自主确定，并就此项内容提交了一个建议。

法国代表团把其观点归纳为如下几条决议：

"1. 人的能力只有得到全面发展才可以自由发挥；鉴于此，任何使人无法全面发展和发挥其能力的延长工作时间的做法都被视为反生理、反社会的，应该受到谴责。

2. 从今开始，我们认为每天八小时的工作足以创造出满足生活的一切所需。

3. 因此，国际协会应该尽一切努力确认各种职业的同等价值，并确定个体为集体提供劳动应得报酬的最低标准。"

讨论到此结束，中央委员会和法国代表团提交的决议获得一致通过。

第八个议题：
妇女和儿童的劳动

杜邦先生宣读伦敦的中央委员会关于妇女、儿童在工厂劳动的报告。①

库勒里先生发表了支持妇女解放的热情洋溢的讲话。他揭露了当今社会妇女的悲惨处境。她们似乎命中注定要卖淫。这是无产阶级最可怖的一面。他描绘了妇女受苦受难，靠工作赚点微不足道的收入，因工作导致精神萎靡，从事那些不适合自己而又对其性别造成扭曲的繁重劳动的惨状；在此种情况下，寄生阶层腐败给她们设的陷阱和诱惑无处不在。女人本该将在家里，陪在孩子身边；女人应该照看孩子，教给孩子做人的最初原则。女人的使命是伟大的；如果我们给女人应有的位置，让她们远离不良影响，她们就会成为自由和民主的支撑。

马格德堡支部代表**布特**先生在会上宣读了日内瓦德语支部机关刊物《先驱》刊登的一篇关于妇女解放的文章的选段。他称本分的妇女就是嫁一个丈夫，这也是防止卖淫的唯一良方。保证妇女地位的尊严符合两种性别和人类的利益。

法国代表团的**舍马莱、托伦和弗里布尔**等先生建议：

从身体、精神和社会角度看，妇女参加工作应该被当做种族退化的

---

① 此处有误，中央委员会的报告只提到男女儿童和少年的劳动问题。——编者注

原因和资本家阶级道德沦丧的一种腐蚀剂受到强烈批驳。

他们指出，妇女的作用是自然赋予的，她们的位置在家里！孩子幼年时期要由女人抚养。唯有母亲才可以胜任这项任务。

他们列举了交给保姆和托儿所抚养的儿童死亡率的统计数字。唯有母亲才能够胜任对孩子的精神道德教育，把他们培养成正直的人。另一方面，女人在男人与家庭之间起联系和吸引作用，让男人养成守秩序和讲道德的习惯，使其性情变得温和。这才是女人的本职工作和应担当的工作；除此之外强加给女人别的东西是一件有害的事情。

瓦尔兰和**布尔东**先生持不同看法。他们提出以下建议：教育缺失、劳动强度大、报酬过低以及女工工作的工厂健康条件太差是当前造成女工身体和精神状况下降的原因；这些不利的东西可以通过良好的劳动组织和合作得以克服。对于为了过得有尊严而需要外出工作的女性，人们应该改善而不是剥夺她们的工作。

此项建议被多数否定。而舍马莱和托伦先生的建议获得多数通过。

关于儿童劳动问题，**杜邦**先生批评法国的学徒制度；一个法律本来就不好，若得以实施则会更糟。把一个儿童交到一个老板手下进行三年的学徒，其间老板随意指使他，而他通常学不到该学的本领，往往是结束学徒身份后才开始真正学点儿东西。

职业教育需要重新组织，知识教育也同样。教育与学艺应该齐头并进。需要创立同时从事理论和实践教育的机构。

代表大会就伦敦中央委员会和法国代表的建议进行表决，内容主要是谴责妇女在工厂工作导致人类种族退化和道德沦丧；同时也对儿童过度劳动进行谴责。

第九个议题：
常备军及其对生产的关系

杜邦先生宣读中央委员会的报告。报告谴责常备军制度，主张全民武装，指导全民学习如何使用武器。常备军可以作为训练民兵指挥人员的学校临时保留。每位公民都必须履行进入这所常备军学校短期受训的义务。

民主的原则是与征服的原则对立的，自由的人民自己知道一旦遭到入侵该如何捍卫其独立。

拉绍德封的代表**维约米耶**和**库勒里**先生以及巴黎代表**舍马莱**先生赞同上述建议的原则。常备军把男人从和平事务中拉走，给国民生产造成难以估量的损失，搞得人民精神不振。常备军破坏个人自由，是掌握在暴政手里具有危害性的工具，是一切国家里孳生腐败的温床。

马格德堡支部代表**布特**先生极力抨击这一制度，认为这对人民自由是一个永久性的危险。

全体与会代表均赞同这一看法。

德语工人协会**霍朋沃特**和日内瓦德语支部代表**海特**先生提议成立军训协会，说此类组织在瑞士和德国的某些地方已经存在，凡是遇到政府出面阻止的情况，用体操的形式代替训练，用棍棒代替武器，目的是要让人民接受训练。

中央委员会的建议获得通过。大会根据**霍朋沃特**代表的修改意见精神极力主张成立军事训练协会。

第十个议题：
宗教观念及其对社会、政治、精神生活的影响

法国代表团原则上反对讨论宗教观念问题，认为宗教意识逃避对理性的探求，遂提出以下建议：

"代表大会申明身体和精神自由，注意到宗教观念的影响试图否定自由意志和人类尊严。其实，一切宗教意识均躲避理性的探索，劳动者只能极力抵制其影响并有所超脱。国际协会相信靠科学促进步，主张理论和实践教育——或科学与工业教育——是劳动者获得解放的真正方式，并指出，把这种教育置于任何强权下势必带来矛盾和危险。"

拉绍德封德语支部代表**彼得**先生手里拿着一本德语小册子，引用其中很长一段内容，强调必须坚决把精神道德与宗教彻底分开。他反对宗教观念和神职观念影响教育，认为这种影响的危害与常备军队相比有过之而无不及。

库勒里先生将教条和精神崇拜加以区分。

在学校进行精神道德教育遵循理性基础。他表示赞成必须在实践中实行把宗教和国家彻底分离的原则。

斯图加特支部代表**弥勒**先生认为加强在宗教偏见根深蒂固的乡下对人民进行理性的精神教育尤为重要。

洛桑德国工人协会的**施莱费尔**先生强调产生于科学的道德与建立在信仰之上的宗教教条之间的区别。应该把这种区别引入到实践生活当中。

奥哲尔先生提出对这一议题不作任何决议，以给每个人留有意识自由。他与其同事同意大会其他代表关于精神道德独立、宗教教育"贻害孩子"的恶劣影响等看法。但是，代表大会关于这个问题的决议可能有

损国际协会在英国的发展。

巴黎代表团的**托伦**先生认为，就现状而言，理性主义者的直接动作恐怕收效甚微。应该靠全面教育和实证科学的进步来铲除偏见，引导人们正视其尊严。

大会在收到法国代表团的新动议后进入该议题议程，并指示将向代表大会提交的和在会上发表的所有建议一律列入大会文献记录。

第十一个议题：
关于通过实现民族自决权和在民主和社会的基础上恢复波兰，消除俄国在欧洲的影响的必要性[①]

法国代表团表示不要对这个议题作出任何表决，代表大会只能声明反对一切国家任何类型的专制，不对那些复杂的涉及民族的问题展开讨论。应该希望和要求在俄国包括在波兰开展解放事业，抛弃人与人之间对抗的老套政治。

英国代表提出通过一项支持波兰事业的决议，说波兰的事业与英国人民在民主和智识方面一直以来惺惺相惜。他们指出，英法工人首度联合采取共同行动乃是表达他们对压迫波兰的不满情绪，这同时也是为成立国际协会所迈出的第一步行动。

大会多数代表则明显倾向赞成法国代表的议案。

贝克尔先生发言，表示对大会未就此问题作出任何决议感到遗憾。俄罗斯帝国是欧洲文明社会的永久威胁，波兰将是一道屏障。会议投票取消常备军，但是只要波兰没有重新组建成功，想在欧洲取消常备军根本不可能。他补充说，波兰问题是欧洲问题，但是特别关系到德国，因

---

① 实际上是议程第九项。——编者注

此从某种关系上讲可以将之称为德国问题。他建议就此问题起草一份由德国代表和其他赞成这些想法的代表签署的声明，并将其列入大会文献。

法国代表团的提案和贝克尔先生的修改意见获得通过。

第十二个议题：
在国际协会建立互助会①

杜普莱克斯先生就日内瓦支部这一议案提出以下建议：要对生病实行医疗救助、让妇女儿童参与救助、解决会员出差借款、对孤儿出身的会员给予精神和物质帮助等。日内瓦支部遵照以上原则在当地成立了一家互助会。他请求国际协会所属各支部之间开展互助，但不包括借款会员向所属支部还款业务。

法国代表表示异议，指出大会无法通过类似决议，理由是这种做法在诸如法国等某些国家行不通。自1844年以来，法国所有的互助会成立都要经国家批准，其章程也不例外。他们指出，代表大会表示希望看到互助会遍地开花，但目前不宜把这项活动全面铺开。

奥哲尔先生建议代表大会应该就普及互助会的方式进行探讨，要求各支部在这方面献计献策。这样做是为了响应日内瓦支部提出的有益建议。

杜普莱克斯先生承认，这项工作要在协会系统立即全面铺开困难重重，但是，目前可以规定，国际协会的任何会员只要充分证明自己的会员身份就可以向其他支部申请借款，条件是其所属支部需提供担保。

---

① 这是日内瓦支部提出的议题，在中央委员会的议程中并无此项。——编者注

此提案获得通过,并交给专门委员会负责起草有关规定。决定着手研究互助会普及办法。

鲁昂支部代表**奥布里**先生提议:代表大会声明国际协会同时致力于乡村工人和工业工人的解放。此提议未经讨论即获得通过。

瑞士法语区的一位代表指出,某些工业部门,特别是蒙塔涅的钟表业把发放工资的一部分贴现费用让工人承担的做法损害工人权益,应该予以谴责。大会对他提出的这个问题既没讨论也没表决。这个问题在对劳动和工资讨论时应该有所提及。因时间关系,大会随即对条例起草委员会准备的文本进行审议和表决。

其中只有一条,特别是关于任何国际协会会员均有权当选大会代表的内容引起了长时间的激烈讨论。

根据章程规定,凡是承认国际协会原则的人均可入会。法国代表团由于担心自由职业和资本家代表在大会上推销他们那些与工人阶级利益格格不入的理念,所以要求当选大会代表的身份应该只局限于工人。瑞士和英国代表对这一要求极力驳斥,指出此要求势必使国际协会失去那些忠心耿耿的有识之士的支持,并且很有可能束缚下面各支部的工作自主性。这种做法在国际协会内制造两个层次,一方只是普通会员,另一方具备当选大会代表资格。

法国代表们坚持自己的观点。弗里布尔先生指出,这样一来说不定哪一天工人大会的大多数代表都是经济学家、记者、律师、雇主等,如此荒唐,国际协会弄不好也就自生自灭了。

巴黎代表**托伦**先生发言。仅仅是国际协会的一名普通会员是一回事,而做一名能够发挥作用的大会代表却是另一回事,当好后者并非易事,这要求他具备很强的确保其所投身的事业顺利进行的能力和责任心。我们不憎恨任何人。但是,就目前的形势而言,无论是拥有资本或拥有学历的会员均属于特权阶层,我们应该一律把他们视为对手。工人阶级一直以来被指责依赖别人和仰仗国家等的拯救。工人阶级今天要摆脱这类指责；要进行自我拯救，不靠任何人的保护。因此，工人阶级的会议代表们即不能来自自由职业，也不能来自资本家阶层。

这一论调遭到反对者的坚决抵制。脑力劳动者和体力劳动者同样功不可没，对事业同样忠心耿耿。英国代表团指出工人的代表们很难理解这种排他观念，而且代表大会在这方面作出的决议估计他们绝对也不会听从。仅就物质方面而言，现有的各协会曾不止一次地得到来自并非属于工人阶层的人士们的巨大帮助。

以下条例获得通过。①

随后，全体大会进入最后日程。决定：

1. 中央委员会的所在地1867年仍设在伦敦。

2. 原中央委员会委员除一名被认定对同事构成诬陷受到开除处理外，其他人全部连任。

3. 下一届代表大会于1867年9月的第一个周一在洛桑召开。

曾有人提议选择布鲁塞尔为下一届代表大会的举办地。但是大会一致认为，鉴于比利时颁布实施的外国人管理法，因此它不能被视为自由国家。后来根据**科尔纳**先生代表洛桑支部提出的建议，确定洛桑为下一届代表大会的举办地。

需要说明的是大会在会议期间收到的部分入会申请信函也被收入到文件汇编里。首先是来自意大利的两封信，一封是我们前面已经提到过的伦巴第工人协会中央委员会的来信；另一封是总部设在热那亚的意大利44个工人联合会代表委员会的来信。他们在信中承诺接受国际协会

---

① 即国际工人协会《组织条例》，见本卷第47—49页，此处从略。——编者注

的原则和宗旨，并对受鼠疫和战争影响无法派代表团出席会议表示遗憾。大会应代表要求在回信中表示，不但要承认原则，而且还要与国际协会一道为实现各国工人的共同目标而积极奋斗。

饱受刚刚结束的战争蹂躏的德国只派出三名代表出席大会。大会同时收到了来自德国的两封信。一封是享誉世界的实证科学权威学者**毕希纳**先生写的，他在信中称，认为其最引以为傲的就是参与建立了达姆施塔特的工人协会和合作社，并且一直极力主张，在所有需要考虑的问题中，只有劳动问题才是关系到人类未来的至关重要的问题；劳动阶级为了从社会当前的组织把他们锁定的屈辱中奋起而进行的斗争是合法的。

另一封是**朗格**先生寄来的。他以经济学方面的远见卓识而著称，为合作运动在德国的发展和进步做了大量工作。

巴黎工人**勒讷弗**先生向会议提交的讨论议案因时间关系没能在公开会议上宣读。国际工人协会日报编辑部申请将其在该报上刊登。勒讷弗先生提交的议案因此将得到全面的宣传。

为了方便较难抽出足够学习时间的人群掌握法语，一些支部和个人积极致力于法语拼写规则的简化工作，大会对他们的行为致以敬意。大会同时还向那些潜心创造一种世界性语言以增进不同民族人与人之间的关系和更多造福人类的人给予鼓励。

代表大会在星期六晚 8 点半宣布闭幕。

代表大会闭幕次日（星期天）举行了庆祝活动，活动内容有湖上游览、招待各国与会代表和日内瓦以及周边地区支部众多会员参加宴会和晚会。格吕特利合唱团和协会为晚会助兴。

所有出席晚会的宾客身上普遍洋溢着团结友爱的情谊。

我们顺便要提一下扰乱大会的闹剧场景。前面曾经提到过的几位自称代表的先生专程从巴黎赶来试图干扰一场有序、但让他们感到反感的讨论会。由于几家瑞士报纸为他们诬陷正派人士的言论开辟专栏的怂恿做法，他们再一次闯入周四会议现场大吵大闹扰乱会议讨论。他们理所当然地受到了为维护正常秩序而采取的正当得力措施的处置。大会主席团和日内瓦支部对他们无理的要求和恶意诬陷予以有力的批驳，以正视听。事件经过大致如此。①

我们还要补充说，有家瑞士报刊对首届工人大会没有表现出多大的好感。它们那些带有不同程度的恶意报道足以表明其对代表大会的意图和宗旨缺乏了解或不屑了解。而法国的报刊对大会的看法却截然不同。我们不妨引用巴黎出版的《**自由报**》上刊登的几段评论作为本篇报告的结尾：

"讨论会上阐述的总思想脉络清晰，集中表达了各国工人阶级的愿望和追求。

首先是对当前社会组织的极不合理进行了有力的抨击，坚定地确立了劳动者阶级试图改变事情现状和实现社会正义的一致意愿。

其次是对共产主义的明确否定，确立了个人权利是未来社会的基础。

社会主义甩掉了陈旧的乌托邦思想，如今把自己定义为互助主义，终于走出神秘莫测时期进而步入科学和积极向上的阶段。

---

① 这是一群巴黎的布朗基主义学生分子，以之后成为巴黎公社委员的普罗托和成为《迪谢纳老爷》报主编的阿方斯·于贝尔为首。他们不具备代表资格，是自掏腰包赶过来的。大会经过长时间讨论后决定允许他们旁听会议，但没有表决权。根据弗里布尔先生讲，他们一共有5个人，分别是普罗托、于贝尔、卡拉瓦兹、热内斯和拉布尔希。但据多芒热说布朗基团队人数远不止于此。（参阅：莫里斯·多芒热著《第二帝国末期的布朗基和革命反对派》，A. 科兰出版社，巴黎，1960年。）

当时的一些作者对他们境况遭遇的描述有不同程度的出入，但披露了年轻的布朗基分子与巴黎蒲鲁东派代表之间出现过数次交锋。

最终，在9月6号周四会议的会场上发生了这一闹剧。用吉约姆的话说，普罗托以及同伴们因"闹事"被逐出会场。

工人阶级摆脱了鼓吹把人民按照各自区别和敌对的民族统统圈在一起或相互隔离的老套政治主张，自立自强，不依赖外来支持，在各国掀起投身于实现其理想的事业。

此乃国际工人协会的宗旨。"

附 录

法国代表团向日内瓦代表大会提交的备忘录[①]

前 言

国际工人协会自成立之日起就面对来自不同方面的攻击。事实上我们有理由相信，那些针对国际协会的敌意无论是直接的或是变相的，其结果只能更加坚定我们屡次表现出的即不接受任何人士的庇护也不做任何政党附庸的信念。今天，我们带着自己的见解是坦诚的、行动是合法的坚定信念，并且随时随地都敢于以这种口吻证明自己的态度，发表巴黎代表们在巴黎起草并在日内瓦代表大会宣读的备忘录。我们认为，这是我们对付那些针对我们的莫名其妙的指责所能做到和应该做到的最好的和唯一的回击。

一、序 言

我们认为，至今为止，人类所经历的任何阶段都无法与人民近几年

---

① 此份文件多次刊发。我们此次再版的是弗里布尔发表的版本（《国际工人协会》，巴黎阿尔芒·勒希瓦利埃出版社1871年出版，第51—86页），并根据布鲁塞尔父与子出版社1866年的版本添加了部分论点内容。

刚刚跨入的这个时代的重要性相比拟。

人民至今根本没有属于自己的生活；事实是，在政治社会生活最严肃的活动中，看似只是按照其自己思路而行事的民主，其实是在主子们的摆布下亦步亦趋，人们注意到，以往它曾为挑选自己的主人而不遗余力，为选择暴君而疯狂搏斗。

当今时代与以往不同时代的主要区别在于，劳动完全凭借自身的主动，排除所有至今为止所受到的、甚至曾试图获得的某些影响的干扰，从而确立了与其他力量的平等地位，并努力在精神和物质世界占有一席之地。

这是如何做到的呢？这种思想在大白于天下之前经历了怎样的改造？

民主到现在为止不断被征服。1789至1800年期间，资产阶级通过法令、用战刀和大炮在民主行列里打开了连帝国战争都没能修复的巨大缺口。法国王朝复辟时期从未有过觊觎人民政府的称号的做法。时间到了1830年！新的失败。七月王朝时期，历次起义均以灾难结局告终。劳动在议会改革问题上重新有所行动；二月革命让劳动挺起腰杆，为争取解放高声呐喊。它决定不惜牺牲一切，忍辱负重三个月为共和国效力；随后，它不经意间隐约感到受到别人的蒙蔽和欺骗；它要的是说教以外的东西；它一无所获，三番五次地奋起、确立自己的权威；最终，经过屡次打击和失败，如同历次被君主政体大规模消灭掉一样，它遭到资产阶级共和的屠杀，经过50年的斗争后，落入慈悲这个极为高明的骗局的陷阱……

然而，不管人们认为无产者的脑壳有多厚，一些思想时而还是能渗透进去的；不管人们想象无产者陷入"物质利益泥潭"有多深，但它多少还是会顾及到人的尊严，并跟其他人一样认为自己并非一台机器。它冷静下来寻找失败的原因。文盲们要有所作为。

经验丰富者从历史中搜寻并且发现，在三个世纪的过程中，资产阶级同样在每次兴起后都被打压下去。到了1789年，资产阶级粉墨登场，几乎没费吹灰之力就确立了在国家的地位。为什么不是发生在150年前、100年前，甚至50年前呢？历史的回答是：条件尚不具备！……

资产阶级利用整个18世纪这段时间通过勤奋的学习和工作强化其较弱的能力，到了1789年，它在人才、科学、财富等方面至少可以与贵族并驾齐驱了：这就是它制胜的秘诀。

劳动者们高呼，这段历史是我们的，他们大胆果敢地承认自己的无能。

因此，学习取代了街头闹事和秘密社团，经过15年艰苦工作和辛勤探索，他们协商一致，齐心协力创建国际协会，我们今天积极响应。

综上所述，国际协会的宗旨已经明确确立。把无产阶级为了自身解放至今为止所付出的个体力量团结和集中起来更好地发挥效力；在由于利益冲突而各自为政的不同民族之间建立或至少是促进精神联系，把各民族团结在一起，大力增强其力量和影响，率领它们有序地实现期盼和追求正义这一目标的理想。一句话，国际协会的宗旨是尽可能通过科学与和平途径引导无产阶级获得并非理论上的而是实际意义上的解放和权利平等。

"社会在立法、施政、兴建宫殿和庙宇、进行战争之前，首先需要从事劳动、耕耘、航运、贸易、土地和海洋的开发。人民成家、婚嫁、建设城市等等要先于加冕国王和建立朝政。"（皮·约·蒲鲁东：《论工人阶级的政治能力》）以上这些才应当成为首要任务。

二、资本与劳动

列入大会议事日程的所有议题均与第 6 项"资本与劳动的关系"①直接相关。

什么是劳动？什么是资本？

劳动是人类占有自然界的力量和把自然界蕴藏的原材料转化为人类自己的物质。这就是初级阶段的劳动。

但是人类在进步的道路上不断前进，需求也随着人类的完善而增长，光有面包已经不够了。在物质享受的基础上还需要有精神上或智力上的满足，劳动因而变成了人类用来创造某种或多种用来满足人的物质或精神需求并可以交换和消费的活动的行为。

劳动还是人类用以表现其智勇、显示其力量和精神的行为；劳动是人类用以征服自然，获取新的知识，直至实现自我崇拜的行为——类似的提法是有根据的，因为崇拜是而且历来都是人类通过对其才能的全面发展而百折不挠追求的完美理想。

什么是资本？

资本是已经创造而未经消费的财富物质，供创造者用于将来的生产，或预防某些诸如疾病、衰老、部分或全部丧失劳动能力等不测情况。

资本说到底就是劳动的积累！

劳动和资本因此属于两个一致的概念，代表一样和相同的东西，只是时间分布和看法不同而已。

它们的关系是由自然特性决定和确立的：今天没有消费的劳动即是

---

① 即"工会。它们的过去、现在和未来"。——编者注

明天的资本，因此最完全的平等要支配交换。

在任何建制时代，在任何时期，在天主教初始时期也不例外——它如同借助哲学家的嘴一样借助教堂神父否定利益的合法性，自身觉悟的人类每每都会拥有一套法理、要律，国际协会的大多数几乎乃至全体会员遵循了这样的途径。

然而，考虑到与之相违的原则获得如此坚定的支持的缘故，在这里有必要把各方提出的论点重新摆出来：

利益维护者指出：资本是生产最积极的因子之一，劳动借助资本可以使其产品翻番，实现三倍甚至百倍的增长；如此说来，资本出借方提供了服务，且该服务的主要受益方是劳动者而非资本家，资本家获得劳动的回报应该是天经地义的，按照这种观点，他们获利应该是最正当和最合法不过的事情了；拒绝这样做等于是对正义的挑战，是盗窃。

利益反对者说：但是，如果资本是劳动的积累，今天的劳动等同于昨天的劳动，用同等的劳动偿付已经付出的劳动就是你们真正要求的。

资本出借方回应道：我拿出资本给你们这些生产者用，哪有光用而不付给我利息的道理！

劳动者反驳说：你拿出了埃居①，就如同任何一个人要实行交换，他得拿出一样产品换取另外一方的一件东西，而这一方反过来也得拿出自己的产品来满足对方的交换要求一样，都是一个道理。

第三方站出来说：这些也许都是实际情况，那是在双方手对手完成交换的情况下；如果说今天的劳动等同于昨天的劳动，那么今天对明天的劳动却很难准确预见；若出现垫款、借款的情况，那么这个借贷应该是有偿的；因此收取利息是合法的。

轮到生产的反驳方高声嚷道：错！大错特错！你们要求支付利息的

---

① 法国货币名称。——编者注

放款和垫款全都是社会无偿的。事实上，通过社会全体成员之间达成的默契、所有人提供的保证、产品永不腐蚀的代表符号货币，你们已经获得了利益，如今公民要求有所回馈；他们团结一致为了所有人的相互利益敦促你们履行义务，因为你们享受了权力；实行平等交换，否则他们就把你们逐出团队。

为了应对至今为止尚无一项法令和法理为依据的一场争斗、一个主张，他们提出合理正当的要求，指出：事实如果是你们当今的资本代表你们之前的劳动剩余，我们目前的劳动最起码也应该等同于你们的劳动，因此我们不承认你们这个牟利的权利。难道事实不就是产品与产品间的交换吗？你们的资本，不管是埃居还是工具，难道不都是被制造出来的与我们产品等同的产品吗？你们把加工制造归功于谁？既然你们搬出没有资本我们根本无法生产的论点，那我们是否可以反问，没有他人的帮助，没有前辈们的劳动创造留下的巨大财富，你们如何创造出要求给你们带来回报和创造利润的产品呢？

那么，试想一下，劳动者把盈余积攒起来，把这些盈余也就是说把资本以实物形式存起来会是什么情况？如果易坏的产品没有通过被所有人担保才具备价值的货币实行立即交易会出现什么后果呢？借助这样的担保获得利益后而变成资本家的劳动者还能通过罪恶预谋在团队里找到给他付息的上当者吗？不可能，一个人违背合同约定是恶劣行径，是偷盗行为。要由社会来恢复遭践踏的正义，禁止和封杀这种行为。

我们所能认可但并不因此而认定为合法的，是在当前商业不公平和工业各自为政的状况下，资本家为了规避损失的风险可以向借款人收取一定的费用；但还是让我们组织互助信贷和保证全额还款，一笔一笔地还，还清为止。

此外，资本生产带来的后果以及资本生产促生的寄生现象如此可怕，我们不要再有任何犹豫。说什么一个人凭其在 10 年、20 年、50

年，甚至 100 年的时间给社会所作的那些贡献，足以使他以后的多少代人养尊处优！无稽之谈！任何践踏"权利"之平等的法律都是伪法律。然而，有吃利息的想法存在会有平等可言吗？可以幻想有一个光吃利息的社会吗？那靠什么过活？①

我们认为如此的理论是奇谈怪论，我们主张利息不道德，所有人都得劳动。

我们无需赘述；我们无意强加于人，只是在这方面要求我们互通有无；我们尊重一切信念；但是，我们决不接受用别人的自由剥夺我们的自由，也不同意集体力量仅为某些理论所用而不为别的理论所用。我们反对关于劳动成果交换方式、资本和货币的作用以及性质方面存在的偏见。当前情况下，所有的产品均经过初次加工，用以换取货币，货币反过来再转化为产品。这方面的某些环节很多情况下都是多余的；谁愿意付利息那是他自己的事，但是要允许我们按照我们自己认为合适的方式进行交易，设法躲开总是留有我们生产残片的齿轮的挤压。

我们不要求保护、补贴、特权；只是在涉及资本利润问题时，让我们感到奇怪的是总有人不厌其烦地搬出这个论调：要得到服务就得付费，否则有能耐就别要。

可是你们所说的服务只是多方面问题的一个方面。当银行利用赋予给它的垄断权发行货币，这些货币只有在共同担保的情况下才有价值，区区 3 亿的存款却价值高达 9.5 个亿，银行或许给我们提供了服务，但是我们认为，我们通过接受和对其保值也为银行提供了同样的服务。然而，你们"否则有能耐就别要"的论调简单生硬地表明：你们拥有的是向资本家所发行的债券支付利息的自由，而不是发行信托债券的自

---

① 最实际可行的就是确立一个劳动者互相间交易、开展互助、实行正义的国家。

由。实在荒唐。

三、教育、教养、家庭

开发劳动者的精神和物质能力是民主可以采用的实现解放的最佳或唯一手段。因此对必须实行强有力的、认真的、全面的教养这一点，所有会员都达成一致；必须同时进行知识教育和技能学习同样得到一致认可；只是在实施方法上有较大分歧，关键是这个问题的解决触及社会基础本身。

由谁来承担知识教育的任务呢？采取什么措施来完成这个让人如此渴望的目标？

一些人说："国家，也就是社会要格外关注其成员的物质和知识发展。人可以通过获得知识教育和道德教养创造出大量的和更高质量的成果。"

"良好教养的第一受益方是社会；因此，社会应自然地担当起对教育的创办、发展和出资的任务。"

有些人坚持要求国家参与教育，并且提出个人必须无条件地服从由国家这个至高无上的权威所制定的教育规划，但令人费解的是这些人反而对完全由制度缺陷所造成的不良后果却视而不见。

另一部分人主张由国家负责统筹教学，并赞成国家有权利和义务通过统一教育化解和消除因个人自由孕育和引发的，以及由家庭生活和教育造成的各类分歧。

因此他们认为，只有通过均衡化和教育才能建设一个和谐的适宜生存的社会；对立、矛盾、思想冲突统统被他们归结为造成社会苦难和对峙状态的诸多原因，而国际工人协会正致力于消除这些苦难和对峙。他们表示，我们只有通过加强教养、科学、理论以及实践教育实现解放，而你们却把获得解放的唯一手段拒之门外！怎么!？你们打着个人主动性、自由的旗号，拒绝赋予国家组织领导教学的权力，而且恰恰只有国家才有能力承担用于教师和开办学校的开销！那么你们立即说，那就什么都不用干了，也别再跟我们谈什么以科学求解放之类的话。至于你们的家庭，你们把家庭当做社会的基础，我们不予承认；我们认为只有国家才有能力，我们情愿把孩子交给国家，准备好向国家交纳必要的费用。

由此清楚地看出，人们是赞成实行全面教育的，这种教育的内容涵盖有利于人的精神、物质能力发展的知识传授，并以理论教学为辅；但是在教育途径和方法问题上，有些看法是完全对立的。以下面的论点为例。

反对实行免费和义务教育的人说，唯有教育自由才能让我们达到目的。

下面是皮·约·蒲鲁东在《革命的总观念》（原文第218页起）一书中的几段论述：

"一个公社需要教员。它根据自己的标准挑选：年龄大小、师范毕业或自学成才，拥有文凭与否（强调这点的少部分人说，不能不对能力进行预测评估）等；唯一重要的是这个教师要得到家长的认可，是否把孩子交给教师应该由家长们说了算。在这里包括在其他地方，成绩考核应该以自由约定的形式实行，遵从竞争原则：这种做法在一个不平等、徇私、大学垄断或教会与国家串通的体制下是不可想象的。

即便是现行的教育体制下，在一个民主国家里大学集中化有损于家长的权威，剥夺教员的权利。

公共教育的政府集中化在工业制度下是行不通的，关键理由是知识教育与技能学习、'科学'教育与'职业'教育是密不可分的。因此，作为教员也好，教授也罢，只要其本人不是工头，那他就是受雇的工业或农业团体的人。如同孩子是父母的联络纽带一样，学校成为工业集团与家长之间的联系；让学校与工厂脱节，并且以提高知识为借口落入外部强权势力控制很糟糕。

今天这种把教学与学习技艺分开的做法不好，而且更加恶劣的做法是把职业教育和进行实践的、实用认真和日常的职业训练割裂开来，这简直就是变相复制权力分割和阶级划分这两个强化政府专制和劳动者等级化的得力工具。

无产者们好好想想吧！

若矿业学校从事的不是结合采矿工作的矿业专业知识教学，那它培养的就不是矿工，而是矿工的头头：特权分子。

如果工艺与职业学校脱离工艺与职业操作实践，那它培养的目标就不再是工匠，而是工匠的头头：特权分子。

如果商业学校不是面向商场、代办处、商行，那它不是为了培养商人，而是为了培养商业大佬：特权分子。

若海员学校不培养船员以及水手队伍，那它就充当了海洋航运业海员和指挥官两个阶层划分的工具。

这就是我们的政治压迫和工业无政府制度下发生的情况。我们的学校，即使不是一种奢侈品或为了今后谋取高薪闲职的场所，也是特权阶层的培训班。我们的理工学校、师范院校、圣西尔军校、法学院等教育机构不是为了人民而设的，而是为了维系、强化和加剧阶级分化，为了加重资产阶级与无产阶级的分裂并使其无法挽回而办的。

在一个人人都可以享有高等和初等教育的真正的民主制度下，这种等级化教学是不能接受的。这与社会的原则相悖。当教育要与学习技艺相结合，要用理论知识考核和区别思维能力，要通过实践锻炼动手能力时，教育已经与思考、劳动和家庭息息相关，它就不该依赖国家，也不能与政府并存。应当设立一个中央文化知识教育局，另设一个中央制造和技能教育局，不妨仿照设立一个科学院，再另设一个黄经局的做法，这是完全可行的，而且我们觉得没有任何不妥。但是人们不禁要问，这个管理当局到底有什么用呢？既然你们不同意在劳动和劳动者之间设一个中间机构，那为什么要在学生与学校之间、学徒工与车间之间设这样的中间机构呢？⋯⋯"

最后，主张教育由国家负责的人们所提出的理论让我们准确地揣摩到了他们想要达到的目的，并充分印证了我们的猜测是对的。下面不妨听听该机构的一个狂热鼓吹者是怎么说的：

"诚然，在我们的社会，总是有体力劳动要干的，那么唯有上等人方能轻而易举地避而远之，因为上等人自己尤其注意通过思维活动防止闲情逸致引起的迟钝和迷茫……社会秩序有可能经历类似的阵痛：或者劳动减少，或者人的等级上升而劳动不减……"（让·雷诺）

想想看，这样一来，如果不从非洲或其他地方引入**下等人**，整个社会势必变成到处都是无所事事、养尊处优，通俗一点讲就是**靠爱以及喝凉水过活**的上等人的世界！让·雷诺的理论离贩卖黑人仅有一步之遥了。慈善家们已经决意干这个勾当了吗？如果不是有人竭力地向我们吹嘘说这位思想家是免费、义务教育的最狂热拥护者之一，我们也不会引述他的观点，另外他还是第一批应卡诺召唤参与起草1848年法律草案的人，有人称想把我们拉回到这个法案上去。

由国家负责教育，其目标从逻辑上看必然是用统一的教学纲领并按照单一模式打造知识，而这种单一模式如果从人类精神特性本身上看无疑是一个否定社会生活的模式，而社会生活充满着斗争、矛盾和正反较量；这种模式势必让所有人遭受墨守成规、死气沉沉和全面衰退之害。

其实你们所排斥的家庭式教育才是唯一正常的、唯一可以同时使自由、尊严、才干和能力得到充分发挥的教育，唯一能够真正塑造人并因此而塑造社会的教育。在家庭的所有作用中，唯一可以显示其自然功能的就是对子女的教育，少了这一项功能，没有联络纽带、失去凝聚的人类就会由于缺乏理想而挣扎、衰落。如果没有家庭的存在，人类只是无序的人群而已，没有分工，无理性，不守法，失去追求。没有家庭，混杂在庞大群体里的男人与男人之间相互敌对；没有家庭，女人就没有在地球上存在的理由；因为没有家庭，女人只能飘浮不定，其身体特性注定她们早衰，终日碌碌无为，显而易见的后果是其体质发生根本性和彻底的改变，这种改变无异于其性别特征的丧失和种族的消亡。①

在这种情况下，我们所能做的只能是对妇女实行劳动面前人人平等的原则：同工，同酬；妇女的生产成果与男人相等就应领到与男人同样的薪水，我们认为这是天经地义的；在等待我们发自肺腑所呼吁的改造实现的过程中，我们将不懈地同我们母亲、妻子、女儿和姐妹们遭受的压迫进行斗争。

有两位妇女参加了社会科学大会：一位是来自纽约的美国人玛丽·瓦尔特小姐，她通过了所有医学考试并获得医学博士文凭，美国战争期间以勇敢的精神和精湛的专业技术救死扶伤。她在大会上发表演说，阐述女人完全可以胜任男人把持的所有自由行当。

玛丽·瓦尔特小姐一身军服、长裤、筒靴、军帽装束出现在会场。(1866年10月15日《国民舆论报》)

如果说她是妇女解放推崇者们所梦想的形象，那我们无话可说；但是，如果说这是人们通常叫的"雌性男人"这类人中间特别类型之一种，我们坚持认为这一个别情况恰恰验证了这种现象。

最近一个时期不断披露的关于交由被称做奶妈的育婴业者抚育的儿童死亡率问题，恰好验证了我们这里关于女人本来作用的论述；面对这些证据材料，真不知道该对50年来试图篡夺工人阶级领导的经济慈善

---

① 这里又涉及妇女离家外出工作的问题，有些人呼吁在这方面实行完全自由。如果妇女自己认为可以胜任超出其公认的与生俱来的作用之外的工作，我们不会在这点上对其施加任何限制；但是，我们无法让我们认为不道德的（教育）机构利用社会力量，实践证明，这些机构的做法给现今妇女酿成了我们祖母一代从未见过的疾病，人们有充分的理由认为这些疾病是造成种族退化的最主要原因。

制度说些什么,该制度对如何应对这类事态一筹莫展,而今却在免费义务教育问题上给我们戴高帽。

通过这类荒唐事例更加证明家庭是理所当然的教育机构之一,作为人的成长不可或缺的首要条件确立它在人类的地位。

每个家庭有4个孩子应属于正常情况;两岁的年龄间隔应该是保证人的旺盛生命力的必要条件之一;女孩子的教育时间应该一直到她可以担当起家庭为止,男孩子的教育时间要到他完全可以自食其力的年龄阶段,即女孩子到18岁,男孩子到15岁或16岁,平均为17岁;我们认为这是构建一个现实、适宜生存和正义的社会所需唯一的正常条件。那么,家庭主妇专注于家庭事务直到40或45岁。若她们到了这个年龄还打算成为一个工业齿轮,我们确实没任何理由反对。

另外还有一个很现实的寡妇和单身妇女的问题。我们认为,第一种情况的妇女应该纳入互助保险,因为,寡妇不可以因此而不履行养育孩子的义务,这样使她们很难成为符合目前工业要求的女工;至于第二种情况的妇女,我们觉得这是一种违反自然法则的反常现象,我们无法在这样一个建立在道德和正义基础之上的社会作出预测和界定。

被人们认可的家庭,其主要功能是从精神和身体方面延续和开发人的全部能力,我们不妨看一看教育在这方面的作用以及成果。

自然已经对女人的作用作了明确的界定;女人的身体条件、能力、特有的敏感,再加上其特有的家庭方面的自私,这一切构成保护人类的最有力手段。事实上,若热心于公共事情和关心集体利益对男人而言是优点,而这对女人而言则有悖常理,长期以来科学已经证实这样会不可避免地导致孩子**萎靡不振**、**发育不良**,最后致使其变得**无能**。

女人影响着她赋予了生命和负责养育的人,通过细心的照料同时关注其身体的成长;孩子的智力要在不受打击的环境中逐步地发展;不受任何约束的所有器官正常而规律地运行,进而达到发育的最高水平。之后，如果证明需要接受外来影响，那么这种影响应该在父亲的监督和引导下，遵照孩子的自主选择，只限于对固有的观念进行梳理，对所学的知识进行协调。把我们的孩子们放进幼儿园以及儿童收养院，把他们置于毫无意义、一无是处的博爱里，然后把这些不懂科学知识、缺乏觉悟和尊严的孩子们一股脑推向社会，这样怎么能收到上述效果呢？从事类似工作的女人，无论你们多么尽心尽力，也不管你们的付出有多大，你们的一切努力都是徒劳无益的，这无疑对慈善性质的教育机构体系试图将家庭取而代之的做法给予了有力的抨击。

待孩子将来逐渐成长，一定要加强对他们的教育，你们忍心舍弃唯一以潜移默化和循序渐进的过渡促使孩子自由成长的途径吗？有的专职教员只图自己省事，搞得学生在重压之下不是裹足不前就是疲惫不堪，还有的教员本人仍是单身，对家庭一无所知，对复杂棘手的教育之本质只是一知半解，你们难道愿意把孩子交给这种人吗？更有甚者，你们还让对具体情况不甚了解的权力部门选定学校教师（而且教师的费用还得由你们出）；是谁在利用或受指使利用实践证明根本行不通的一般法律在规范和管理教育？

梦想自由，不惜以成为不伦不类、因遭受根本不适应工作的折磨而注定要过没有目标和郁郁寡欢的生活的人为代价去追求解放的女人们，让我们以意识自由、个人做主和母亲自由的名义把你们从使你们迷失和毁掉的工厂里拯救出来吧。请允许我们在强调人的作用本无差异的同时，在未来的社会要让女人免遭工业主义的蔑视、要让她们回归家庭，重新获得应有的家庭尊严。让女人再一次担当起培育孩子的作用，负责孩子的阳刚和自主教育，唯有这种教育才能把孩子打造成真正意义的男人。请相信我们，这种通过习俗的彻底改变和劳动产品更加公正的分配而重新构建的家庭方能塑造出不受国家影响和任何清规戒律约束的公民。当孩子到了工作作为学习的一种消遣、生活的必需一定要工作的年龄，家庭的使命行将完成。

对于"负责养家的父亲一旦无力支付孩子的教育费用，你们就使孩子处于我们在集中力量改变的一种劣势境况之中"这个疑问，我们的回答是：

类似火灾、失业、医疗和其他险种，教育互助保险"切记不要把互助保险视为讨要、施舍、救济"，其作用是保障所有人获得接受必须的教育的机会。

因此，我们不同意把免费、义务的文化教育当成道德修养教育的手段，如果我们对他们提出的要求表示认可，而因此导致出现国家对家庭实施干预的情况，那么这种认可是没有任何考虑余地的。唯有一种道义上的认可我们是理解和赞成的，我们确信，你们如今所抱怨的来自当事者们的漠然一定会随着他们对自身尊严的关切彻底克服。

少数派观点
（布尔东、瓦尔兰）

我们赞同在一个每天人们得以借助他人智慧之光的社会里实行文化教育的义务，承认科学与职业教学必须同时并举，但是，在推行教育的方式方法问题上我们之间存在根本分歧：这项使命一部分人认为应该由家庭承担，另一部分人则认为应该由社会承担。

鉴于双方各持己见、僵持不下的情况，我们认为在这里应该阐明我们对该问题探讨所奉行的指导原则。

这些原则概括为两个词：**正义、自由**。

实现社会关系方面的公正，即权利和义务的平等，社会赋予个人之行动手段的平等，个人在社会责任上的平等。

个人自由，即人人都有施展其才能并按照自己的意愿运用其才能的权力和能动性。

只要个人在其可以运用的行动手段上存在不平等，只要他在所承担的责任上存在不平等，就无正义而言。

只要个人的能动性受限制，自由就无从谈起。

说到此，让我们来用事实说话。

人刚出生时一无所知，他要完全依靠外来的帮助锻炼其能力，使其达到通常所说的自我控制，成为具有行为能力的人。

对于处于自然状态的人来说，培养孩子不需要付出太多的精力。

母亲要教孩子蹒跚学步；父亲教孩子打猎、采摘果实填饱肚子，对孩子的教育就这样完成了。孩子便可以自由自在地与其同类在完全平等的条件下生活。兄弟的多少，甚至失去父母对孩子而言都不会成为不平等的原因；他将获得的这种如此简单的教育才是使一个人，不管他是什么情况，成为强者的保证。

在文明状态下却是另一码事：

人创造出享受，而习惯把这些享受转化为需要，要满足这些需要就得生产、大量生产；仅凭体力不行了，一定要开发智力。

教育因此变得复杂起来，身体的成长还得加上智力和精神开发。

人的才能一旦充分开发，其生产能力和水平就会提高，当一个人变得格外有用，就会感到格外幸福。

当一个人所受的教育少，其作用就小，他就会变得悲哀，因为低人一等是一种悲哀。

然而，用于孩子能力全面开发，使其达到一定的科学和工业水平的教育投入巨大，因此由谁来承担教育这项使命已经不再是无所谓的事了。

公正的做法是由受益者承担；但尤为重要的是确保所有的孩子均受到全面教育，以不让任何一个孩子在低人一等的情况下步入社会。

有人说这种教育的责任应该由家庭来承担！

家庭能够给所有孩子提供同等的教育方式吗？当然不能。家庭的财力会因为孩子的多少而受到影响；一个只有一个孩子的父亲在不节衣缩食的情况下不但有能力完成孩子的初级教育，还能完成其中等甚至高等教育，而多个孩子的父亲却只能给孩子以基本教育。前者的儿子将来会成为企业主，而后者的孩子们将落得听他使唤。

对孩子而言结果存在不平等，对家庭而言负担存在不平等，因此这种做法是不公正的。

为消除这些明显的不平等，热衷于家庭教育的人提议成立保险合作社，一律以家庭为单位平均发放儿童教育补助，不管每家孩子多少。这种想法倒是值得赞赏，但保证得了所有孩子都能接受教育吗？肯定不能。

总有那么一些缺乏远见的父亲，很少顾及自己的尊严，也很少为孩子着想，他们不参加这种保险；一旦孩子教育成了他们沉重的负担，他们将弃之不顾。

大量的孩子将面临缺乏教育或靠公共或私人救济完成教育的处境，而我们的反对方因为出于对面子的考虑对这类救济极力排斥。与其说不要保障、不要救济，还不如索性将其消除，不再留给其一席之地和任何空间。

我们的主张是不得剥夺任何一个孩子的受教育权，不允许救济插手一个孩子的教育。

社会要担起教育的责任，让不平等终止，使救济退出舞台。教育应该成为所有人的平等权利，一切公民应该根据其贡献多寡而不是按自己孩子的数量为教育付出。

还有，孩子的教育最终是谁受益？难道是家庭吗？不，受益的是整个社会。既然受益的是社会，那社会理应为之付出。

但是，问题不仅仅关系到责任和费用；这里还特别涉及由谁负责的问题，主张实行家庭教育的人对这点格外强调。

对个人被国家同化的担忧、对官办教育的恐惧，让他们完全忽视了教育费用问题以及教育不平等引起的所有社会不公。

当然，我们完全赞同他们对大学教学的批评，为他们给教育垄断进行的打击鼓掌叫好，因为这些不是针对我们的。我们在此声明，一种是被政府、某人或某些人独断专行把持的教育垄断，一种是由家庭负担的教育自由，若一定要在两者之间选其一，我们肯定选择教育自由。

但是，我们所主张的负责教育的社会应该是一个真正的民主社会，一个对教育的指导体现众人意愿的社会。

或许有人会反驳我们说众人的意愿怎么可能一致，少数难免要受到多数的牵制。这种情况即便在互助保险形式下也在所难免。但是应该看到，自由的约定俗成会促使公民相互间让步，制定和颁布学习纲领要参照普遍的意见，尤其是要剔除那些站不住脚的论述，以科学和合理的内容为准。

在我们的意识里，中央管理就是应该在颁布只带有主要概念和普遍实用内容的学习大纲之后，放手让市镇根据本地的地域、习俗和工业特点充实有益和实用的内容，选用教师，开办和管理学校。

除此之外，这种社会办教育的做法还可以从教育自由中获得一种最佳的纠正方式，即个人拥有的授其所知、学其所不知的自然权利。我们所有人不遗余力要求得到这种我们目前所欠缺的权利。

这种教育权无论在普通教育还是在专业教育方面不但使教师能跟公共学校齐头并进，还能使个人自主地通过讲课或讲座对教育中存在的不足和缺陷进行批评，同时也还可以把矛盾摆到桌面上供学生和公众评判。这势必迫使公共学校的教师对科学水平和完善教学方法引起重视，尽量避免给人抓到批评的把柄。

我们认为这种方式可以使家长们积极有效地参与教育指导，也能保证孩子们受到全面和必要的教育。

但是，为确保所有人都能受到这种教育，必须要有义务约束！这个义务应该是实实在在的，还仅仅是道德层面上的呢？如果是实实在在的，那就会有人站出来跟我们说，你们这是损害孩子的自由和父亲的权威。

何谓孩子的自由，我们的回答是：要自由，就要发挥其全部才能，能够做到自食其力；然而，孩子不拥有自由，要获得自由他恰恰就得接受教育。

至于父亲的权威，父亲没有拒绝孩子接受教育的权利。然而，社会却有维护其成员利益的义务，当父亲把孩子置于无知中的时候，社会应该为孩子的利益考虑站出来并负责他的教育。

我们的结论是所有孩子都应该在家长的管理下接受由社会实施的义务教育；但与此同时，不管出现什么情况我们都主张教育自由。

四、协会的特色合作

合作和协会是否为两个具有相同意义的概念，指的是不是同一种观念和唯一的结社方式？拟或是一种具有共同形式的两种观念的表达，但其目的、方式和结果截然不同呢？

首先，协会指的是什么？根据一些人对协会极力宣传、实践，甚至偶尔试图强制推行的做法，该如何给协会下定义呢？

协会，根据其发起者的坦言，应该融合一切利益，消除差异，建立绝对平等；可是，用什么样的法律来制约这种意志的融合呢？是自由契约吗？似乎不是；因为所有的改良主义者，无论是卡贝、欧文、傅立叶、路易·勃朗等也好，还是莱喀古士也罢，他们的基本观点都强调社团就是一切，社团拥有的只是权利，而个人要尽的只能是义务；集体利益是最高目标，为此应该不惜一切手段；对一方需求的满足，或确切地说对一方需求满足的承诺是整体作出的没有任何讨价还价余地让步，根本不是根据实质的和默认的契约所进行的分配，因为这里已不存在缔约个体，只有一个至高无上的、侵吞性的单位。

业已成立的各类协会就是秉着上述这些法则起家的，它们除了后来搞的吸收会员的工作外，一开始便是一切统管，向会员承诺平等分配，同时却向他们提出不同工的要求；他们付出一切而得到的只是一部分。各尽所能，按需分配，这一著名公式是与原则相违的典型形式。国家（因为在国家里人作为个体不存在，要由一个最高当局进行谋划、指挥并以所有人的名义行事）身为唯一的审判官首先向单位提出它究竟能生产什么，而后分配给它国家认为其所需要的东西。适者生存，你们作为有道德的和自由的人感觉到在你们身上有一种尊严随着你们的责任在发展上升，你们的一切活动至今还没有受到协会的强有力主宰者国家所控制，你们的积极性还没有被其扼杀。

合作是协会的一种形式。首先我们觉得没有必要给这一特别形式冠以新的提法。但是，如果说合作是协会形式的其中一种，那么合作还是有别于协会的，区别如此明显，所以不可以把它们混为一谈，其目的和行动方式表现得如此不同，一个新词因此成为必不可少。

协会把个人聚拢在一起，人已不再是个体，而变成了单位；而合作则把人组织在一起，激励每个人的力量和积极性。**皮·约·蒲鲁东**指出："其主导思想就是一部分人通过契约形式一致同意在一定的时间内和某种程度上相互配合，从事生产、流通、交换等；结果是他们之间形成连带和互保关系，在各自能力范围内相互间贡献或获取一部分产品、服务、好处、义务等，而无论是在生产或在消费方面均保持各自的独立性。"

"这种契约规定的基本义务是双向的，它只对签约方在相互承诺的义务上起约束作用，不受任何外部当局的制约，只对缔约者有效，由缔约者自主执行。"

因此，合作的参与者越多，每个参与人可享受的服务、产品、自由和福利的数量和幅度就越可观；这样，可以肯定地说"**互助联合**"这个合作原则的趋势是普遍性的。然而，协会就说不好了，撇开其某些局限性尤其是普遍性方面的局限外，协会不可避免地导致政府共产主义，在这个制度下，社会的高级化身仅凭其兴趣而毫不负责地承担起规范劳动和分配产品的任务。

社会的趋势是权利的落实，然后达到权利的统一。合作是如何实现这一理念的呢？每个人通过自由契约和权利的确立所获得的享受和福利的数量比个人希望通过单独劳动所获的要丰厚。权利是一个无限变数，若其表现形式多，就是多个无限变数，这对所有人都一样。那么何谓权利？权利是个人所拥有的享用劳动成果的能力的体现。各种权利的统一、不同趋势的统一、各类欲望的统一因此通过合作而得以实现，多数的窃取、少数的被打压或被吞噬已不再可能。

在至今为止我们所看到的协会里，相当数量的契约乃非补偿性的；此外这类契约也具有不确定性，因为所承诺的本来就不足的分配无法得到保证。协会的性质归根到底就是个人受制于团体。

相反，合作的本质区别却是所有个人不但通过自由契约实行义务共担权利共享，而且还利用协定获得更广泛的权利和自由，并且丝毫不必担心个人的自主性受到损害，这种自主性反而会随着个人付出的增多而得到加强。①

至今为止，人们所理解的以及现实中的协会意味着：个人服从集体

---

① 概括地说，撇开合作这个词在法国出现时的价值和人们给它的定义不谈，我们说：社会运动进入一个新阶段一定要有对应的新词汇，今天通常意义的合作启发了我们的想法，下面详细阐述我们所理解的意思。

几乎不可避免地导致自由和个人主动性的丧失；合作意味着：事先确定和计划好的单一目的的自由意愿契约。在协会，整体利益是个人必须服从的最高原则；合作是集体组织起来为个人提供扩大行动自由，促进个人自主性发展的方法。

结果是，协会的目的是把人员而不是把事物联合起来；相反，我们觉得合作指的是事物的联合，而并非人的联合。

五、失业、罢工

失业，罢工！这两个公认的意思不同的词对生产和一般的流通造成的后果却完全一样。失业就是资本家单方面私自做主使一部分劳动者停工休息；生产停了，结果按照美其名曰的自由、供需法则造成产品价格上涨；因为劳动者根据产品数量领取报酬，而资本家则不然，他们利用停产而人为制造产品奇缺假象，趁机强行向消费者加价，扰乱整个消费，由此获取极为可观的利润。

罢工是劳动者迫于要求增加工资的需要中断工作，以争取让工作单位提高他们的工资待遇，或缩短工作时间。必然的结果是，身为生产者同时也是消费者的工人因为停工钱包空了，直接造成其消费能力的必然下降，并由此导致其他工业出现失业。这便是连接所有工业的经济链的表现之一。

显而易见，以上两种现象造成的结果是一样的；这是一个恶性循环，劳动者一定要及早从中摆脱。

让我们共同探讨究竟什么是造成这些动荡的原因。我们认为是当今资本与劳动关系中存在的无政府状态所致。事实上，利用某种不可告人的手段集中在极小部分人手中的资本肆意控制着劳动。资本相信利用其硬通货的优势能熬得住，坚持其强硬条件；为了免遭销售价格和产品价格震荡的影响，它不再坚持原来的需求，辞掉一部分工人，让其所控制的那部分人作出不可理喻的抉择：要么离开工厂，无事可干去饿死；要么不管待遇多差都得拼命超负荷干活，因劳累和衰竭而慢慢死去。

就这样，目前在众多工业企业日常的工作时间是 10 个小时，有的企业在生产任务繁忙期间甚至要求工作 13、14 乃至 15 个小时，目的是保持一定数量的求职者和为了控制一定数量的求职者，迫使他们（迫于饥饿的煎熬）前来与在岗工人残酷无情地争饭碗。

应当承认，在当前的组织形式下，失业可能还有其他原因。有些工业或许因为招收工人以及陈规旧习的原因出现劳动力过剩；产品数量超出正常消费水平，需要临时停产。但是，劳动分工，特别是一个工种里面不同岗位的专一化，造成工人无法实现从一种行业到另一种的快速转岗的后果。结果这些动荡不定在某些情况下给那些与受害职业毫不相干的职业造成影响。

罢工与失业的起因是相同的。通常情况下，一旦出现产品价格上涨，而工资保持不变（按不变比例计算，实际上工资在减少），或产品价格保持不变而工资减少的情况，随着人们所说的"资本家罢工"的发生，罢工就会爆发。

总之，以罢工对付罢工，以失业遏制失业，雇主与工人之间斗、劳动者与资本家之间斗，结果是殃及所有人。

资本对生产和劳动都是必要的；斗争的原因是它们之间现存的关系所至，这种关系必须改变。

要在互利的基础上建立交换制。

要朝着学习的综合发展方向实施职业教育。

要建立准确全面的统计系统，避免在某些职业中出现人员过剩的情况，因为这种情况必然导致产品减少，连带引起工资降低和其他行业人力短缺，结果造成产品价格的上涨远远高于劳动者所能争取到的工资提高的幅度。目前存在一种人们普遍抱怨的事态，这种事态势必在某种情况下引发一些危机，而且鉴于当前生产者和消费者以及非生产类消费者关系的状况，这些危机是无法应对的，我们认为，采取以上办法可以纠正这种事态。

国际协会就是为了实现这一套理念而成立的。

六、税

"你要将一切头生的、并牲畜中头生的，归于永恒主：阳性的都要属于永恒主。头胎的驴，你要用小羊去替赎；若不替赎，就要打折它的脖子。凡你儿子当中头胎的，你都要赎出来……我把一切头胎的公牲畜祭献给永恒主，而将我一切头胎的儿子都赎出来。"

（《圣经·旧约》第二卷《出埃及记》第十三章第12、13条）

税的最初概念源于赎回，整个古代都是这样做的。根据摩西律法，整个宇宙都归耶和华所有，他的代表向大地乃至人类的一切生产收取费用；包括头胎都要用贡品赎回：这就是奴役的象征。被征服者必须进贡是自古至今的普遍税收形式；可以看出，任何税法、一切征税无不曾经是而且至今为止仍然是征服者意志的体现。到了中世纪末期，税收继续以赎买的形式进行，并且成为获取自由的象征和方式，但是没多久又恢复了原有的形式，一场必要的革命才能改变其概念和意义。著名的新国王即位税法令事实上实现了由分担公共开支而取代赎买自由原则。直至今日，纳税即便不是制造社会底层的一种象征，但仍然是制造社会底层的一种方式。事实上只要研究一下税收分配的不同方式，就能证实税收就贫困而言是累进的，而对财富而言甚至是不成比例的：纳税的只能是劳动者，因为唯有劳动者在生产。然而，在整个十九世纪，甚至有些作家称劳动是因为犯了原罪受惩罚要做的苦役，并使税收变成对苦役的变本加厉；无产者是最卑微的，他们认为用税收延续农奴制理所当然。

因此，军队、法庭、警察、学校、医院、济贫院、收容和教养所、庇护所、幼儿园和其他慈善机构，包括宗教本身首先是无产者出钱支撑和经营的，然后反过来又与他们对立；这样一来，无产阶级不但要为吞噬他们的阶层（资本家阶层），而且还要为攻击和麻木他们的阶层干活。

然而，大众情绪一致批评如此赤裸裸的不公正；劳动者起来反抗这种状况，他们先后提出和强制推行该体制的彻底改革。税收只作为个人为公共开支所分担的份额，实际上是纳税人与被称为国家的这一抽象概念之间的交换。这样一来，对所需要的服务种类和应该为所提供的服务支付什么费用，最有发言权的无疑是这个社会集体的成员。

这些原则通常都受到大家认可，但是实践与理论远不够一致。德帕里厄先说，"若没有一系列限制性、惩罚性和预防性措施保证税收，社会顺序将颠倒，人民不久将因过度的自我放纵而消亡"；他还补充说，那些向大部分公民隐瞒其纳税准确数字的伎俩不需多久就会逐步地合乎情理，因此也可以说久而久之地有了有益的麻醉作用……如果相信这些话，就等于证明我们的无能，我们枉自以为通过普选就觉得自己成熟了。

税收的形式无穷无尽。统治者为了掠走人民的劳动所得而不惜使用任何手段。我们对名目繁多的税收无法细数，但我们可以把其分为两大类：直接税和间接税。其中直接税中的劳役和被贴切地称做流血牺牲税的兵役应该是民主制度坚决反对的；应该说这两项税是目前最带有羞辱性和分配最不公的税种；事实上，这两项税的直接征收范围不再只是针对利润收入，并且还扩展至初级产品和生产者本人；这些被征收上来的税款的使用情况足以使人们果断地作出取消这些税种的决定。

门窗税、消费税，包括赠与税等做法统统都是针对公共健康和生活的；甚至可以说几乎所有的税基本如此；最令群众深恶痛绝的税种其实并不见得对他们最具危害性。

但是目前若想对税收进行彻底改革并拿出新办法似乎是不现实的；因为，如果问题提纲里所列的所有问题的解决意味带来劳动的解放，而税收问题则不然，税收问题只有在劳动解放完成后才能找到实际的解决办法。

目前我们只能做到的是强调税收尽可能是直接的，这样可以使纳税人通过其明确认定的应缴纳的相应份额明白自己所担当的义务，和更加便于对税收合理分配的监督。

七、常备军与生产的关系

当战争成为确立权利的唯一手段时，它就是一种公共义务，所有人无一例外地都要有所承担；此乃自由、平等、正义之要求。

关于这个问题，只要回顾一下事实就足以找到抨击这一制度的充分理由。事实证明，把上千万的男人从劳动中拉走肯定会损害生产。

同样，让这些男人相互厮杀毁灭、掠夺和平劳动者的产品是对生产双倍、三倍的破坏行径。若要对军队与生产之间的直接关系进行研究，不妨在上面陈述的事实基础上再加上维护军人非生产性日常必需开销的统计数字，一切就都昭然若揭了。然而，教育人民、鼓舞人民士气要通过促进劳动，增加集体福利，人们应该从这一点出发来审视常备军。国际协会只是响应人民长期以来的抗议呼声而对该制度予以抨击。

我们首先要看到，没有纪律，就没有军队可言，然而这个纪律的本质是否定自由，从而忽略士兵的道德修养。有人说被动服从是必需的；那好，我们不妨看一看这种做法所导致的后果，为了避开对现实的棘手争论，让我们回到久远的英雄时代。

凯撒率兵渡过鲁比肯河，准备向其故乡大举进军；这时，他的一个尉官站出来在众士兵的一片掌声中向他进言道：

"借助你手下强于武器数倍的精兵，凭借你杀敌的所向披靡，我发誓，如果你想让某个弟兄的胸膛、某个父亲的喉咙、某个身怀六甲妻子的五脏六腑尝到我利剑的滋味，发话吧，我颤抖的手绝对听从你的命令。搜刮上帝，焚烧庙宇，在决斗的火焰中把庙宇的雕像夷为碎片；如何是好？我时刻准备着，你想让我在台伯河畔罗马城对面为你划出决斗场吗？不管怎样，你所诅咒的城墙将随着我手上破城锤的挥舞土崩瓦解。下令吧：下一个变为废墟的该是那座城？即便是罗马也在劫难逃！"

（吕坎：《内战记》）

人们对生产该说什么呢！！当公民的生命和荣誉时刻都需要被那些美其名曰的祖国保卫者的尊重和保护之际，就应该如此！……

祖国保卫者！而祖国只有受到威胁时才需要保卫者；说到底，应该看到的是，把最强壮的劳动力连续几年圈在军营里是不折不扣的影响今天和未来的生产的做法。因为一个被这种制度糟蹋的人习惯于无目标和无所事事的生活，精神萎靡、颓废致使身体素质直线下降，这种人还能有什么用？我们不禁要问，丧失个人志向地活着的人除了成为所回归的社会的寄生虫还能是什么呢？

不要忘记，当"公共秩序意味自由、权利、祖国的时候，那它最好由武装起来的人民来保卫"（本杰明·孔斯旦）；还有，"如果我们要想自由就得自己成为警察和军队。给自己找守卫就是给自己找主人"。

八、自由交换——商业契约

交换有可能深深影响劳动利益，对交换这类如此严肃的问题国际协会不可以坐视不管。

近十年来，贸易保护主义者与自由贸易者相互间陷入了似乎无休止的战争，对峙双方总是喋喋不休地老调重弹。

我们不想就任何一方的诚意展开讨论；如果对于某经济问题、科学事件的讨论数年未果，我们认为提问题的思路有问题，含混不清。

人们经过仔细分析不难发现，事实上，贸易保护主义者和自由贸易者都在纠缠自身利益，而很少从公正角度出发去考虑整体利益。

这些人，无论是农业经营者、商人、工业家、资本家，不管是为了眼前利益还是为了工业或农业加工，事实上他们从来不捍卫劳动者的利益，他们所维护的只是有产者、资本家、商人的利益。

不管贸易保护的鼓吹者今天说什么，是为了保证工人有工作也好，还是保护制造商的国内市场也罢，我们在这里可以肯定地说，贸易保护只保护有产者、工业家和中间商，甚至大多情况下是保护垄断。

事实上，在1815年至最终颁布两项贸易协定的这段时期，我们经历了大金融和大工业的逐渐形成过程：这也是必然。资本家一方面牢牢控制着国内市场，利用关税的作用保证其产品高价销售，而作为工业家的资本家另一方面要求严格限制工人联合，以便利用工人之间的竞争从而独自决定对工资的调整。另外，机器的引进逐步促进劳动分工；这或许就是工业进步的正常、有规律性的发展；但是，劳动分工如果失去制衡，即缺乏利润的合理分配和专业的指导，只能使工人本来就很糟的处境愈加恶化。在众多工业行业劳动已不再要求脑体并用，机械性劳动就够了。妇女和儿童被置生理卫生和公共道德于不顾地安排到生产车间和制造厂劳动；不具备经验的农民受远方城市工业运动的吸引，也在壮大工业劳动者队伍。

平衡不久就会被打破；农村人口的减少势必造成农产品价格持续上涨，而工业求职人员之间的过度竞争使工资水平维持不变。

人们试图以实行自由贸易和撤销流动的通商贸易口岸的办法根治这

双重弊端。

　　一段时期，人们还对这些措施所能产生的效果心存幻想，但是今天他们再也不会被迷惑了。如果说新的体制有益，那受益的肯定只是资本，而绝非劳动。资本利用法兰西银行牢牢地操控着贴现。资本通过股份形式实行对运河、铁路、横跨大西洋航线的控制，成为运输和物流的主宰。近十年来，有实力的金融机构以巨额利润为诱饵大量**吸纳**民间资本，如今控制着民间资本，他们对这些资本的使用不负责任，缺乏足够的监管。信贷、物流、交易、机器以及一切经济力量都被大型金融机构抢占；社会设施被控制在它们手里。金融机构作为市场的支配者可以通过投机人为制造产品充足或短缺，任意改变供需法则。

　　该制度的弊端在于贸易结算可能对一个国家有利而劳动者却未得到任何实际好处。全部利润在扣除人工费用之后统统留做资本，资本没有祖国。因此，法国工人通过劳动创造的利润可能相当一部分去扩充英国资本家的**资产**。

　　工业的进步使工人每天的生产效率都在提高，然而，由于工人不参加利润分配，结果出现了我们所看到的下列现象：法国在贸易结算方面获益，关税以及直接和间接税的收益持续增长，而同时工业人口中的失业情况却愈演愈烈。我们可以预想到难免会出现这样一种首先显得矛盾的结果：产业工人生产的多了，工作减少了，因此领取的报酬也少了，而与此同时，在市场上呼风唤雨的资本家和工业家却通过投机实现利润的更大化。

　　让我们陷入如此境地的最可怕的是劳动扮演替人受过的角色。每当资本出现失误或犯错，挨鞭子的总是劳动。在我们所处的工业对峙以及经济松散的状况下，深受金融和工业危机危害的是劳动。

　　香槟或孚日冶炼厂厂主也好，鲁昂纱厂厂长也罢，还是马赛的船东以及波尔多的葡萄庄园主，他们究竟是否为自由贸易者，那是他们自己的事；他们只需关注他们自己的利益。而我们则追求正义，主张权利和义务的平等，认为自愿达成的契约应该把公民紧紧地团结在一起组成一个自然团体：市镇、省、国家，贸易保护或自由贸易获胜能给我们带来什么呢？

我们主张的是，自由组织生产者对生产者、服务对服务、劳动对劳动、信贷对信贷的平等交换。在任何商业投机中，签约双方是赔和赚的关系，这是战争状态。

应该由我们通过逐步铲除商业冒险行为和通过签约方之间互利公正同等交换的合作在工业行业推行和平。

九、宗教观念及其对人民的精神和社会发展的影响

对这个问题我们所能做的只能是阐明原则。

宗教是人类觉悟意识的一种表现，这种表现只要是内心的、个人的、隐秘的事情，就应该跟其他意识一样得到尊重；我们认为宗教观念与其他与生俱来的观念一样不应该成为有实际作用的讨论的议题；在这点上，每个人思考自己认为合适的东西，条件是千万不要让"他的上帝"干预社会关系，要实践正义和道德。

十、论波兰之重建

我们崇尚自由，宣告反对所有专制，强烈抨击和反对必将不可救药地导致最昏恶的共产主义的俄国专制社会组织和趋势；可是，我们认为，作为参加经济性质的代表大会的代表，我们对波兰的政治重建没有什么可说的。

来自里昂的几位代表听完巴黎代表的备忘录的陈述后宣布放弃发

言，并且撤回提交给主席团的报告原稿，表示完全赞同巴黎代表的意见。

来自鲁昂的唯一代表发表了同样的声明。决定将巴黎代表的备忘录更名为《法国代表团向日内瓦代表大会提交的备忘录》；讨论后，他们分别在备忘录上签名。

巴黎代表：布尔东，卡梅利纳，屈尔丁，弗里布尔，居亚尔，马隆，缪拉，佩拉雄，托伦，瓦尔兰；

里昂代表：博迪，里沙尔，舍特尔，塞克雷坦；

鲁昂代表：奥布里。

附　件

我们聚集在古老的瑞士共和国出席经济议题会议，不卑不亢地表达了我们应该讲的和所要讲的意见。坦诚而毫无保留地表述了激励和引导我们的经济原则。

今天这些资料的出版，不管别人怎样议论，都表明我们敢于对我们的行为负责，因为我们追求的是正义。

现在，该我们的公民和公共舆论作出决断了。

马克思、恩格斯关于第一国际日内瓦代表大会的通信

马克思致库格曼

（1866年1月15日）

1866年1月15日于伦敦哈弗斯托克小山
梅特兰公园路摩德纳别墅1号

亲爱的朋友：

……

我们的协会有了很大的进展。它已经有三个正式的机关报，一个是伦敦的《工人辩护士报》，一个是布鲁塞尔的《人民论坛报》，一个是在瑞士的法国人支部的《国际工人协会报。瑞士罗曼语区支部》（日内瓦）；瑞士德国人支部的一个刊物《先驱》过几天就要出版，由约·菲·贝克尔主编。（通讯处：日内瓦摩尔街6号约·菲·贝克尔。如果您什么时候有政治性或社会性的通讯要寄给他，可以用这个通讯处。）

我们终于把一个唯一真正庞大的工人组织，即过去仅仅关心工资问题的英国工联吸引到运动中来了。几星期以前，我们建立的争取普选权的英国协会（这个协会的中央委员会中有半数是我们的中央委员会的委员——工人）在工联帮助下举行了一次群众大会，在会上讲话的都是工人。《泰晤士报》接连两号都在社论中论述这次大会，由此您可以看出

它所产生的影响了。① ……

(参见《马克思恩格斯文集》第 10 卷第 232—233 页)

马克思致库格曼

(1866 年 8 月 23 日)

1866 年 8 月 23 日于伦敦

……我虽然花很多时间筹备日内瓦代表大会,但是我不能到那里去,而且也不想去,因为绝不能长期中断我的写作。我认为,对于工人阶级说来,我这部著作②所能提供的东西比我个人参加任何代表大会所能做的工作都更重要……

(《参见马克思恩格斯全集》中文第 1 版第 31 卷第 523 页)

---

① 指 1865 年 12 月 13、14 日《泰晤士报》第 25367、25368 号关于这次群众大会的报道。——编者注
② 指《资本论》。——编者注

马克思致约·菲·贝克尔

（1866年8月31日）

1866年8月31日［于伦敦］

亲爱的贝克尔：

荣克当代表大会①的主席是非常必要的：

（1）因为他能说三种语言——英语、法语和德语。

（2）荣克是中央委员会的**正式代表**，而奥哲尔（而且他只懂本国语言）**不是**中央委员会选出来的。我们选出了以荣克为首的四名代表；奥哲尔只有自己弄到钱（当然要由我们作担保）才能走。他没有为协会做过**什么事**。

（3）克里默和奥哲尔策划了极其卑鄙的阴谋，企图在最后时刻阻止荣克和埃卡留斯动身。

（4）**奥哲尔**希望当选为**代表大会主席**，以便得到这些英国人的景仰，并且违反**中央委员会的绝大多数的意愿**，设法在明年当选为中央委员会主席。

（5）不论克里默或是奥哲尔，他们两人都在改革同盟中出卖了我们，他们在那里违背我们的意志走上了**同资产阶级妥协**的道路。

（6）克里默先生**在道德上完全堕落了**。他所追求的只是得到一个"**有报酬的**"职务，而且不做工作。所以**在任何情况下都不应当**在代表大会上选他当**总书记**（这是唯一有报酬的职务）。应当在总书记必须掌握**一种以上的语言**这个托词下——其实是完全合理的——选举**福克斯**。

（7）**中央委员会主席**不应当**由代表大会**选举，而应当在这里，即

---

① 指第一国际日内瓦代表大会。——编者注

在伦敦选举,因为这个人物只具有地方性意义。

（8）在选举**代表大会主席时**你应当当场声明,只有会说几种语言的人才能在**国际代表大会**上担任主席,这至少是为了节省时间,等等。

（9）请把这件事通知杜普莱克斯。

（10）如果你能在代表大会开会以前请埃卡留斯把我以中央委员会的名义为伦敦代表们写的《指示》①译成德文,那就很好。

祝好,握手。

你的　卡尔·马克思

（参见《马克思恩格斯全集》中文第 1 版
第 31 卷第 525—526 页）

马克思致恩格斯

（1866 年 9 月 26 日）

1866 年 9 月 26 日〔于伦敦〕

亲爱的弗雷德:

……法国先生们打算把除了"体力劳动者"以外的一切人排除出去,首先从国际协会会员当中排除出去,其次,至少是从有权当选代表大会代表的人当中排除出去。作为向法国先生们的示威,昨天英国人提议**我为中央委员会主席**。我声明,**无论在什么情况下**,我都不能接受这个建议,我自己则提出**奥哲尔**,于是他就再度当选,虽然有些人不顾我的声明仍然投了我的票。此外,杜邦使我识破了托伦和弗里布尔的行为。他们从**只有工人能够代表工人**这一"原则"出发,企图在 1869 年

---

① 卡·马克思《给临时中央委员会代表的关于若干问题的指示》。——编者注

当立法团的**工人**候选人。因此,由代表大会来宣布这个原则,对这些先生来说是极其重要的。

在昨天的中央委员会会议上,出现过各种各样的戏剧性场面。例如,当福克斯而不是克里默被任命为总书记时,克里默先生大吃一惊。他费了好大劲才抑制住自己的怒火。另一个场面是:向勒吕贝先生正式宣布,根据代表大会的决议,他被开除出中央委员会。他在长时间的演说中公开说出了自己烦恼的心情,对巴黎人大发雷霆,把自己说得十分可敬,并且胡说一些关于阴谋的话,说什么同他友好的民族(比利时人和意大利人)由于这些阴谋而未能参加代表大会。最后,他要求中央委员会的信任投票——这件事将在下星期二讨论。

祝好。

你的 **卡·马·**

(参见《马克思恩格斯全集》中文第1版第31卷第256—257页)

马克思致库格曼

(1866年10月9日)

1866年10月①9日于伦敦哈弗斯托克
小山梅特兰公园路摩德纳别墅1号

我曾经很为第一次日内瓦代表大会担心。可是从整个情况看,结果比我预期的要好。在法国、英国和美国的影响是出乎意料的。我不能

---

① 手稿为:"11月"。——编者注

够，也不愿意到那里去，但是给伦敦代表拟定了一个纲领①。我故意把纲领局限于这样几点，这几点使工人能够直接达成协议和采取共同行动，而对阶级斗争和把工人组织成为阶级的需要则给以直接的滋养和推动。巴黎的先生们满脑袋都是蒲鲁东的空洞词句。他们高谈科学，却什么也不懂。他们轻视一切**革命的**、即产生于阶级斗争本身的行动，轻视一切集中的、社会的、因而也是可以通过**政治手段**（例如，**从法律上缩短工作日**）来实现的运动；在**自由**和反政府主义或反权威的个人主义的**幌子**下，这些先生们——他们16年来竟泰然自若地忍受并且现在还在忍受着最可耻的专制制度！——实际上在宣扬庸俗的资产阶级的生意经，只不过按蒲鲁东的精神把它理想化了！蒲鲁东造成了很大的祸害。受到他对空想主义者的假批判和假对立的迷惑和毒害的（他自己只是一个小资产阶级空想主义者，而在傅立叶、欧文等人的乌托邦里却有对新世界的预测和出色的描述），首先是"优秀的青年"，大学生，其次是工人，尤其是从事奢侈品生产的巴黎工人，他们不自觉地"强烈地"倾向于这堆陈腐的垃圾。愚昧、虚荣、傲慢、饶舌、唱高调，他们几乎把一切都败坏了，因为他们出席大会的人数同他们的会员人数是根本不相称的。在报告中我将要不指名地谴责他们几句。

（参见《马克思恩格斯文集》
第10卷第242—243页）

---

① 马克思《给临时中央委员会代表的关于若干问题的指示》，参见《马克思恩格斯全集》中文第2版第21卷。——编者注

马克思致恩格斯

(1866年12月17日)

1866年12月17日 [于伦敦]

……《两大陆评论》和《现代评论》刊登了两篇关于国际的详细文章，它们都认为国际和它的代表大会是本世纪最重大的事件之一。接着《双周评论》也发表了类似的言论。① 可是实际上我们由于缺乏资金甚至缺乏人手而无法行动，因为所有的英国人全去搞改革运动了。法国政府（很幸运）开始对我们采取敌视态度。② ……

(参见《马克思恩格斯全集》中文第1版第31卷第270—271页)

---

① 指资产阶级政论家的几篇文章，即路易·雷博《工人的政治经济学》(*L'Économie politique des ouvriers*)，载于1866年11月1日《两大陆评论》第66卷，J. E. 阿洛《社会主义的新变种。日内瓦工人代表大会》(*Une forme nouvelle du socialism. Le Congrés ouvrier de Genève*)，载于1866年10月15日《现代评论》第53卷，以及1866年12月《双周评论》第37期的编辑部文章。——编者注

② 指法国当局扣留国际会员的书信，没收协会章程和后来没收日内瓦大会的其他材料，以及波拿巴集团向英国政府施加压力，企图阻止《国际信使》报 (*Le Courier international*) 刊登日内瓦代表大会的材料 (见总委员会向洛桑代表大会和布鲁塞尔代表大会的报告，载《马克思恩格斯全集》中文版第16卷第360—362页和第615—616页)。总委员会在1867年1月初发表声明《法国政府和国际工人协会》，揭露了第二帝国统治集团对国际采取的行动。——编者注

第一国际第二次代表大会

(1867年9月2—8日于洛桑)

1867年9月2—8日于洛桑举行的
国际工人协会代表大会报告[①]

第一次会议

（1867年9月2日，星期一）

上午8点整，与会代表齐聚卡西诺大厅。

大会组织委员会主席、洛桑支部的**阿维奥拉**向代表致欢迎词并祈求上帝保佑大会成功。他的这一举动引起所有代表的激烈抗议。不过插曲很快平息。

由来自巴黎的**缪拉**、伦敦的**杜邦**、马赛的**瓦瑟**、伦敦的**埃卡留斯**、日内瓦的**贝克尔**和苏黎世的**毕尔克利**组成的临时主席团对大会代表资格进行审查。对非国际协会会员洛桑工商协会的代表资格问题展开了讨论，同意让他们参加会议讨论，但不能参加涉及国际协会问题的表决。

资格审查通过后向50位正式代表发放代表证。代表名单如下：

卡特，詹姆斯，香料制造工，总委员会委员，伦敦；
埃卡留斯，格奥尔格，裁缝，总委员会委员，伦敦西南区托西

[①]《1867年9月2—8日于洛桑举行的国际工人协会代表大会报告》于1867年由拉绍德封《未来呼声报》发表，共76页。

尔街；

沃尔顿，阿尔弗勒德·阿，建筑师，全国改革同盟主席，英国南威尔士布雷肯；

列斯纳，弗里德里希，裁缝，总委员会委员，工人教育协会代表，伦敦高尔街弗朗西斯街4号；

斯旺，丹尼尔，织带工，考文垂；

杜邦，欧仁，乐器制作工，总委员会委员，法国支部代表，伦敦索霍广场利奇菲尔德街；

马利，让，布料印染工代表，库尔布瓦（塞纳省）海岸街5号；

加布，白铁匠协会代表，巴黎巴蒂尼奥尔莱维街5号；

皮奥莱，机械工协会代表，巴黎圣马丁水闸街45号；

雷蒙，印刷工—石板印刷工抵抗协会代表，巴黎佩尔内提街9号；

舍马莱，测量—绘图工，巴黎西街64号；

缪拉，机械工，巴黎圣莫尔街200号；

龙格，沙尔，记者，卡昂和孔代叙努瓦罗支部代表，卡昂市（卡尔瓦多斯省），牙医塔尔博特先生奥迪翁街处所；

舍特尔，机械工，里昂老人院街；

吕博，路易，布料印染工，索恩河畔讷维尔（罗讷省）；

沙桑，酒商，维勒弗朗什（罗讷省）圣安娜街8号；

阿尤，裁缝，维埃纳（伊泽尔省）阿舍韦榭街1号；

韦齐诺，制靴工，波尔多默努兹街29号；

瓦瑟，白铁匠，马赛和菲沃支部代表，马赛博蒂·佩雷斯街24号；

德巴普，塞扎尔，排字工人，比利时各支部代表，布鲁塞尔亚历克西安街13号；

塔纳利，塞巴斯蒂亚诺，博洛尼亚和巴扎诺协会代表；

库格曼，医生，汉诺威；

毕希纳，路易①，医生，达姆施塔特；

克莱因，查理②，旅店主，科隆和索林根支部代表，索林根市（莱茵普鲁士）三个瑞士人酒店；

特雷布，萨米埃尔，粉刷工，建筑工人协会代表，日内瓦河岸街21号；

基奈，斐迪南，石匠，建筑工人协会代表，日内瓦卡鲁日路；

蒙沙尔，茹尔，雕刻工，日内瓦索杰堤岸15号；

佩龙，沙尔，釉画工，日内瓦尚特普莱街5号；

杜普莱克斯，图书装订工，日内瓦佩里斯利街4号；

勃朗，教授，日内瓦卡鲁日老街395号；

格雷，伊萨克，皮革师，洛桑后城8号；

法夫拉，菲力浦，商业代理人，洛桑；

阿维奥拉，马克，排字工人，洛桑普雷街11号；

克斯特纳，排字工人，排字工人联盟代表，洛桑；

昆戴-孔茨，乐器配件制作工，圣克罗伊（沃州）；

吉约姆，詹姆斯，工业学校教授，勒洛克勒支部代表；

范扎，费利克斯，会计，圣伊米耶（伯尔尼）支部代表；

毕尔克利，查理③，制革工，苏黎世；

克雷布泽，奥古斯特，裁缝，苏黎世；

利文塔尔，J.，裁缝，洛桑圣洛朗广场1号；

基歇尔，咖啡店主，格吕特利联盟和细木工协会代表，洛桑梅瑟利16号；

---

① 原文为路易（Louis），应为路德维希（Ludwig），下同。——编者注
② 原文为查理（Charles），应为卡尔（Carl）。——编者注
③ 原文为查理（Charles），应为卡尔（Karl）。——编者注

施莱费尔，弗兰茨，裁缝，工人教育协会代表，洛桑；
弗德雷尔，贝尔纳，刀剪匠，伊韦尔东（沃州）；
格里斯，裁缝，工人教育协会代表，沃韦（沃州）；
诺伊布兰德，克里斯托夫，拉绍德封（纳沙泰尔州）德语支部代表；
黑弗纳尔，记者，穆尔滕（弗里堡州）支部代表；
弗赖，纺织工人，巴塞尔支部代表；
罗特，威廉，机械工，比安市（伯尔尼）帕斯卡；
贝克尔，约·菲，记者，日内瓦（普雷-埃韦克33号）；
弥勒，路易，鞋匠，日内瓦诺伊街21号。

另外，**洛桑工商协会**的六位代表也获准参加会议，他们是公民：

霍夫曼·里特纳，批发商；
尤阿特·泽斯勒，批发商；
博里·莫拉尔，银行家；
凯泽尔，机械师；
沙尔东·罗沙，批发商；
吕雄奈特，律师。

接着以不记名方式投票选举大会主席。来自伦敦的**杜邦**和来自巴黎的**缪拉**两位公民参加竞选，最后**杜邦**获得49票中的29票当选。

人们以通过一致欢呼的方式，把来自伦敦的**埃卡留斯**和来自日内瓦的**贝克尔**推选为大会副主席；把来自达姆施塔特的**路易·毕希纳**，来自马赛的**瓦瑟**，来自苏黎世的**毕尔克利**和来自勒洛克勒的**吉约姆**被推选为大会书记。

大会决定下午3点继续开会讨论主席团提交的会议日程安排。上午的会议于中午结束。

第二次会议

（1867年9月2日，星期一）

星期一下午刚赶到的代表：拉绍德封（纳沙泰尔州）的代表皮埃尔·库勒里医生。

来自伦敦的**杜邦**主持会议

来自伦敦的大会主席**杜邦**下午三点一刻宣布开会。他宣称自己更注重实际行动而不是演讲，因此没有发表任何讲话。

来自勒洛克勒的大会书记**吉约姆**宣读了上午会议的法文纪要；该纪要被译成德文和英文，应巴黎的**舍马莱**请求作了简要的修改后通过。

接着，在正式开始会议日程讨论前，巴黎的**舍马莱**提议取消公共开放区50和30生丁的不同价格的入场费规定。来自日内瓦的**杜普莱克斯**建议与会代表通过集资全部或部分解决会场场租费，入场免费。洛桑工商协会的代表**霍夫曼·里特纳**号召他的同事们参加费用的分担。大会决定会场一律免入场费，场租费通过向每位代表摊派费用解决。大会根据来自拉绍德封的代表**库勒里**的建议决定在会议公共开放区摆几条专供国际协会会员用的长凳。

来自勒洛克勒的大会书记**吉约姆**向大会宣读大会主席团的建议：

1. 代表每次都要在签到簿上签到；
2. 每位代表要求发言时要通报姓名；
3. 每位代表的发言时间是十分钟的陈述和五分钟的回答；

4. 所有提案都应由提案人签字以文字形式交到大会主席团。

部分代表对第 3 条提出异议，要求拥有发言的充分自由。主席团经过短暂讨论后，根据来自达姆施塔特的大会书记**毕希纳**的修改建议决定将该条改为：

"每位代表对一项议题只有一次发言机会，时间是十分钟。大会可以根据情况破例。"

以上 4 条规定经过表决获得通过。

大会的几位书记分别用不同语言宣读主席团拟定的会议日程和议题草案。

就此议题大会开始了长时间的讨论，首先针对 1867 年 8 月 24 日在日内瓦举行的群众大会提交的议题展开了讨论。议题的内容是：

"缺乏政治自由是否会阻碍工人的社会解放，是不是社会动荡（失业）的主要原因之一？

要用什么手段才可以加速政治自由的取得？是否通过要求取得一切劳动者不受限制的集会权和新闻的不受限制的自由？"

日内瓦的**佩龙**要求把这两个问题列入大会讨论议题。而来自巴黎的**托伦**、**缪拉**和**舍马莱**反对这样看问题；他们不想把日内瓦群众大会提的问题列入本次大会议程，简单地提出，拥有政治自由对争取社会自由不可或缺。

来自卡昂市的代表**龙格**就该议题向主席团提交了以下建议：

"公民龙格建议对日内瓦代表提交的问题以明了、简单的口头方式进行表决。类似的问题不值得拿到一次代表们奉真理、道德和正义为唯一准则的大会上讨论。一个自愿接受舍弃自由的人民自觉不自觉地置身于真理、道德、正义之外。"

来自达姆施塔特的**毕希纳**和来自伦敦的**列斯纳**认为代表大会没有向那些不拥有政治自由的民族指出如何争得政治自由的义务，讨论这样的问题毫无意义。

来自日内瓦的**贝克尔**和**杜普莱克斯**力挺群众大会的提案。

对国际协会是否过问政治的问题,有些代表持肯定态度,有些则持否定态度,经过讨论后决定对下面的问题实行表决:

"日内瓦群众大会提交的问题是否列入本届大会议程的主要议题?"

表决结果是21票支持,30票反对。

日内瓦群众大会提交的问题因此按照主席团原来的日程安排顺序讨论。

巴黎的**舍马莱**在大会开始讨论议程之前,向主席团递交了以下建议:

"大会应该对所有的专门议题分别设立一个专门委员会。专门委员会的会议不对外公开。每位代表可以在专门委员会会议上提出建议并说明理由。"

部分代表认为设立这样的委员会可能浪费大会的时间,有些支部的报告可能与专门委员会的报告撞车。大部分代表支持这项动议,提议最后被采纳。

由于时间关系,加之主席团的议事日程草案讨论可能需要很长时间,大会因此决定交由一个委员会讨论。由日内瓦的**贝克尔**、巴黎的**舍马莱**、拉绍德封的**库勒里**、日内瓦的**佩龙**、里昂的**舍特尔**、日内瓦的**杜普莱克斯**、勒洛克勒的**吉约姆**组成的委员会审议后在第二天向大会报告。

9月3日星期二的日程是:

上午8点听取委员会议事日程审议报告。

下午2点听取总委员会的报告以及各中央委员会和支部的特别报告。

会议于晚7点休会。

第三次会议

(1867年9月3日,星期二)

星期二上午刚赶到的代表:托伦,雕刻工,巴黎贝尔维尔勒萨热街;奥布里,石板印刷工,鲁昂友谊街12号;德博蒙,青铜雕刻工,青铜工人互助信贷社代表,巴黎市巴黎-贝尔维尔街133号;昆克尔,裁缝,纳沙泰尔德语支部代表;加斯帕尔·斯坦帕,米兰意大利工人协会中央委员会代表。

来自伦敦的**杜邦**主持会议

上午8点半代表应召准时开会。

听取来自勒洛克勒的**吉约姆**书记和来自伦敦的大会副主席**埃卡留斯**分别用法语和德语宣读周一下午会议情况报告。与会的英国代表懂德语,因此不需要英语文本报告。报告被通过。

前一天下午设立的审议委员会的报告人**舍马莱**通报该委员对会议议程审议后拟订的方案。**贝克尔**和**埃卡留斯**分别负责德语和英语翻译。该方案仅一票反对,获得高票通过。

大会随后按不同讨论议题任命专门委员会负责审议和向大会报告。按议题分别设立下列委员会:

议题一:用什么实际手段把国际协会变成工人阶级摆脱资本压迫的斗争的共同中心?

该议题由来自伦敦的**埃卡留斯**、来自日内瓦的**贝克尔**和来自巴黎的**托伦**组成的三人委员会负责。

议题二：工人阶级如何才能利用本是他们提供给资产阶级和政府的贷款来为自己的解放服务？信贷和人民银行；金属货币和纸质货币；互助保险；工会。

该议题由来自布雷肯的**沃尔顿**、来自卡昂的**龙格**、来自日内瓦的**蒙沙尔**、来自鲁昂的**奥布里**、来自维埃纳的**阿尤**、来自汉诺威的**库格曼**、来自苏黎世的**毕尔克利**、来自洛桑的**施莱费尔**和来自米兰的**斯坦帕**组成的九人委员会负责。

议题三：各协会如今为**第四等级**（工人阶级）解放而努力尝试的最终后果是否会导致出现处于更加危难境遇的**第五等级**？被视为社会关系基础的互助或互惠；各种职业的同等价值；团结；工会。

该议题由来自达姆施塔特的**毕希纳**、来自布鲁塞尔的**德巴普**、来自巴黎的**缪拉**、来自日内瓦的**弥勒**和来自巴黎的**加布**组成的五人委员会负责。

议题四：劳动和资本；失业；机器及其作用；缩短工时；劳动分工；改变和取消雇佣劳动；产品分配。

该议题由来自圣克罗伊的**昆戴-孔茨**、来自勒洛克勒的**吉约姆**、来自拉绍德封的**库勒里**、来自卡鲁日的**勃朗**和来自圣伊米耶的**范扎**组成的五人委员会负责。①

---

① 从下文看，这实际上是第五议题委员会名单，第四议题委员会的名单见本卷第254页。——编者注

议题六:① 国家的定义及作用;公共服务,交通运输;集体利益和个人利益;国家作为契约的裁决者和保护者;惩治权。

该议题由来自苏黎世的**克雷布泽**、来自罗讷省维勒弗朗什的**沙桑**、来自马赛的**瓦瑟**、来自拉绍德封的**诺伊布兰德**、来自洛桑的**法夫拉**和来自洛桑的**利文塔尔**组成的六人委员会负责。

议题七:缺乏政治自由是否会阻碍工人的社会解放,是不是社会动荡(失业)的主要原因之一?要用什么手段才可以加速政治自由的取得?是否通过要求取得一切劳动者的不受限制的集会权和新闻的不受限制的自由?

该议题由来自日内瓦的**佩龙**、来自巴黎的**皮奥莱**、来自巴黎的**雷蒙**、来自波尔多的**韦齐诺**和来自日内瓦的**特雷布**组成的五人委员会负责。

议题八:在洛桑举行的工人代表大会致日内瓦和平代表大会②的贺词。

该议题由来自伦敦的**杜邦**、来自科隆和索林根的**克莱因**、来自苏黎世的**毕尔克利**、来自穆尔滕的**黑弗纳尔**和来自索恩河畔讷维尔的**吕博**组成的五人委员会负责。

议题九:讨论总委员会所在地及下一届大会举办地。
该议题委员会推后再定。

---

① 原文如此,这里漏掉了议题五。——译者注
② 即和平和自由同盟日内瓦代表大会。——编者注

第三次会议上午 10 点半休会，以便给各委员会留出时间立即投入工作。

第四次会议
（1867 年 9 月 3 日，星期二）

星期二下午刚赶到的代表：洛桑表音拼字同盟代表爱德华·拉乌教授。

来自伦敦的**杜邦**主持会议

会议于下午 2 点开始，会议书记宣读法文和德文会议纪要。纪要通过。

来自维勒弗朗什的**沙桑**和来自洛桑的**法夫拉**向主席团递交了一份通告，称无法胜任第六议题审议委员会委员的工作，因为他们对问题的提法搞不懂。大会主席发言请二位代表向他们的同事请教一下，之后开始进行正常议事日程。

一位书记会上宣读了穆捷—格朗瓦勒协会（伯尔尼）的一封来信，信中要求每天向他们通报大会的讨论情况，把代表们的照片发给他们。主席团已经回复。

来自日内瓦的大会副主席**贝克尔**在会上宣读了两封来信，一封是柏林工人写的，向大会致以诚挚的问候，并对无法派代表参加会议表示遗憾；另一封来自德累斯顿工人协会，同样对未能派代表与会表示遗憾。

来自巴黎的**缪拉**向主席团递交了一份建议：

"大会恳请各报记者将刊有会议报告内容的报纸各提供两份作为大

会的资料和文献汇编。"

该建议未得到讨论。

来自勒洛克勒的**吉约姆**书记宣读伦敦总委员会的报告，介绍国际协会一年的管理工作和各支部的情况。该报告的德文本由大会副主席**埃卡留斯**宣读。

洛桑排字工人协会主席获准向大会通报其工会情况，他向代表们报告说该工会刚刚被洛桑法庭宣判犯有煽动排字工人离职罪。该工会主席表示他们对排字工人离职没有施加过任何压力。

日内瓦的**佩龙**和勒洛克勒的**吉约姆**向主席团提交了以下建议：

"某些英国法院的判决称，对工联财物的盗窃不受法律制裁。国际工人协会洛桑代表大会通过郑重表决宣告：作出这种司法决定是一种卑劣行径。"

大会主席**杜邦**指出，大会在抨击个别行为的同时，更应该对滥用职权的行为进行谴责；他仅以英国为例列举了下面的事件：萨塞克斯郡蒂福德的农业工人约翰·奈特仅仅因为要求增加待遇而在1867年3月2日被判入狱6个月。大会主席认为代表大会应该坚持与压在劳动者阶级身上的不公正制度进行全面斗争。

为了结束对该问题的讨论，巴黎公民**托伦**提出以下动议：

"上述事件的症结应归因于社会组织，改变这一现象应该是国际协会通过匡扶正义从而达到的目标。鉴于此，代表大会决定转入正式议程。"

该动议获得大多数通过。

大会随后听取了**德巴普**代表布鲁塞尔支部、**缪拉**代表巴黎支部、**吕博**代表索恩河畔讷维尔支部、**黑弗纳尔**代表穆尔滕支部、**范扎**代表圣伊米耶支部、**吉约姆**代表勒洛克勒支部、**瓦瑟**代表马赛支部、**奥布里**代表鲁昂支部、**龙格**代表卡昂和孔代叙努瓦罗支部、**韦齐诺**代表波尔多支部、**阿尤**代表维埃纳（伊泽尔省）支部所作的报告。

会议于晚 7 点休会。

第五次会议

（1867 年 9 月 4 日，星期三）

星期三上午刚赶到的代表：来自里昂的缝纫工路易·帕利克斯。

来自伦敦的**杜邦**主持会议

大会于上午 8 点半以点名方式开始。

根据日程继续听取各支部报告。**塔纳利**代表博洛尼亚支部、**斯坦帕**代表米兰支部、**库勒里**代表拉绍德封支部、**沙桑**代表维勒弗朗什支部、**克莱因**代表索林根和科隆支部、**蒙沙尔**代表纳沙泰尔支部、**施莱费尔**代表洛桑支部、**贝克尔**代表日内瓦支部、**格里斯**代表沃韦支部、**罗特**代表比安支部、**弗赖**代表巴塞尔支部、**克斯特纳**代表洛桑支部作报告。

巴黎代表**缪拉**向大会介绍了刊登在第 208 期《洛桑新闻报》上的有关第一天会议情况的报道；报道转载了洛桑代表阿维奥拉的开幕讲话，却对其讲话引起的议论只字未提。缪拉请求主席团给《洛桑新闻报》发函要求更正。

此建议一致通过。

吉约姆书记指出，由于大会当初对**阿维奥拉**事件未予重视，因此第一天会议情况报告对他的讲话和代表对讲话的反应未均未提及。既然报刊将其作为一个新闻事件来评论，为了以正视听，防止以讹传讹，他要求在第一天会议情况报告中加上下面一段话：

"大会组织委员会主席、洛桑代表阿维奥拉向代表致欢迎词并祈求上帝保佑大会成功。他的这句话引起所有代表的激烈抗议。但插曲很快平息。"

在第一天会议情况报告中加上这段话的建议获得一致赞同。

来自伦敦的总委员会代表**埃卡留斯**通知与会代表说总委员会的账目已经交到主席团，各位代表可以查阅。这个议题定在周五讨论。

会议于中午结束。

第六次会议

（1867年9月4日，星期三）

星期三下午刚赶到的代表：德莱蒙**格吕特利联盟**代表隆巴尔-马丁教授。

来自伦敦的**杜邦**主持会议

会议于下午2点半开始。有的代表席还空着。会议主席对某些代表不准时到会的做法十分不满。紧接着他开始点名。

会议听取第四、第五次会议的情况报告。报告通过。

巴黎代表**舍马莱**向主席团提交了以下动议：

"我建议每次会议正式开始后5分钟开始点名。将到会情况记录并写进会议情况报告。对5分钟以后没有准时到会的代表列入另一份名单交给签到处，他们只能列席会议。"

该建议被采纳。

主席团根据一位书记的提议着手研究确定大会会议情况报告复制和印刷最简单易行的办法。

会上宣读了公民**胡根托博勒**从纳沙泰尔科泰洛发来的信函，他向大会赠送 20 本名为《论消除贫困》的著作以示向大会祝贺。

贝克尔副主席宣读了日内瓦德语支部发来的贺电。

来自米兰的**斯坦帕**提议大会向即将前来日内瓦出席和平代表大会的加里波第发出邀请。杜邦主席认为代表的意见是，如果加里波第来参会，我们将十分高兴接待他，但我们不能主动求他来开会。伦敦代表**卡特**指出，加里波第不仅是一位政治家，而且是意大利 300 个工人协会的主席，大会邀请这样一位人物参加会议不是什么丢脸面的事。**斯坦帕**将建议收回。①

根据日程安排，会议听取专门委员会就**第一议题**作报告。

来自巴黎的代表托伦宣读委员会起草的报告。由于报告未附用于讨论的结论性意见，大会请该委员会在次日的会议上拿出有建设性的决议意见。

负责审议**第二、第三、第四、第五**议题的委员会的报告还没有准备好。

来自马赛的代表**瓦瑟**介绍**第六议题**审议委员会的报告，该报告也被退回，要求附上结论。

日内瓦代表**佩龙**介绍**第七议题**审议委员会的报告：

"缺乏政治自由是否会阻碍工人的社会解放，是不是社会动荡（失业）的主要原因之一？

要用什么手段才可以加速政治自由的取得？是否通过要求取得一切

---

① 有关加里波第日内瓦之行及其影响的细节许多著作都有记载，其中包括吉约姆关于第一国际一书和巴贝尔先生的研究（《第一国际：1864 至 1870 年间在日内瓦的最初阶段以及活动。致威廉·B. 拉帕尔的经济社会研究文集》，日内瓦乔治公司 1944 年出版。）对这段历史事件细节感兴趣的读者不妨可以查阅当时出版的以大量篇幅报导这位伟大人物在日内瓦的冒险经历和倒霉遭遇的报刊。

劳动者不受限制的集会权和新闻的不受限制的自由?"

报告结论如下。

关于该议题的第一部分:

"鉴于:

缺乏政治自由对人民的社会教育和无产者的解放构成障碍。

在洛桑举行的国际工人代表大会声明:

1. 工人的社会解放同他们的政治解放是不可分割的。

2. 取得政治自由是首要的和绝对必要的事情。"

关于该议题的第二部分,报告建议大会采取以下决议:

"1. 每年郑重重申这个声明。

2. 将这个主张正式通知国际工人协会的全体成员和和平代表大会的参加者,并请他们全力支持把1789年的不可剥夺的权利①赋予全体人民。"

第五议题审议委员会在**第七议题**报告被翻译成德语时通知大会说他们关于表音拼字的研究报告已经完成。来自勒洛克勒的**吉约姆**宣读报告;报告提出了一般的书写文字,尤其是法文拼写方面存在的毛病,指出推行使阅读和书写面向大众的语言改革对工人阶级的益处。报告最后建议:

"大会认为,简化文字以便使所有人更易于掌握阅读和书写技能,这是一个关系到劳动者阶级最高利益的问题,要求所有支部对实现这一目标的努力给予物质和精神支持。"

来自伦敦的**列斯纳**对专门委员会的这种做法表示抗议。他说大会在浪费宝贵的时间,并要求把他的抗议写进会议纪要。

---

① 即1789年法国大革命所宣布的政治自由——集会自由、出版自由、信仰自由,等等。——编者注

会议决定把**吉约姆**报告的结论意见推迟到下一场会议讨论。重新讨论**第七议题**报告，该报告由来自穆尔滕的**黑弗纳尔**用德语宣读。

第七议题报告（政治自由）的决议未经讨论获高票通过，仅两票反对。

来自穆尔滕的**黑弗纳尔**分别用德文和法文介绍委员会的**第八议题**报告：

"在洛桑举行的工人代表大会致日内瓦和平代表大会的贺词"

报告最后所附贺词的内容如下：

"鉴于：

战争首当其冲影响的是工人阶级，战争不但剥夺了工人阶级的生存手段，而且逼着工人去流血；

武装的和平使生产力陷于瘫痪，迫使劳动去生产无益的东西，并置生产于战争的威胁之下；

和平是普遍繁荣的基本条件，但它必须在一种新的制度下才能得到巩固，这种新制度使社会不再划分为两个阶级——其中一个阶级剥削另一个阶级；

在洛桑举行的国际工人协会代表大会代决定：

完全和彻底地支持行将于9月9日在日内瓦举行的和平代表大会，全力支持和参与大会为取消常备军和维护和平所做的一切努力，以便最快地解放工人阶级和使工人阶级摆脱资本的统治和影响，并且组成全欧洲自由国家联盟。"

会议接着对贺词的内容展开讨论。

来自巴黎的**舍马莱**：我们毫无保留地赞同报告结论，但是我们不能掩盖法国这个国家存在的免除服兵役、把人类的自由和尊严用来做有偿交易的特殊问题。人民之间绝不能为敌；但是，只要国家的一个阶级为了满足自身利益对另一个阶级进行有偿交易，战争就不会停止。我们不妨回顾一下我们的历史,在抵抗1841年入侵中,眼见拿破仑要在所有阶级中征兵,资产阶级也得出人出力,然而战争无法继续,因为资产阶级拒绝继续参战。我们强调这一点,要求把它写进致和平联盟代表大会的倡议书中。

来自布鲁塞尔的**德巴普**:我的发言不是对整个计划有意见,而是对"我们祈求和平以尽快实现社会重组"这句话有意见。我觉得这句话表达了一种错误概念,造成一种恶性循环。因为和平本身也只能是社会重组的结果。换成我的话,我就会向日内瓦大会这样说:我们与你们一样渴望和平,但我们知道,只要所谓的不同国家或爱国主义的信条存在,战争就会存在;只要不同的阶级还存在,战争就会存在。战争不只是某个君王野心的后果,比如墨西哥远征,战争的真正原因是某些资本家争夺利益所致;战争是经济界和政治界失衡的结果。如果日内瓦大会认为能够在当前社会状态下取得和平,那是不合逻辑的:谋事在人,成事在天。(获得通过)

来自伦敦的**埃卡留斯**以发生在普鲁士的情况为证,表示不相信在服兵役方面取消找人顶替的做法就能收到获得和平的效果。他与德巴普持相同观点。伦敦总委员会认为日内瓦大会①并没有触及战争真正原因的意愿,因此提醒其代表别去出席日内瓦大会。

来自巴黎的**托伦**认为,决定参加和平大会前首先要向其提出关于社会改革的几个具体问题。如果得到满意的答复,国际协会就赴会。

埃卡留斯解释他刚才发言的意思:总委员会不主张派代表去日内瓦出席会议,但不反对向大会致贺词的做法。

来自巴黎的**缪拉**反对托伦的观点。与其给日内瓦大会提问题,还不如把我们自己的决议发过去;看它是否被接受。

---

① 指和平代表大会。——编者注

来自日内瓦的和平联盟代表大会组委会成员**佩龙**称该大会完全赞同国际协会的观点，这点从大会的纲领就能看出，出席大会的大门永远向我们敞开着。

来自拉绍德封的**库勒里**：我搞不明白为什么所有代表对诸如这样的问题还无法达成一致。刚才的的确确出了桩新鲜事：法国人的皇帝和德国的未来皇帝曾竭力鼓动其人民，把他们推向战争；人民并不情愿；这是一个尚未出现的运动。我不禁自问：我认为王位垮了，一切结束了。我们一起去参加意在取消常备军和平大会，让民族仇恨持续上演的是常备军，是那些胸配十字功勋章的肢体和意识都残缺不全的人在挑起人民之间的相互仇恨。为暴政撑腰的是常备军，它们是为暴君而武装的。要解除常备军的武装，把独立自主的人民武装起来，组织发展民兵。有人提议发一份参加和平大会的倡议书；这个倡议一定要发，不管是通过邮局还是由一名代表亲自送达；如果需要，即便有150里地要走，我本人也情愿徒步日夜兼程保证准时把要求出席大会的倡议书准时送达和平大会。（通过）

来自日内瓦的**弥勒**提出以下建议：

"国际工人协会与和平代表大会相互之间保持独立性，但国际协会会员可以以个人名义出席和平代表大会。国际协会一贯奉行自立的宗旨；一切外来的帮助都可能成为一种带有依附性的联系，可能会迫使我们不情愿地接受某些条件。"

来自洛桑的**施莱费尔**指出，应该是资产阶级让步，并且主动来联系我们，而不是我们主动跟他们联系。

来自伦敦的**卡特**：无知、民族、宗教、教士存在多久，战争就会持续多久。我们要不断地与无知斗争；同时也要反对有关民族的有害的原则；对我本人而言，我没有国家，所有人都是我的兄弟。要与神甫们斗争，用善良上帝和科学的宗教取缔神职宗教；神甫们在让我们仰面向苍

天祈祷时乘机把手伸进我们的口袋。（在一片笑声中通过）

来自达姆施塔特的**毕希纳**：和平代表大会的纲领清晰明确，它所追求的特别宗旨与我们的总目标是一致的。向和平代表大会表明我们完全站在他们一边并且不遗余力，这不会有损我们的尊严。即将在日内瓦召开的大会将是一届欧洲民主的大会；它代表着一个伟大的运动：50年前拿破仑战争时代还互为仇敌的人民如今握手言和。我们有义务参与到这个运动中。

来自日内瓦的**杜普莱克斯**：日内瓦大会为了让我们工人大会代表有机会出席而推迟了会期。如果说日内瓦委员会是资产阶级委员会，我们的对立面，那么蒙沙尔、佩龙、贝克尔和我本人作为该委员会的委员岂不都是资产阶级了吗！在工人大会上对取消常备军这个问题都达不成一致，对此我颇感费解。

来自布鲁塞尔的**德巴普**主张把他在讨论中发表的见解作为修改内容写进倡议书。

来自德莱蒙的**隆巴尔-马丁**表示一定要表决通过委员会提交的议案。他指出德巴普的修改内容在第三条讨论意见中已经有了。他说，对于和平问题的共识绝不意味放弃我们的先进理念；但是，在关系到整体利益的问题上要做到求大同存小异。工人代表大会开诚布公是一件有意义的事；共识是主流，分歧只是枝节；我们要以人类、人民，特别是工人阶级的利益为重，不要在类似情况下产生分裂；这里丝毫不存在有人说的那种向资产阶级妥协的问题，其他人跟我一样不会无视这一事实。我们不要心存幻想，尤其是此时此刻，应该而且关键是要对与我们时代不符的战争群起而攻之。此刻在瑞士发生的一切充分显示了这样一项表决的重要性。当劳动人民为战胜社会经济困难、替人民节省钱财免流血汗而聚在这里的同时，君主们在干什么？他们分别委派各自的代表来瑞士开会；一共有23个君主国的代表在苏黎世举行兽医代表会议，他们不是为保护人民的生命而是为保护牛马的生命而来！公民们，你们要抗议这种对人类的侮辱行径；你们要忽略细节而对所提出的论点进行表决以示抗议。这个表决将成为工人大会的试金石。

来自巴黎的**托伦**提出下列修改意见并要求以附件形式写入贺词：

"鉴于战争是贫困和经济失衡的首要和主要原因，要消灭战争，仅仅解散军队是不够的，还必须以生产公平分配为导向调整社会组织。工人代表大会出席和平代表大会与否取决于后者对上述声明是否认同。"

德巴普同意托伦提出的修改。

托伦的修改意见以 32 票赞成 14 票反对通过。

贺词获全票通过。

会议于下午 6 点半休会。

第七次会议

（1867 年 9 月 5 日，星期四）

来自伦敦的**杜邦**主持会议

会议以点名方式于下午 2 点 5 分开始。

法文和德文会议记录宣读后获得通过。

来自日内瓦的大会副主席**贝克尔**宣读了莱比锡**工人教育协会**发来的贺电。

大会主席**杜邦**向代表通报说，公民**埃米尔·阿科拉**向大会赠送了一本题为《论法律法规的修改》的著作，公民**拉乌**教授赠送了三本《合理拼写或语音文字》。代表们如果感兴趣可以前往乔治·布里代尔书店享受半价购买公民拉乌的著作。

大会书记**吉约姆**说，主席团通知说会议报告在代表离会前印不出来。他请代表们散会时登记需要预订的册数，具体价格当时还无法提前确定。

来自里昂的**舍特尔**说昨天讨论和平代表大会问题时忘了一件事，指出这个伟大运动是由法德两国工人发起的，他们以倡议书的形式反对战争；建议把上述事实经过写进会议记录。

第一议题审议委员会的三种语言报告还没准备好，大会决定推迟到第二天进行，并根据来自伦敦的**列斯纳**提议增补来自卡昂的**龙格**和来自拉绍德封的**库勒里**为委员会新成员。龙格因此次会议无法脱身，由来自苏黎世的**毕尔克利**代替。

来自巴黎的**托伦**提请大会留意《瑞士激进党人报》209号刊登的有关大会情况的报导。报导在"工人大会"栏援引了公民斯坦尼斯拉斯·恰尔纳尔在卡西诺花园举办的家庭晚会上的讲话，他的讲话与大会活动无任何关系，但报导却造成其讲话应该属于大会范围的误导。从下面摘录的几行文字可以看出这篇违反事实的报道的不良用意。

"周二下午的会议主要是听取伦敦的国际协会的报告。该报告揭露了劳动者是如何遭受来自比利时和英国的司法以及法国的政府方面的欺凌的。在公民库勒里、勃朗、吉约姆、范扎和杜普莱克斯关于该问题的激烈言辞的鼓动下，整个会场群情激愤。但在公民托伦和大会主席杜邦的干预下这场风暴得以平息。"

托伦请大会主席团负责向《瑞士激进党人报》发函要求更正。

提议获得一致通过。

来自卡昂的**龙格**提出，类似这样仅涉及行政利益性质的问题最好在只限会员参加的会议上讨论，不要拿到公开会议上来。

第二议题审议委员会的报告尚未出来。

来自布鲁塞尔的**德巴普**宣读**第三议题**审议委员会报告：

"各协会如今为第四等级（工人阶级）解放而努力尝试的最终后果是否会导致出现处于更加危难境遇的第五等级？被视为社会关系基础的互助或互惠；各种职业的同等价值；团结；工会。"

报告给出以下结论：

"1. 代表大会认为，如果目前的工人组织以其现有的形式普遍发展起来，那么，它们努力的结果，将是所谓第四等级的形成，而在这个等级的底下将有一个处境更惨的第五等级。

2. 为了防止这种危险，大会认为必须使无产阶级坚信：实行彻底和最终的社会改造只能通过符合互助和正义原则的对整个社会都能起到作用的手段。

3. 但是大会同时认为工人组织的一切努力都应鼓励，不过要尽一切可能在协会内部避免从劳动中获取资本的做法，要实行和贯彻互助的思想。"

来自巴黎的**德博蒙**说他担心第一条结论搞不好会给正在埋头干事的人泼冷水。协会在进步，它们一定能把那部分信心不足的人争取过来；不要搬出那些做不到的事情来打击他们的信心，而应该让他们向前走，不要时不时地吓唬他们，因为担心做不好而影响行动。

来自巴黎的**缪拉**回答**德博蒙**说，提醒协会可能面临的危险并非打击它们，而只是让它们引起注意而已。

来自伦敦的**埃卡留斯**建议对第一条补充以下修改内容：

"工人协会目前的努力可能导致出现第五等级的危险，随着现代工业的发展致使小规模生产无法生存而消失。大规模现代化生产把个体式劳动整合起来，使合作劳动成为所有人的必须。"

埃卡留斯对他的修改意见解释说，在英国，由于大工业的必要，越来越多的生产企业主不得不让工人分享利润，有的甚至让工人成为生产上的共同股东。由于工人成了合作形式的股东，他们中间的一些人就不再面临一直处于无产阶级甚至沦为第五等级的危险境地；这种危险恐怕只有在财产本该纳入集体范畴而没有纳入、处于分割的状态才可能出现。

来自日内瓦的**贝克尔**赞同埃卡留斯的修改意见，并为此引用日内瓦德语中央委员会为国际协会成员生产合作社制订的条例：各生产合作社不得雇用任何其他领薪水的工人，要完全由相同身份的合伙人组成；把获得的利润拿出一部分分配给合伙人，剩余部分管起来，成为共同资金。

对**埃卡留斯**的修改意见进行表决，以 21 票赞成 15 票反对获得通过。

德巴普报告的第一个结论以 28 票对 4 票获得通过。

看见代表席出现明显的空位，**杜邦**主席以点名方式确定离席者。共有 10 名代表不在会场。

开始讨论第二条结论。

德巴普重新读完"……只能通过符合互助和正义原则的对整个社会都能起到作用的手段"后紧接着宣读补充部分内容：

"在这里我们无法就整体措施具体包含哪些内容的问题展开讨论，我们只是认为这些措施是必要的。但是，我们觉得应当指出有些社会主义者提出的全面改革的某些方法是值得我们探讨的：国有银行（法国银行、比利时银行、英国银行等）改为无息信贷银行，土地纳入社会集体财产，对一定范围亲属取消无遗嘱继承，旁系亲属继承税，等等。"

来自巴黎的**舍马莱**说报告提出研究把目前的国家银行改造成真正意义的国民银行的做法是可行的；但他觉得把土地纳入集体财产的做法不公平，也行不通。

来自拉绍德封的**库勒里**提议给第二条结论加上以下修改内容：

"为了实现这一目标，我们认为目前有益于劳动者的唯一切实可行的办法是成立、发展，然后联合不同形式的合作社，实现产品以成本价交换，这样可以使劳动和消费的目的远离投机和损耗，终有一天把整个社会改变成只有生产—消费者阶级这一单一阶级的社会。"

随后，**库勒里**根据来自巴黎的**舍马莱**的意见表示把这段修改意见放到第三条结论中。

来自巴黎的**托伦**就报告结论中建议的"把土地纳入集体财产"的说法指出，有些财产可以集体化，而有些因本身特点决定却只能保持私有性质。这个问题值得深入探讨；他认为报告对这个问题的论述太泛，有可能引起误解。他建议将这句话从报告中删除，或需进一步加以解释和论述。

来自布鲁塞尔的**德巴普**指出，把土地纳入社会财产只是几个社会主义者把它作为众多总措施之一放进报告以供商榷探讨的，根本谈不上是代表大会提出的主张。他表示搞不明白，为什么同意把国有银行改造成无息信贷银行这一同样是供探讨的建议保留在报告里，况且这个意见也并未获得大会的一致赞许，而却要把另一个类似的同样值得提出和可以保留的意见从报告的内容中删除呢？他接着说，当然，既然讨论到土地所有制问题，我觉得我应该表明我的看法：我和托伦、舍马莱一样支持互助社会主义，互助社会主义主张在人们的所有交易中实现互利互惠的原则；然而，我并不认为把土地纳入社会财产的概念与互助主义没有冲突。互助主义实际的主张是什么？它主张劳动生产的产品全部属于生产者，这类产品在社会上只能与**相应的**产品，即付出相等的劳动和费用的产品实行交换；然而土地不是人工劳动获得的产品，对等交换对土地不适用。要使农业生产者与工业劳动者获得等同对待，农业生产者必须只能是属于他自己的产品，即用土地生产出来的产品的主人。可是有人会说，耕种者的劳动不仅仅是用土地收获小麦和其他果实，他同样还改良土地。不错，但对于改良土地而言，耕种者只需从多付出的投入获得相应的回报就是了，如果因此而把本不是他创造的资产据为己有，岂不有失公允。财产，是可以**自主使用**和**随便支配**，乃至可以损毁的东西；这个权利，生产者对自己生产的产品行使没问题，但是延伸到对不属于人工劳动生产出来的东西就荒谬了，而不属于人工劳动生产的东西是全社会之必需。另外，土地是所有产品的原材料，一切财富的来源，因为所有资本均来自土地的循序利用改良；把土地交到一部分人手里无异于使整个人类依附于他们；如果这部分人自己不亲自耕作，他们凭什么占有别人的劳动成果？若他们亲自耕种，不公道的程度显然就减轻一些，但是，这样难免对其他人缺乏保障，因为只要他们联合行动就能把目前所有制存在的所有弊病统统利用起来，让其余人挨饿。因为我是一名互助原则捍卫者，所以我主张，一方面，社会要保障耕种者拥有全部劳动产品；另一方面，耕种者要对社会提供保障：因此土地只能是社会集体财产，耕种者只能简单拥有，只有**使用权**，**没有任意支配权**。互助主义不仅仅是互利互惠的交换，而且还应该是互利互惠的保证。耕地归社会所有就是共产主义，有人会这么说。这正合我意，共产主义这个词对我来说不可怕；绝对的共产主义社会是不可能有的，因为即使是在伊加利亚①人们至少仍然是其消费物的个体主人，一个绝对没有集体财产的社会也不存在，公园和公共建筑物就是集体财产。共产主义是社会的一个要素，它将来一定会找到立身之地。一切要看它适宜什么：然而，公民托伦说希望运河、道路、矿业变成社会集体所有，我这里只不过是把他的想法延伸到土地所有制而已。

　　农业协会或个体耕种者的情况可能会跟从事铁路、运河、矿产开发的工人公司完全一样。

---

① 法国著名空想社会主义者卡贝在其名著《伊加利亚旅行记》中所描写的理想国。——编者注

来自拉绍德封的**库勒里**：任何个人见解在这里都可以自由发表，但是我认为现在还不是讨论所有制理论的时候。最伟大的思想者们在这方面还没有达成一致。我们还是做点更切合实际的事情吧，来探讨宣传协会和合作原则的办法。

来自巴黎的**缪拉**表示赞同德巴普的看法；他认为这个讨论议题可以在报告里保留，把讲法改为："土地所有制集体化与否。"这样，大家就会明白我们没有确立这一原则，而只是提议对该问题进行探讨。

来自巴黎的**托伦**建议把这句有争议的话从报告中删除。

其建议以 27 票赞成 11 票反对获得通过。

德巴普说鉴于投票结果，他就干脆不向大会转交比利时几个支部委托他提交的建议了。

第二条结论表决结果一致通过。

会议开始第三项结论的讨论。

托伦提议说把库勒里的修改意见和委员会提交的文本合二为一，因为内容基本相同。只需在结论的结尾部分"……的观念"的前面加上"和联合……"就可以了。

库勒里坚持保留自己的修改意见。

杜邦主席主持对**托伦**的意见进行表决。没有反对票。结果**库勒里**的修改意见未被采纳。

库勒里提意见说，按照讨论会的惯例，应该先对他的修改意见进行表决，然后才对主议案进行表决。

大会决定星期五上 8 点举行公开会议，听取专门委员会对**第一个议题**的报告。

会议于 6 点半休会。

第八次会议

(1867年9月6日，星期四)

星期五上午刚赶到会场的代表：杜伊斯堡（莱茵普鲁士）的代表朗格和来自伊韦尔东的鞍具制造工施佩希特。

来自伦敦的**杜邦**主持会议

会议于上午8点以点名方式开始。

会议记录宣读后获得通过。

杜邦主席宣读了上维埃纳省圣莱奥纳尔的公民**埃内斯特·勒布卢瓦**的来信，随信附了一项共复制150份的动议，标题为：**在两个世界解除武装的和平。**

贝克尔副主席宣读了几名工人从哥本哈根寄给大会的贺信。

根据日程安排，**第四议题**审议委员会作报告：

"劳动和资本；失业；机器及其作用；缩短工时；劳动分工；改变和取消雇佣劳动；产品分配。"

由来自日内瓦的**基奈**作报告。

来自巴黎的**缪拉**：这份报告没作任何结论。他不认为罢工可以带来产品合理分配的结果。

来自拉绍德封的**库勒里**：罢工就个人自由的角度而言是完全合法的；如果有人跟我提出我认为不合理的条件，我理所当然可以叉着双手拒绝工作；报告认为罢工是正义、神圣的。但是应该让劳动者明白，罢工不是他们的真正利益所在，其实他们首当其冲成为罢工的受害者。把花在罢工上的钱拿来成立生产合作社效果恐怕会更好。

来自巴黎的**托伦**：称罢工是正义、神圣的有些言过其实；罢工是一场战斗，有时有必要，根本谈不上是正义的。

来自巴黎的**舍马莱**与其持同样看法。他补充说，现阶段，机器对工人阶级有害，因为机器都掌握在资本家手里；工人要成为机器的主人。

来自巴黎的**德博蒙**支持罢工，认为罢工十分必要；罢工可以使工人团结起来，让他们有显示力量的感受。他对库勒里说，你提到的巴黎青铜工艺匠并未选择罢工，其实那只是他们不得已而为之。

来自日内瓦的**杜普莱克斯**赞成削减工时，目前的劳动制度必将使完全靠机器生产的产业工人变成粗人。时至今日，罢工仍然不失为唯一的抗争手段，但是在采取这一手段的同时也要对之加以谴责。

舍马莱提议第四个议题可以参考去年日内瓦代表大会作的决议。

杜邦主席宣读：

"大会声明，在当前工业乃是战争的情形下，人们要携手互助共同捍卫工资，但是大会认为其本身有义务表明，最终消灭雇佣劳动才是其追求的最高目标。代表大会号召探索建立在正义和互助基础上的经济方式。"

来自日内瓦的**佩龙**提出，把"所有工会协调一致在各地采取统一行动争取在1868年期间将工作时间普遍缩短一个小时"这个作为缩短工时具体可行的建议写进决议里。

来自伦敦的**埃卡留斯**针对佩龙的提议指出，对于这个问题，应该参照要求政治自由的做法，请各国根据自己的需要酌情处理。

佩龙则认为在国际上采取协调统一的做法是必须的。

来自巴黎的**托伦**提出，国际协会若想取得成效，首先要扩大影响力；他反对佩龙的观点。

佩龙说考虑到国际协会还不具备组织其所希望的大型运动的能力，决定撤回自己的建议。

大会一致同意第四议题的结论以去年日内瓦会议通过的决议为准。

来自日内瓦的**贝克尔**副主席在结束第一议题讨论后，提议大会转入选定下一届大会举办地点和总委员会选举日程。提议通过。

来自伦敦的**埃卡留斯**介绍**第一议题**审议委员会报告：

"用什么实际手段把国际协会变成工人阶级摆脱资本压迫的斗争的共同中心？"

报告提出修改中央章程①第3条，增加一条新内容，修改中央条例②第4、第12条。

该委员会委员、来自巴黎的**托伦**介绍包含其他修改内容的少数派报告。

大会经过长时间讨论后，根据来自拉绍德封的**库勒里**的提议不对章程和条例做任何修改，主要是考虑节省重印费用问题。

大会以决议形式通过根据委员会多数派意见编写的下述条例措施：

"1. 各支部应不仅主动倡导一切有利于公共生活的普遍逐步改善的事业，而且也要主动倡导建立生产协作社和其他对工人阶级有用的机构。各中央委员会应尽一切可能予以鼓励。"

来自巴黎的缪拉就该项提到："每个支部都应该设立一个储备基金，支部不会立刻动用这个基金，但是要把情况汇报给总委员会，再由总委员会负责通报各支部。这可以给其他支部帮很大忙，而且首先伸出援手的支部也会得到相互帮助，不会产生太大的费用。"

"2. 总委员会如果无法出版报告，每个季度（按照条例第2条的规定）将向各国中央委员会发一份文字通报，再由各中央委员会负责在本国报刊，首先是在支部的报刊上登载。

---

① 即《国际工人协会章程》。——编者注
② 即《国际工人协会组织条例》。——编者注

3. 国际协会会员或团体会员的中央年会费为 10 生丁，按季度缴纳。

4. 各分部以及各支部未按期缴纳中央会费的代表不能参加代表大会。"

会议于中午结束。

第九次会议

（1867 年 9 月 6 日，星期五）

来自伦敦的**杜邦**主持会议

会议以点名方式于下午 2 点 5 分开始。

来自伦敦的**埃卡留斯**副主席作总委员会报告。大会根据来自卡昂的**龙格**的提议一致批准总委员会的账目，总委员会账目清楚。**埃卡留斯**对大会刚刚通过的这项批准表示感谢：这是投身工人协会管理工作的人员唯一可以领取的薪水，令他们格外感到欣慰的是，他们没有像有些人那样辜负组织的信任。

来自巴黎的**皮奥莱**向大会报告刊登在《洛桑新闻报》第 211 号该报速记员的一封信，信中对主席团两天前发给《洛桑新闻报》要求其纠正的请求予以反驳，并说**阿维奥拉**在致辞中讲到祈求上帝保佑大会时，根本没有引起代表们的议论。

来自苏黎世的**毕尔克利**讲话表达所有代表的感受。他说："刚才那封信一派胡言；与我们作对的报刊的这种卑劣行径没什么大惊小怪的，对手的不良用心我们已经习以为常。我们大会的严肃性要求我们按日程开会；如果再向其提出纠正要求，不免显得太把它（《洛桑新闻报》）

当回事了。"

他的声明博得一片热烈掌声。

大会根据会议日程讨论下届总委员会办公地点。来自苏黎世的**毕尔克利**、来自布鲁塞尔的**德巴普**和来自日内瓦的**贝克尔**建议办公地点为伦敦,指出伦敦最符合条件要求,交通便利,那里集中了欧洲各国一批有代表性的人士。

缪拉表示基于上述条件他不主张下一届总委员会改变办公地。

会议一致确定伦敦为办公地。

接着进行总委员会委员任命事项。来自巴黎的**舍马莱**提议由伦敦支部单独负责提名,主要是总委员会对适合的人选比其他人更了解。来自伦敦的**埃卡留斯**则坚持总委员会委员由代表大会选出,只有这样选出来的总委员会才具有权威性。

大会全权负责总委员会人选。正常参加总委员会日常会议的原委员获得提名任命,他们是:贝松,博勃钦斯基,巴克利,卡特,德尔,杜邦,埃卡留斯,福克斯,哈里埃特·罗,豪威耳,黑尔斯,荣克,鲁克拉夫特,列斯纳,拉萨西,拉法格,劳伦斯,马克思,摩尔根,莫里斯,奥哲尔,肖,斯坦斯比,威廉斯,韦斯顿,亚罗,扎比茨基。大会还增选了南威尔士布雷肯的公民沃尔顿。

总委员会获准可以根据需要增补委员。

接下来的日程是确定下一届代表大会举办地。

德巴普提议布鲁塞尔。来自卡昂的**龙格**积极响应:布鲁塞尔两年前曾被选做第一届代表大会举办地,后来因为比利时政府针对某些记者颁布的外国人驱逐法放弃;明年该法令将失效。布鲁塞尔紧邻法英两国,在比利时举行大会将极大激励该国的社会运动。来自伦敦的**埃卡留斯**同样赞成布鲁塞尔:除意大利以外,一般从已经成立了国际协会的主要国家启程当天就可以到达,英国将有更多的代表到会,他认为欧洲大陆的社会主义者与英国伟大社会运动的领袖们全面接触很重要。

会上还宣读了**毕希纳、库格曼、黑弗纳尔、贝克尔、诺伊布兰德**推选苏黎世为下届大会举办地的联名提案。贝克尔陈述提议的理由是大会举办地最好选一个不同的语言区域,应该换到一个德语国家;苏黎世同时位于中心点,那里有消费合作社,可以以较低的费用接待代表。

来自纳沙泰尔的**昆克尔**和来自洛桑的**施莱费尔**表示倾向于苏黎世。来自巴黎的**舍马莱**和**托伦**则主张布鲁塞尔,因为巴黎存在影响举办大会的诸多重要原因。来自苏黎世的**毕尔克利**称根本没有接到要求在这座城市①举办大会的任务,他认为大会最好还是安排在社会运动中心布鲁塞尔。

大会以仅差两票的高票选定布鲁塞尔。

会议接着听取专门委员会的报告。

来自卡昂的**龙格**介绍**第二议题**委员会的报告。

"工人阶级如何才能利用本是他们提供给资产阶级和政府的贷款来为自己的解放服务?信贷和人民银行;金属货币和纸质货币;互助保险;工会。"

报告未给出正式结论。强调了公共服务的信贷的互助组织原则。建议国有银行以成本价向具备实际担保能力的生产者提供无息信贷。提议遵照分散风险、个人负责和风险分担的原则组织成立互助保险公司。

会场的一些座位空着,大会主席命令点名,证明有 15 位代表不在会场。

会议应一些代表的要求决定休会一刻钟。

重新开会后,大会主席点名;接着**德巴普**宣读了比利时支部完成的第二议题补充报告。

---

① 指苏黎世。——编者注

来自洛桑的**施莱费尔**提议成立行业协会，认为同行业的工人更易于相互了解，组织起来更容易：从行业协会诞生的生产合作社将从资本主义那里把雇佣劳动提供给它的资本夺回来。不愿意再从事生产的协会可以把它们所支配的资金借给其他生产合作社。要建立信贷，工人应该以不计息方式入股；用股本创造的资本成立人民银行。

来自巴黎的**舍马莱**：关于互助信贷问题，不管是互助的还是无息的，我觉得都没那么重要，大会不要吝惜对这个问题讨论所花的时间。这涉及我们解放的根本。建立信贷既不需要票据也不需要货币；只要生产和销售有保障，加上产品收到应有的回报就可以。一切订货，在刺激生产的同时，通过一系列行动带来与个人信贷相同的结果。通过互利互惠的契约联合起来的劳动者相互间既是生产者也是消费者；他们相互关联，与共同的成功息息相关。如果实行产品与产品交换，任何订货之间相互制约，流通就因此形成。在法国，工人阶级长期以来一直努力尝试通过储蓄方式形成他们缺少的资本。然而，互助或对等借款起着有利于这种活动的目的。这是一个十分严肃的问题，我们不应该仅停留在理论上；明年我们来的时候将拿实例为证，用劳动联合会的账目来证明互助、对等以及无息信贷的可操作性。关于信贷集中化问题，我们指出信贷不是摸得着的东西，是无法存储起来的；信贷意为信任，这些以前曾经说过。不过，信任是绝对无法集中化的，而国家在这方面的作用就是确保合同的执行。法国工人团体此时正在建立信贷联合会，我们将拿账本和真凭实据证明我们设想的实际操作性。现在不是空谈信贷的时候了，采取行动吧。

来自布雷肯的**沃尔顿**：通过什么途径和手段使信贷为工人阶级以及中等阶级服务的问题，对劳动者的未来至关重要。劳动阶级通过建立互助信贷体系可能已经在实行自助；同时要承认一项基本原则，即所有政府和国家有义务给人民提供一个稳固和靠得住的信贷体系。

工人阶级可以利用其不同的行业联合会、救济会和合作社通过成立合作银行和合作社以平等和互信方式进行产品交换获得的资金创立供其自身所需的信贷。

这就是工人阶级为自助所能做到的。但是，我已经说过，应该在各地主张各级政府有义务通过给人民提供其所需要的信贷渠道帮助人民从事工业经营。下面我解释一下什么是国家信贷，以一个人持有1000法郎，一个合作社持有价值10000法郎的财产为例。这个人或这个合作社就可以以其资本作抵押获得与抵押等额的贷款，这样可以大大地促进国家的工业生产发展；合作行动也会因此达到国家行动的规模。

不过还根本不能指望欧洲的任何政府此刻会出面建立这样一个面向工人阶级的信贷体系；但国际协会的任务是想方设法为促成这样的项目大造公共舆论，向立法会施加影响争取通过立法最终促成这样一个既有利又有益的信贷体系。让我们在争取和设法说服各级政府认可我们的诉求的同时，设法把工人阶级在各行业协会和合作社里可支配的资金用在刀刃上。

来自伦敦的**埃卡留斯**接着沃尔顿的发言补充说，各政府只有在无产阶级成为主人的时候才会建立国家信贷。他在谈到报告的结论时指出，有息信贷也好，无息信贷也罢，信贷是由国家发放与否，目前这都是一些纯理论层面的问题；而与我们最直接有关和值得关注的事情乃是讨论如何尽快帮助工人阶级用好它们拥有的和目前它们放在资产阶级和政府手里的资本。英国工人存入资产阶级金库里的资金高达2500万英镑，相当于25个2500万法郎；资产阶级付给存款人一点可怜的利息，然后用这些钱从事投机活动；把这些钱从他们手里拿回来等于给了工人一个武器，等于我们从资产阶级手里夺下了一个武器。该报告的结论没什么实质内容，我们似乎是在参加一群沉浸在抽象中的德国教授的会议。不要高谈阔论，这是英国无产阶级的2500万英镑啊。埃卡留斯除了批评该委员会报告的决议过于理论外,还列举了其他类似的问题。他说,我所提倡的不是抽象的原则,而是实实在在的,像把香肠切成块儿一样实际的东西。

决议如下:

"大会紧急呼吁各国国际协会会员利用其影响力引导各行业工会把它们的资金用在生产合作上,以使它们提供给中产阶级[①]和政府的贷款在实现工人阶级解放的目标中发挥最佳效用。

那些还不想把他们的资金用来设立于自己有利的合作机构的协会,应该用这些资金支持开展一般性的生产合作,努力建立一个结合需求方出资比例、不跟贵金属挂钩的国有信贷体系以及一个合作银行体系。"

埃卡留斯就"不跟贵金属挂钩"解释说,迄今为止,信贷都以贵金属作担保;他希望土地、机器、一般非贵金属财产都可以用来为贷款作担保。

报告人**龙格**没有对埃卡留斯的决议内容提出异议,他认为是否可以把这部分内容作为实践结论附在报告的理论结论后面。**埃卡留斯**对此表示赞同。

来自里昂的**奥布里**首先对沃尔顿阐述的国家干预信贷的论点进行抨击;然而,考虑到埃卡留斯发言中所指的国家是被无产阶级改造了的国家,他没再表示任何不同意见。

来自伦敦的**列斯纳**表示同意沃尔顿和埃卡留斯的看法。他补充说,像英国那样掌握在政府手里的储蓄银行是最具风险的机构;这样搞的工人趋于保守,他们担心看到政府被推翻,因为他们攒下的钱放在政府手里。高调自诩为自由主义者的格莱斯顿先生对设立政府性储蓄机构心知肚明,他明白这样做就是把工人捆在政府战车的轮子上。

---

① 原文如此,从议题内容看,此处应为"资产阶级"。——编者注

来自伦敦的**卡特**认为国有银行不是不可或缺的，拥有足够资本的劳动者要做的是想法把他们的钱派上用场，他们应该成立新型机构。我们要尝试新事物；不要在旧房子上盖新屋，要全部新建。

来自布鲁塞尔的**德巴普**对龙格在报告中批评的互助信用社进行辩护，至少是为那些不接纳荣誉会员的信用社进行辩护；认为它们是以互助原则为基础的真正意义的保险公司；其不当之处是把应该称做**保险**的名字叫做**救助**。

来自巴黎的**舍马莱**发言说对互助社奉行的原则没意见，他只是指出互助社把资本固定化的做法不妥；互助社不该有资金储备，而是在需要资金时向会员募集。

来自巴黎的**缪拉**同意舍马莱的看法。指出互助社可以拥有少量储备金，以免出现资金需求量较大的情况时迫不得已向会员求助；互助社一般不应该进行资金积累。

第二议题审议委员会报告的结论附上埃卡留斯的决议内容后获得一致通过。

会议根据日程对表音拼字（第五议题）报告进行讨论。

来自勒洛克勒的**吉约姆**宣读报告结论：

"大会认为，简化文字使阅读和书写更易于被广泛掌握，此乃关系到劳动阶级最高利益的问题。大会号召所有支部对此项工作给予物质和精神支持。"

来自苏黎世的**毕尔克利**：对于德国人，包括意大利人和西班牙人，表音拼字显得没有那么重要，因为他们的书面语言与发音很相近；而法文和英文的拼写跟口语毫不相干；这说明，人们称的历史沿革的法则如同在大部分政治和社会部门一样在文字上仍起着作用。语音学者呼吁不要让当今一代人为过去付代价，法语和英语也要效仿德语、意大利语和西班牙语的做法。学习拼写消耗了宝贵的时间，使大众教育摆脱拼写学习事关重大，因此我希望代表大会应该全力支持法语语音改革并宣布此工作值得进步人士认真关注。

来自卡昂的**龙格**表示语音学不应该拿到大会上讨论：这根本不是什么经济问题，而且我们开的也不是语法工作者大会。另外，大部分代表显然没有足够的准备材料。即便开的是语法工作者大会，我们也不可能无的放矢地解决问题。龙格自己对语音学的未来并不看好，原因是他不相信能造出一个世界共用语言来。语言是在人类中一点一滴、渐渐地自然形成的，是一个人民习俗、性情、思维以及起源的表达。创造语言的不是语法工作者，语言是人民创造的，至少是经过作家们提炼后在某一时期固定下来的。语法工作者永远是在一种语言发展到最高阶段，达到巅峰时才冒出来的。语法工作者造出来的语言搞不好是拙劣的；他们试图用荒唐的规范修正语言，使其变得不伦不类的做法足以让人领教了。在这点上龙格是赞成语音学者意见的。但是他不相信他们的改革，指出这种改革只不过是空想、不现实，无任何简化可言。然而，他的判断或许有误，如弗朗索瓦·阿拉戈否定铁路、普耶否定电报一样。而事实上他们是科学院士。他最后宣称这不属于代表大会能力范围，应该继续以下日程。

来自巴黎的**舍马莱**：对目前拼写的修改建议意味取消词源，离开词源，涉及不同语言改造的溯源研究均成为不可能。过去不可以束缚我们；但是，对过去已经形成的事实的起因和人民所经历的不同阶段进行研究是有益的，甚至是必须的。我认为，我们可以不跟过去捆在一起，但是也不应该如此割断时间的链条。语言不是随意形成的，所有的改变都要以习俗和时代为支撑。我同意进行下一项日程。

来自圣伊米耶的**范扎**赞成继续语音学讨论。

来自巴黎的**托伦**指出，法语拼写改革问题不应该拿到一个国际代表大会上来讨论。他不赞成表音拼字改革；有人曾给他看过文字改革样本，他认为如果采用那个系统将来家长们根本看不懂他们的孩子写的是什么东西。

来自勒洛克勒的**吉约姆**跟托伦说表音拼字改革乃开辟一个国际语言的通道，大会现在用三种工作语言的事例说明需要有一个国际语言。他认为表音拼字不会出现托伦担心的混乱现象；在瑞士法语区，改革后的文字很实用，已被不少国际协会的支部在会议纪要和通信上使用，并且在学校试行也获得成功。孩子们对新表音拼字的适应远比成年人快，原因是他们的逻辑能动性还没有步入旧式拼写法的歧途。成年人在这点上应该拜他们的孩子们为师。放弃拼写法的学习是对教育的革命，这样可以争得宝贵的时间用于学习实证科学。如果要排斥这种或那种表音拼字体系，至少要撇开刻板的拼写，让每个人凭自己的能力根据字母自由发挥他的拼写，这样，一个人按照发音准确地写出来的文字就不会被说成有拼写错，即本来写得好反而被说成写得差的荒谬偏见就消除了。

来自伦敦的**埃卡留斯**向英国代表解释讨论内容。他认为对任何一种语言实行简化都是对社会运动有益的，他提议大会表决支持这项改革。

来自布鲁塞尔的**德巴普**说这个只涉及法语和其他语言的问题不应该在国际会议上讨论。我是讲弗拉芒语的荷兰人；弗拉芒语每个书写的字母都发音，你们的表音语言跟我无关。再者说，工人代表大会不应该讨论这个问题，它还有更重要的事情要做。有人跟我们说取消拼写规则——因为这是问题所在——可以在学校腾出更多的时间学自然科学；我本人极力推崇自然科学，况且我认为自然科学与数学和社会科学（包括历史和经济）涵盖全部科学。还有人说拼写把年轻的头脑塞满了偏见。那么，如果你们真的想在教育上争得时间、铲除偏见，你们首先要做的就是铲除所有崇拜、一切宗教崇拜教育，因为这种教育对和睦尤为危害。（一阵热烈的掌声）

来自德莱蒙的**隆巴尔-马丁**：所讨论的问题具有重要意义，大会坚持通过讨论来明辨是非是对的。以**表音拼字**为题的改革已经在吉约姆的报告中和大家的发言中论述清楚了。可以没有任何原则性争议地说，这是一个与全人类，特别是与劳动者阶级有关的国际性问题、社会性问题。劳动者阶级从金钱上和时间上都很难对孩子实施初级教育，更谈不上中级教育了。表音拼字改革可以使他们克服这种困难。这点没人反对，如果这一高见付诸实施，改革得到重视，孩子原来花六年时间都学不好的阅读和书写，只要用**一年**时间就能轻松、很好地解决了。

确定这一事实，问题等于解决了。对表音拼字改革表示异议的人却执意否定这件事；其实他们只需稍加思考就能明白。在这里我们没有必要重新陈述改革细节，展开教学式讨论。

凡是进步都是大会的追求，一切有利于工人阶级的事情都应该得到各支部代表们的积极响应。促进人民教育难道不是一项巨大的进步吗？缺少这类教育我们还能保障国际协会的进程、革命和社会重组顺利进行吗？显然没人对此怀疑。议题审议委员会建议大会以表决方式支持开展表音拼字改革的做法很好。

应该看到，这是一项并非仅仅有利于讲法语的人群的改革。这项改革适用于其他任何语言，包括那些自称最具条理的语言，必将在各地取得相同的效果。

把学习母语省下的时间用来或学习另一种活的语言，或学习自然科学、伦理科学、社会科学等对政治、宗教、经济改革和革命不可或缺的科学。综上所述，我们可以宣告，书写改革是其他所有改革的基础；没有书写改革，其他一切改革都是不全面的；这类改革或许只能得到部分拥有高深知识的公民（他们或是只顾埋头学习的受益者，或许其知识的获得是某些偶然因素所致）认可，因此根本无法推广。

表音拼字改革的目的是方便教育，这对道德、政治有利，关键是对社会教育有利；这对实现群众解放、争取对国际协会的有益工作获得普遍支持、对代表大会的纲领和我们所讨论的重大问题获得公众赞许，是最有力的手段和最稳妥的办法；让人承认所谓的圣书中存在的历史的荒诞无稽，让人民摆脱长达两千年至今还活跃的迷信的影响和宣扬迷信的圣教的影响，就是满足德巴普所强烈表达的需要。

综上述因素考虑，再加上其他因素，由于发言时间所限恕我无法一一赘述，在结束发言之际，我要以进步、人类、劳动者的特别利益的名义表示对书写改革的支持。

来自布雷肯的**沃尔顿**表示大会不应该讨论学术性问题，认为大会可以仅就表音拼字改革的原则表决通过支持。

来自日内瓦的**佩龙**指出，反对表音拼字改革的大多是表示对情况缺乏了解的人，瑞士法语区的代表对此进行过探讨，所以对提出来的这项改革持支持态度。对于一项有些人因为不懂而反对的意见，他希望大会应该投票通过。

来自巴黎的**缪拉**针对佩龙的发言反驳道，对法国代表而言，让他们投票赞成一项某人宣称他们不懂的意见简直荒唐透顶。他要求大会进入下一项议程。

来自拉绍德封的**库勒里**：表音拼字改革在大会上遭到如此多的反对让我感到惊讶。这可能是问题提得不好或理解存在偏差的关系。如果有人问我们说，欢不欢迎把我们的书写文字变得简单、容易一些，我们能表示不同意吗？我们现在的拼写法严重妨碍教育在人民中间的传播。凡是出现书写错误的人就被认为是没有文化。人们要把没人懂、无法学的东西拿来教孩子学。我学过拉丁语、希腊语，我学过哲学和医学，我不懂拼写，也没专门练过。只要学习大纲的内容里有无法掌握的东西，国家和公民对公共教育的努力就只能徒劳无功，人民也就会继续无知下去。

有人说这个议题与工人代表大会无关。我倒认为，凡是有利于无产阶级解放的东西我们都应该关注。况且向我们提交的是一个有关教育的议题，凡是方便教育的我们都要予以关注。

历史、词源，都是些没有必要看得太重的东西。狄摩西尼通晓自己的语言，荷马也一样。他们在哪儿学习过自己母语的词源？人们可以知道词的词源而不懂是什么意思，反之亦然。为什么不可以根据其出处书写拉丁或希腊文的词语而用法语读呢？不妨先从相对容易学习的词源入手，这样或许会使我们的拼写方法可以保持其目前的合理性。我认为我们应该支持拼写改革，以避免人民把时间浪费在学习无法学的东西上面，使外国人更容易学习一门他所想学的语言。

来自伦敦的**沃尔顿**提出以下决议案，并获得**吉约姆**的积极响应。

"大会认为，世界语和文字拼写改革具有普遍意义，它将大大有利于各国人民的团结和各民族的友谊。"

该决议案以 27 票赞成 11 票反对通过。

来自巴黎的**缪拉**要求在会议记录上说明他投了反对票。

来自布鲁塞尔的**德巴普**向主席团转交了由布鲁塞尔竞赛团体的工人会员送来的两本题为《某些社会问题审视》的小册子，以及布鲁塞尔团结协会的报告和章程。

大会应**吉约姆**书记的请求决定将各议题专门委员会的报告作为会议文件印刷出版。

会议于 6 点结束。

第十次会议

（1867 年 9 月 7 日，星期六）

星期六上午刚赶到的代表有：威斯巴登和美因茨两支部的共同代表机械工保尔·施土姆普弗、来自柏林的马格德堡支部代表奥古斯特·拉登多夫教授和伯尔尼工人协会的代表排字工阿勒曼。

来自伦敦的**杜邦**主持会议

会议以点名方式于上午 8 点一刻开始。

第八、第九次会议法文本记录宣读后通过。第九次会议德文本记录宣读后通过。

大会根据日程安排听取**第五议题**审议委员会报告：

"社会职能；男性和女性在社会中的作用；儿童教育；综合教育；教育自由。"

该委员会同时负责的表音拼字改革专题已经在前面的会议上讨论过了。

来自圣克罗伊的**昆戴-孔茨**宣读报告结论：

1. 科学、技术和生产教学。
2. 组织工厂—学校。
3. 教学自由，赞成实行的义务和国家免费教育。
4. 组织初级、中级和合作师范学校。

科隆和索林根代表**克莱因**宣读德文本报告。

来自拉绍德封的**库勒里**就报告涉及的问题作了补充解释。

他说，我以委员会委员的身份发言。我不想作一个少数意见的报告，因为我认为报告考虑得很周全，水平很高。然而，我亲自写上一些原来没有的讲法，结论也有些出入，理由是我对妇女作用的看法有所不同。不应该试图到历史里去发现女人的能力。历史对女人的展示是受害者、牺牲者、受奴役者，而所有性别的奴隶都没有展现其本质。

居维叶①通过一节骨骼、一个牙齿复原了整个动物，还原了动物的形状，揭示了它的本能、兴趣和习性。我们就是要通过解剖原理来认识人这部机器的。我们正是通过这样的研究方可赋予女人在社会上的真正作用。

我不想细说。我只是指明对妇女进行科学、准确的评价要遵循的途径。人们只有通过研究器官构造才能发觉为什么会有女人，女人应该发挥何种作用。

演讲者谈到报告的结论。他分析了不同国家实行的各类教育体制，最后选定在纳沙泰尔州实行的教育体制，希望各地对其稍加调整后普遍采用，这个体制的特点是：不在学校进行任何宗教教育，因为该制度首先主张宗教和国家分离；教育是**免费的、义务的、自由的**。

从10岁至12岁年龄段起，教育就应该是职业的和生产性的。该年龄段的教育和学艺要结合起来，以便学生通过学习掌握一项技能，同时还有收入。

说到这些，我希望国家、地方政府要在不损害个人和意识自由的前提下有所作为。因此我请求国家对儿童教育作出规定并负责实施，以便让他们能担当起社会给他们规定的义务；但同时我也希望每人拥有承担和要求承担国家规定的教育任务的自由。为此，只需要制定对适龄儿童所受教育进行衡量检验的教学大纲和考试办法。国家还要用法律和强制手段对付忽视孩子教育的家长们。这就是我们主张可以让穷人家的孩子通过学习获得一技之长的职业教育的理由。我再一次说明，我们委员会同样希望家长（父亲）的意识自由得到尊重，国家因此不要推行宗教教育。

---

① 若尔日·居维叶（1769—1832），法国自然科学家，比较解剖学的创始者。——译者注

报告的结论未涉及任何学历证书和毕业证书问题，但是委员会对我关于这方面的看法表示赞同。

学历证书、毕业证书是中世纪传下来的产物，不仅是教育而且也是任何意义上的奴役、不平等、垄断、特权的标志。我们纳闷，革命打破了师傅和行会管事的地位却还注重文凭。在存在师傅和行会管事制度的地方做出来的鞋就胜过法国、巴黎吗？欧洲的教育比美洲高明吗？

有些学者对教学可能一窍不通。教学的艺术本源于天赋。

毕业证、学历证、专利证都是与自由、平等相违的东西。这些东西阻碍着未能获得者的追求，不会给社会带来任何保障。当某个工人跟我展示他的良好表现和技能证书时，我请他收起来，我不想看。有什么用？如果他是一个老实本分的人，我能看得出来；如果他会干活，我立即就能觉察到；如果他缺德、一无是处、或是个贼，我也能看出来，有证书又有什么用。总之，学历证书和毕业证书统统是用来蒙事的，让持证者对其产生依赖。不知有多少人为了获得这些东西甘愿堕落。在美国，富家女几年时间里就担起了教育者的角色，值得敬佩；那里的富家小姐们都在做着从事母亲这项至高无上职业的准备。如果这也需要毕业证，她们面对困难和烦恼或许会退却。

医学、药学等学历证书都有同样的麻烦。

获得这些东西要具备一定条件，穷人却做不到。时间和金钱的代价太大。这些证书又能给大众带来什么保障呢？你可以有一张漂亮的文凭而恰得其反。我不止一次说过，有些学者一无所知。医学教授医术低劣屡屡误诊的事例时有所闻，而一个土法医生却医病有方。在我们这些重文凭的国家，信任带有盲目性。一名外科医生可能把一条腿接错，却没有人敢提出质疑说是他的责任：他握有文凭。一名药剂师有可能误把颠茄当成睡菜发出去。他也有文凭，有什么办法呢？难道有安全可言吗？一个握有证书的药剂师可以去悠闲散步，让一个对物理、化学、药学一窍不通的门外汉配方。

　　毕业证书只能制造垄断和特权；我们要反对一切特权。另外，有一条原则我们这些欧洲人一直还没弄明白，那就是个人自由的原则。我对让什么样的人教我的孩子学习有选择的自由。我病了，吃不吃药、是否看医生是我的自由；选择死在神父面前，或是死在医生面前，或者自己挺着谁都不用，是我的自由；我是叫一个老妇人给我喝起死回生的神水，还是通过念魔法、用护身符治疗，都是我的自由；这些跟国家、跟警察统统不相干。

　　这就是美国人主张的自由，但是该自由受到个人责任的制约，这个责任是世界所有证书和文凭之外的另一项可靠保证。是啊！如果药店老板出错被判罚1.5万到3万法郎的损失赔偿，一个医生把患者的肢体复错位而倾家荡产，这种做法给予公众的保障远大于一张文凭。每个人想干什么就干什么，风险和后果自负；后果越严重，要求个人越要认真；每个人都应该坚持其追求，履行好他意识到该履行的职责。通过这些受个人责任制约的自由，个人的才能方可有用武之地，志向方能实现，所有的聪明才智方能绽放。

　　这就是为什么美国人民让我们感到了不起的原因，这就是他们为什么每天在成长的原因，这就是他们让我们叹服的理由，这就是与美国人民与我们欧洲人相比显得孩子气或老态龙钟的理由。

　　讲演者最后对委员会的结论提出修改意见，内容是人人都拥有接受无证书教育的权利。

　　来自布鲁塞尔的**德巴普**宣读了布鲁塞尔各支部组成的一个委员会起草的关于妇女社会地位的两份报告（多数派和少数派报告各一份）。

　　来自巴黎的**舍马莱**介绍了刊登在巴黎医学科学院学报上有关妇女劳动的报告（1866年5月9日会议）中关于缝纫机对女工的身心健康之影响的摘录。他在这些医学数据基础上补充了从社会主义观点出发对使用机器提出的一些思考。

来自日内瓦的**佩龙**同意舍马莱和德巴普的看法，认为妇女的解放必然是男人解放的结果；他同时赞成库勒里关于学历证书的见解。但是他对报告的两句话提出异议。昆戴读道："国王这个名称饱经痛苦，各国人民对皇权恨之入骨；上帝这个令人钟爱的名称曾经而且还在困扰整整一代似乎完全是专门为了阻碍人类征服命运的前进步伐而生的**没有哲理的哲人**、伪学者、世界主义爱国者们。父亲这个称谓遭到的磨难少一些，……"佩龙接着说，每个人都有权用哲学思考他之所思；但是，作为报告人，他不可以把无神论者称为没有哲理的哲人，正如一个无神论者也不该对自然神论者或基督徒说三道四一样。另一句话是："这是一个重大和严肃的议题。历史、心理学以及福音无不含有实用答案的成分……"佩龙希望把"以及福音"几个字删掉。福音里虽然有一些精神道理，但也存在谬误，存在有违道德的理念，如："你们要屈服已形成的强权，因为形成的强权源自上帝。"因此，不应该像报告所做的那样把福音当做精神道德的源泉加以引用。

佩龙随后向主席团提交了一份决议案，要求起草一个道德规范以取代如今使用的德育教育基础教材读本。

佩龙的建议获得来自卡昂的**龙格**、来自勒洛克勒的**吉约姆**以及来自巴黎的**缪拉**、**托伦**和**舍马莱**的响应。

他们认为在具有官方文件性质的报告中不该放入报告人个人观点表述的哲学见解。

报告人**昆戴**针对上述意见表示自己准备把有争议的句子删掉。

大会对报告结论进行表决。

来自卡昂的**龙格**提议在第一条结论段落加上：

"对综合教育纲领进行研究。"

包含**龙格**建议内容的第一条结论全票通过。

第二条结论同样全票通过。

代表们对第三条结论提出多处修改，提出修改意见的各方之间的想法趋于一致，决定由委员会拿回去重新整理。

会议 11 点半结束，决定下午的会议于 1 点半开始。

第十一次会议

（1867 年 9 月 7 日，星期六）

来自伦敦的**杜邦**主持会议

会议通过点名于下午 1 点半开始。第十次会议的记录在会场宣读后通过。

来自马赛的**瓦瑟**向大会通报。他说，法国罗讷河口省正面临来自皮埃蒙特地区①的竞争，我呼吁大会设法采取措施以制止这些胡来行为。我先以实例说明采取行动的紧迫性：罗讷河口省煤矿股东盖了大量工棚把大批强行拉来的皮埃蒙特人和家属以及法国员工集中安排住在那里；不屈服于他们专横要求的员工或工人就倒霉了：他们被无情扫地出门。瓦瑟提出以下决议内容：

"鉴于罗讷河口省、马赛，特别是菲沃的工人阶级对来自皮埃蒙特地区以及意大利的竞争难以招架；鉴于矿工的利益首当其冲受到严重损害，而且这种破坏性竞争的始作俑者皮埃蒙特的工人也并未因此得到合理的满足；大会督促居住在法国或其他地方的皮埃蒙特工人遵从国际工人协会原则；无论是皮埃蒙特人，还是意大利人，首先他们都是生产

---

① 意大利西北部的一个大区。——译者注

者，他们也同样不应该比别人受更多的罪。"

该建议得到了来自巴黎的**舍马莱**、来自**日内瓦**的贝克尔的支持，应来自里昂的舍特尔的要求，向当时不在会议现场的意大利代表**塔纳利**和**斯坦帕**征求意见，他们均表示同意瓦瑟的意见。

瓦瑟的决议案获得一致通过。

会上宣读了卡斯泰尔诺达里公民**内格尔**给大会发来的贺信，以及公民**埃内斯特·勒布卢瓦**的贺信，他同时还向大会赠送了其题为《用什么样的政府来取代帝国？》的著作。他在信中要求对他的关于解除武装的和平的动议引起大会重视并展开讨论。由于致和平代表大会的贺词已经获得通过，因此没有必要回头再议，于是大会进行下一项日程。

接着讨论**第五议题**报告结论内容。

来自圣克鲁瓦的报告人**昆戴-孔茨**说第三条结论的内容考虑了来自拉绍德封的**库勒里**的修改意见，基本保持不变。他表示没有找到能够更好地表达其思想的文字。库勒里修改建议的内容要点是：

"教育自由，赞成义务和国家免费教育，不搞文凭，不搞证书，不搞宗教教育。"

来自巴黎的舍马莱不同意国家实施教育的提法。或者说国家是指公民集体，指我们大家，那么这种事就没意义了；或者说国家不是我们，那么就不该向国家提任何要求。他提出与昆戴-孔茨文本不同的如下表述：

"大会肯定教育自由，认为每个家庭的父亲都要履行对子女实行必要教育的义务，对教育方式不得存有任何偏见。"

来自卡昂的**龙格**说由国家提供的所谓教育免费不存在，这种说法纯属虚伪；如果公民不直接支付学费，国家就少不了向他们征税，而其中一部分就是用在公共教育开销上。此外，龙格所担心的是有些国家把控制在政府手里的教育当成政治工具，国家对学生强制实施的教育大纲成为反对革命的纲领。

关于国家提供免费教育的问题，来自巴黎的**托伦**完全同意龙格的看法。他建议对第三条结论进行第三次修改：

"考虑到免费教育只是一句空话，原因是教育的费用来自公民的纳税钱；考虑到教育是必需的，任何一个家庭的父亲都无权剥夺其子女受教育的权利。只有在一个家庭的父亲无法履行对子女实施教育义务的情况下，大会才赞成采取国家取而代之的做法。任何情况下都不得把宗教教育列入教学大纲。"

来自拉绍德封的**库勒里**说免费教育跟龙格和托伦讲的不一样，根本不是虚的。是国家承担学校费用；我们那里国家就是公民集体；让所有公民共同承担教育费用，等于大家恪守团结和互助原则。说到底也许是由每个家庭的父亲出钱，但不是由某个人单独承担。我们那里在一般情况下，一位父亲一年向国家缴纳 1.5 法郎的税，这点儿钱是无法满足子女教育的；国家，即集体要出大头，由此看来，教育即便不是全免费的，但至少可以减轻贫困家庭家长的部分费用支出。我们要在社会民主构建的过程中尽可能利用好政府的古老形式。

来自伦敦的**卡特**表示完全赞成报告中关于义务教育的主张。按照人类发展的法则和至高无上的自然法则，人没有剥夺其子女生命的权利，同样也没有由于错误教育和无知而扼杀子女才智的权利，因此我们主张制定儿童义务教育法。

提案人之间经过一些特别解释说明后达成一致，随后，**托伦**的建议获得一致通过。

会议接着讨论报告的第四条结论：

"组织初级、中级和合作师范学校。"

来自巴黎的**托伦**指出，明年的大会我们将讨论综合教育问题，讨论可能会涉及取消**小学**和**中学**之分的问题。他提议推迟对这个问题的讨论，留到来年再议。

他的提议获得一致通过。

大会副主席**贝克尔**宣读分别在萨克森、茨维考、梅拉内、韦尔登、克里米乔和莱比锡等城市举行的工人会议对大会的祝贺以及国际协会（普鲁士）蒂尔西特支部的贺电。

大会开始讨论来自日内瓦的**佩龙**在上午会议上提交给主席团的决议案，其要点如下：

"鉴于如今的德育教育基础课本充满形形色色的谬误和违反道德、真理和正义的危险训诫；

鉴于至今向人民灌输的宗教、政治教育传播伤风败俗、谎言和不公正；

鉴于一个志在新生的社会要具备一个明确大家和个人权利与义务的规则以作为事情新秩序的依据；

更鉴于这个规则还不存在；

大会决定：

制定一个全民的共同道德规范势在必行。大会号召其所有会员以及承认法国革命原则、同一切宗教信仰决裂的人投身这项使命。"

来自巴黎的**舍马莱**：我们刚刚表决通过了学校禁止宗教教育的决议，我认为就可以了。至于德育教育，这应该是每个家庭的事情，家长们利用哪种资源实施道德训导我们没必要操心。

来自巴黎的**托伦**与舍马莱持同样看法。他认为关键是不要让孩子接收那些违背正义和道德的思想。

来自布鲁塞尔的**德巴普**反对佩龙的建议，理由不是他不同意德育教育，而是认为目前的精神状态无法制定他所要求的道德规范。各种不同的哲学给人建议的行动动机不尽相同：一个自然神论者相信来世，行善为了积德，他的道德观与无神论者和实证主义者的道德观截然不同。假设可以制定这样的规范，那么使道德规范化本身就是一件危险的事情；因为道德随着人类社会的进步而不断改变、完善，我们势必要干那种福音在18世纪以前干的事，我们的事业将来势必遭受基督教目前正在遭受的同样命运。

来自拉绍德封的**库勒里**反而认为制定道德规范未尝不可，因为道德的原则是永恒的。这样的规范还没有：所有的宗教至今把它们的教义分成教条、道德、崇拜三个版本，编纂者把这三个版本混编在一起，搞得杂乱无章。应该把道德内容从这种杂乱中分离出来，摘录后单独出版。库勒里建议代表大会为编写制定这一道德规范开展征集活动，并设立优胜奖。

来自圣克鲁瓦的**昆戴-孔茨**支持佩龙的建议，同意库勒里关于开展征集活动、设立奖项的建议。

来自伦敦的**埃卡留斯**用德语和英语对讨论进行总结，称他本人赞成佩龙的建议。

来自巴黎的**托伦**提出，既然想把道德制定成规范形式，那么不管什么情况，最好要明确什么是道德应该依托的基础。关于这点，建议内容过于宽泛：该建议为在原本完全属于人类之外的观念中探寻道德基础留有自由度，然而道德只能在人类理性中捕捉到。

来自德莱蒙的**隆巴尔-马丁**赞成佩龙的建议。当今社会上有关道德的出版物都在误导人们的辨知力，因为这些出版物无一例外地全都宣扬神、创世神或上帝的存在为道德的基础。有人说我们所缺少的这样一部书无法面世，原因是没达到精神的协调；但是我想，有一些观点，例如"善为善，不求回报"等我们大家的看法是一致的。这部书将有效地取代目前充斥我们生活的出版物。我们的对手利用从我们的原则中谋得的自由大肆宣传，借助大量小册子跟我们宣战，这是他们的权利；我们也要这么做，努力普及现代进步学说。

来自卡昂的**龙格**与托伦持相同看法并提出以下修改意见：

"正义的标准，作为这本道德规范的蓝本，只能取自人间，而非他处。"

来自日内瓦的**佩龙**指出，我要求编写的这部著作将填补众多家庭目前急需的空白。我们不要别人塞给我们的道德出版物，所以我们要搞我们自己的东西。我们无意强行推荐一种号称唯一带有真正道德内容的教材；我只希望大会通过对我提交的议案进行表决的这个举动在民主思想者群体中引起震动；人们行动起来，多部书籍将纷纷面世；供每位家长根据其道德的真正需要进行选择。佩龙同意把龙格的修改意见加进去。

来自巴黎的**缪拉**说，《独立道德报》恰好就编写一部跟佩龙所提到的类似的著作开展征稿，截止日期是 1867 年 12 月 1 日，有意投稿者可以将手稿寄给报社。我认为对我们而言，如德巴普所说，编写一部道德规范等于创立一个派别。

来自洛桑的**基歇尔**不同意佩龙的决议案，他基于以下两个理由：首先，编写这样一部道德规范不现实，因为这方面最有见识的人在好多问题上观点还不一致；其次，我们宣扬反宗教学说势必失去众多人的同情，而这些人如果不是因为这些原本是要加入我们队伍的。

来自**布雷肯**的沃尔顿称自己只是一个代表个人的自由思想者，但是他不赞成国际协会在宗教问题上如此表态；这样做无异于给官方阶层提供打击我们的危险武器，而他们中间宗教虚伪横行。

大会对采纳**龙格**修改意见后的**佩龙**决议案进行表决，结果以 30 票赞成 12 票反对获得通过。

来自马赛的**瓦瑟**介绍**第六议题**委员会的报告：

"国家的定义及作用；公共服务，交通运输；集体利益和个人利益；国家作为契约的裁决者和保护者；惩治权。"

报告结论如下：

"1. 国家无非就是，而且也只应该是公民经过投票所通过的或认可的法律的严格的执行者；

2. 各国人民都应努力争取促使国家成为交通和运输工具的所有者，以便将来消灭那些既侵犯人类尊严又扼杀个人自由的大企业的强力垄断，因为它们都在迫使工人阶级服从它们任意指定的法律。通过上述途径，公共利益和个人利益将能同时得到满足；

3. 我们要求每个有罪的人都应该由通过普选任命的公民们审判，责成公民审判员深入了解罪犯，认真地调查使人走上犯罪道路或出现过错的主要原因；

我们同时要求，任何罪犯都必须在本国境内审判，正如前面所说，这样做有利于找到人们违反自己职责的主要原因；因为犯罪的唯一根源往往是整个社会。由于缺乏教育，就使人陷于贫穷，贫穷使人愚昧，愚昧使人犯罪，犯罪就要坐牢，坐牢就会堕落，这比死还不如。"

来自卡昂的**龙格**表示，只要国家的定义是"公民集体"，他就对结论没任何意见。关于铁路、运河、矿山、公共服务由国家管理的问题，当然不是说这些部门由国家官员来管理，龙格同时强调这一观念一样适用于他昨天在信贷议题报告中谈到的国民银行。他表示，铁路、运河、矿山等由工人公司建设、开发和管理，工人公司将严格按照互助主义的不谋利的普遍原则以成本价格提供其产品和服务。

来自布鲁塞尔的德巴普借龙格的话题重新提起土地集体化的问题。他解释说他和龙格的论点的唯一不同之处在于龙格主张地下资源、铁路、运河集体化，而他把集体化延伸到整个土地。

龙格回答说铁路、矿山、运河的集体化是必须的，而土地却不然。

德巴普解释说我们之间的不同点在于我认为两方面同样都是必须的。

来自巴黎的**舍马莱**重新提起国家的问题。指出，请允许我用一个通俗的形象比喻，国家就是站在那里监督签约方遵守约定的人体模型，或者说国家就是契约本身。至于惩治权，舍马莱同意报告的结论：当前的国家通常还代表不了公民集体，人们不应该承认它拥有惩治权，尤其是行使处死的权力。只有对自愿达成的契约的未履行方行使惩治权：定罪的基准是契约。舍马莱对德巴普所说的土地集体化和单一经营表示反对。

　　来自布鲁塞尔的**德巴普**说，舍马莱搞错了，他以为我说的土地集体化是指对土地的单一经营：我想得没那么远。我的意思是：如果像报告所说的，社会要求运输和矿山拥有者对社会履行义务，那就更应该要求土地开发者的保障义务，因为在不得已的情况下社会可以没有铁路，但没有土地是绝对不可以的。关于惩治权我和舍马莱的看法一致。对我们既不了解、又没有事先达成约定的居高临下的司法审判存在弊端。如今在仲裁和劳动争议委员会机关已经出现了受指控一方由其同仁负责调查等一些新的司法尝试；但是由于当前条件的差异，即便如此，司法的充分保障也无法做到。

　　来自卡昂的**龙格**指出，既然不经意间又提到土地集体化问题，我在任何情况下均表明我支持土地个人所有的态度，因为我担心随着土地国有化而引发的国家有害影响；另外我相信个人财产有利于个性发展。但是我这里所说的个人财产不是现在所定义的"使用权和滥用权"概念；我赞成对土地权实行一些限制，比如我同意关于土地拥有者不得闲置土地的规定。人们把劳动工具进行划分，说机器是工人制造的应该归工人所有，而土地并非耕种者生产的产品，因此不该归其所有。我承认，耕种者确实只在其实际占有的土地上耕作和改良，因为这只能算做是其劳动的成果，而土地本身不属于他，是社会给他的。农民耕种的土地属社会赠与财产，他要以土地税形式支付费用。

　　来自拉绍德封的**库勒里**说我主张最绝对的自由，当然也赞同个人财产制。我倒是觉得我们此刻进行的理论性讨论对事情进展意义不大，问题会随着互助机构的发展迎刃而解。土地只是劳动工具而已，它应该如其他工具一样属于劳动者。如果有人主张土地集体化，那么为什么不把这一论点延伸至所有劳动工具呢？看似合乎逻辑，但是显得荒谬。个人应该是劳动工具的主人，不管是什么工具；只有某些诸如物流、矿山等应该属集体所有。要求将土地纳入集体所有制相当于效仿土耳其的做法，而那里的情况却好不到哪儿。把集体化扩展到一切所有制是对个人个性的贬低，我宁死也不想经历这种情况。

来自巴黎的**托伦**指出，龙格谈到的土地所有制限制的情况已经存在：事实上，闲置的耕地如同耕种土地一样需要上税，这么做就对土地本身和国家赠与耕种者的土地进行了划分，后者需要向国家交租，土地上的耕作所获乃耕种者的劳动成果，自然属于他的财产。德巴普提出社会应当督促土地耕作者履行他对社会的保障义务；其实，保持个人所有制，这种保障义务同样存在：履行对集体的保障是通过社会与耕地的主人之间达成的实行成本价交换的契约来实现的；履行对个人的保障就是保证劳动工具永远归其支配，即使他在大型协会以外从事生产。我的论点是：土地归农民，信贷归工人。

来自布鲁塞尔的**德巴普**说我首先回答库勒里这位个人自由的伟大之友，他说一切共有财产的观念令其不寒而栗，他的讲话不仅是针对我的，而同时也是针对托伦、舍马莱和龙格的，因为他们要求大型劳动工具如公路、运河、铁路、银行等归社会所有。我可以告诉库勒里的是我也崇尚个人自由，填不饱肚子无自由可言，没有面包就没有自由，因此我请求通过与掌握面包资源的人进行斗争来维护我的个人自由。库勒里说在土耳其已经存在土地集体制。情况并非如此，在土耳其土地归苏丹所有。您要知道，我并不是说今天就要实行土地社会所有，比如像在法国或任何一个国家，其当前的政治结构不允许；我还是宁愿维持个人所有制,甚至是现在的形式;我只是主张在一个互助的社会内实行土地集体所有制。库勒里还说:如果有人主张把作为耕种者劳动工具的土地实行集体化,那么为什么不把这一论点延伸至所有劳动工具呢?为什么?是因为您所说的那样,个人权利先于社会。然而,大部分劳动工具和设备都是劳动成果,你作为社会对属于我的成果(包括用我的产品换得的别人的产品)无权染指,因为我的产品就是我的劳动,我的劳动就是我本人的。而耕地则不然,因为它不是一个产品。我对龙格的回答是:您主张土地归个人所有以保障个人自由不受集体压榨,那么这就成了完全的所有制,拥有"使用和滥用权"的罗马所有制;没有这些,保障是虚幻的。然后,为避免政治自由的保障不成为特权,一切公民都得拥有这种保障,所有人都能拥有他们那份地产;那么,要么我们都成为耕种者(荒谬),要么让部分耕地荒芜(等于向人类行窃),要么让非耕地所有者耕种(此乃目前的租种制度)。最后,我要跟主张"劳动工具应当属于个人财产,但除了矿山、运河、铁路等"的托伦和其他人说,还要在"铁路"后面再加上"和土地";我只是在"但除了……"后面增加一项内容。托伦推出的论点是:"土地归农民,信贷归工人";我却说:"信贷归农民,信贷归工人。"

来自卡昂的**龙格**说,有人指出我的论点将造成工人和土地耕种者之间的不平等,因为后者占有的劳动工具并不是其生产的产品。不是这样的,恰恰相反,我的意思是由于拥有无偿赠与的土地需要付租金,工人与土地持有者之间将存在相互关系。我推崇的制度是能够通过产生大批身份为土地主人的耕种者阶层来确保政治自由。

来自巴黎的**舍马莱**指出,德巴普提出的社会要求农民履行保障义务,其实就是契约,是交换的互利。土地耕种者不可能愚蠢到把自己的土地撂荒,因为他需要用其产品来交换别的产品,他同样也需要有饭吃。其实,对于这个问题,制度的优劣最终还是要通过实践证明。

来自拉绍德封的**库勒里**说，耕地被主人故意撂荒的情况根本不会发生。一旦出现这种情况，耕地主人也无权强制一个根本不情愿的人来耕种他的土地，如同不可以限制某人而不让其超出限定范围消费一样。所有类似的理论，我都称做集体暴政。

讨论仍在继续。来自伦敦的**埃卡留斯、列斯纳**、来自米兰的**斯坦帕**、威斯巴登和美因茨代表**施土姆普弗**、来自柏林的**拉登多夫**和来自日内瓦的**贝克尔**均表示赞成土地集体所有制。德国和英国发言者侧重强调促进大型财产形成的历史规律。会议还对协会提出的个人自由界限问题进行了讨论。

由于时间缘故，对所有制的一些不同论点来不及给出结论，因此决定下一届大会继续对该议题进行探讨。

第六议题报告的结论随后获得一致通过。

列入大会议程的所有问题均已经得到讨论，接下来是确定下一届大会议题。

来自巴黎的**舍马莱**建议的议题是：

"1. 信贷组织；交易机构；纸质货币。（从实际出发进行探讨，并制定章程。）

2. 机器及其影响。

3. 综合职业教育。理性的教育纲领。

4. 工人状况统计。

5. 公民、政治和社会平等。

6. 工人手册。"

来自布鲁塞尔的德巴普建议的议题是：

"1. 土地、运河、公路、铁路等到底应该归社会所有还是归个人所有？如何对它们加以利用从而为集体和个人带来最大利益？

2. 关于罢工，国际协会系统内的各抵抗团体（或工会）的联合问题，以及组建罢工调停委员会的问题。"

来自巴黎的舍马莱又提出了以下建议：

"1. 除了刚才提出的供下届代表大会讨论的议题外，若有的支部有其他建议议题请于明年 3 月 31 日前提交到总委员会。

2. 所有与列入议程议题相关的报告和文件一律提交给专门负责组织召开代表大会的部门，提交时间不得迟于 8 月 25 日。"

以上提议获得通过。

主席团决定于晚 8 点继续开会。

会议于 6 点半休会。

第十二次会议

（1867 年 9 月 7 日，星期六）

来自伦敦的**杜邦**主持会议

会议以点名方式于晚 8 点开始。

来自里昂的**帕利克斯**和**舍特尔**、来自维勒弗朗什的**沙桑**、来自索恩河畔讷维尔的**吕博**和来自瓦朗斯的**阿尤**向主席团递交了谴责图尔农地方警察行为的抗议书，内容如下：

"里昂支部谴责图尔农（阿尔代什省）地方警察局长滥用权力的做法。

当这位**先生**得知在其辖区有一个支部在里昂和周边支部的支持下成立的情况后，竟然下令拘捕来自里昂的代表**里沙尔**公民。后经当事人耐心解释后，这位局长客气地把人放了。几天后，他传唤图尔农的会员到他那儿，让他们分别交出会员证。这分明是滥用职权。

为此，**帕利克斯**代表等人联名请求大会严厉谴责一名行政职员破坏个人积极性以及众多公民精神和物质利益的越权行为。"

与会代表一致声明支持这一抗议。

根据大会开幕时作出的决定，全体代表每人交 2 法郎用于支付开会场地租金。总共收到 124 法郎。

来自巴黎的**托伦**询问是否还有其他费用。

来自洛桑的**法夫拉**回答说至少还有 60 法郎左右的其他费用支出。

来自拉绍德封的**库勒里**解释说这些费用与大会无关，应该由瑞士法语区的几个支部分担。

会议期间一些交到主席团的资料都发给了代表。

来自布鲁塞尔的**德巴普**要求对出差工人使用国际借款具体如何操作加以说明。

来自索恩河畔讷维尔的**吕博**提出了同样的要求。

来自巴黎的**舍马莱**介绍了巴黎支部的做法：钱不交到会员手里，在他的会员证上盖上批准章，他凭这个章可以从外国支部那里得到相应数目借款。

来自拉绍德封的**库勒里**给了同样的解释。补充说关于这个问题的总规定已经很明确了。

来自巴黎的**舍马莱**提议国际代表大会向洛桑支部发致谢信。

全体代表一致同意。

大会同时还决定向热情工作、不辱艰巨使命的大会法语书记**吉约姆**和大会主席**杜邦**表示感谢。

本届大会会议记录由来自布鲁塞尔的**德巴普**以书记的名义在会上宣读。记录获得通过。

会议于晚 9 点结束。

以上材料与主席团签署的文件原件相符。

大会书记之一：**詹姆斯·吉约姆**

9月8日星期日的活动

9月8日星期日上午9点钟，按照会议日程安排，大会代表在洛桑各工人协会的陪同下，以旗帜和乐队为先导，在欧希码头登上前往希永城堡游览的汽船。

愉快的游览结束后，下午4点在卡西诺大厅举行了全体代表和洛桑支部会员参加的宴会。期间，来自伦敦的国际工人协会总委员会委员、英国改革同盟出席和平代表大会的代表**奥哲尔**和**克里默**赶到现场；他们是专程前来洛桑与齐聚在此的朋友们握手致意的。宴会结束后，晚会在穿插的讲话和歌曲中一直持续到晚上11点。

部分代表当晚离开洛桑动身前往日内瓦出席于9月9日星期一开幕的和平代表大会。大部分代表将于次日上午赶往日内瓦跟他们会合。工人代表大会通过的致和平大会的贺词由来自巴黎的托伦、来自布鲁塞尔的德巴普和来自勒洛克勒的吉约姆组成的代表团负责转递。

代表缺席记录

代表大会期间一共进行了15次常规点名。人名后面的数字表示点名时代表不在开会现场的次数。

杜邦	—	德巴普	3
列斯纳	5	格雷	3
库格曼	10	法夫拉	3
毕希纳	10	阿维奥拉	6
毕尔克利	5	吕博	2
利文塔尔	3	韦齐诺	—
施莱费尔	5	克斯特纳	—
诺伊布兰德	2	范扎	1
弗德雷尔	—	杜普莱克斯	1
格里斯	4	舍马莱	—
基歇尔	5	缪拉	2
黑弗纳尔	—	阿尤	2
弗赖	—	沙桑	1
克雷布泽	4	舍特尔	2
弥勒	3	塔纳利	1
贝克尔	5	瓦瑟	2
埃卡留斯	3	克莱因	5
卡特	10	库勒里	—
沃尔顿	5	托伦	2
斯旺	1	奥布里	2
特雷布	2	昆克尔	1
基奈	—	德博蒙	1
蒙沙尔	—	斯坦帕	—
佩龙	—	拉乌	12
马利	—	帕利克斯	2
加布	—	隆巴尔-马丁	3

皮奥莱	—	朗格	4
雷蒙	1	施佩希特	1
龙格	7	施土姆普弗	1
吉约姆	—	罗特	3
昆戴-孔茨	1	拉登多夫	1
勃朗	4	阿勒曼	—

向1867年9月2—8日在洛桑举行的工人代表大会宣读的报告①

国际工人协会总委员会
向1867年洛桑代表大会的报告②

一、日内瓦代表大会（1866年9月）规定的任务

日内瓦代表大会责成总委员会完成以下任务③：

---

① 《向1867年9月2—8日在洛桑举行的工人代表大会宣读的报告》于1867年由《未来之声》报印刷厂在拉绍德封印刷出版，共132页。该文本与第一国际其他绝大部分文献一样弥足珍贵；所幸尚有几本得以保存下来，我们借用的这本藏于伯尔尼瑞士工会联合会图书馆。

② 译文按《马克思恩格斯全集》中文第2版第21卷第554—581页刊印。《国际共产主义运动历史文献》第5卷收录了1867年9月14日《蜂房报》第309号刊印的该报告的英文版，它与这份在拉绍德封出版的法文版全文不同，并略去了关于国际法国、瑞士、比利时和美国支部情况报告的部分，见该卷第477—488页。——编者注

③ 日内瓦代表大会关于这些问题的决议刊登在1867年3月27日、4月17日和5月1日《国际信使》第12、15和17期上。——编者注

（1）代表大会通过一项决议，委托英国代表对瑞士、法国和英国的邮政部门主管人采取必要步骤，争取降低信件和印刷品的邮费。

瑞士的部长同意代表团向他提出的各点，但他指出，法国政府反对在这方面进行任何改革。

在法国，代表们没有得到邮政部门主管人的接见。

在英国，政府只同意接受一份叙述事实的备忘录。这份报告是总委员会写的，它至今还在等待着答复。

（2）用几种文字出版代表大会文件，并附上信件和备忘录。

（3）用几种文字出版定期的通报，内容为所有能使国际协会感兴趣的问题；提供有关各国劳动问题的各种情报以及关于合作社和工人的社会状况的报告。

（4）总委员会还受托对劳动进行统计调查，其中包括对每个工业部门和农业部门所作的详细的和专门的报告，并包括一切文明国家。

为了使总委员会有可能完成这些任务，代表大会通过表决规定每个会员每年交纳会费30生丁，并规定每周付给总书记2英镑的报酬；总书记由总委员会任命。

代表们回国后，总委员会开始工作，它获悉，在法国边境警察从**茹尔·哥特罗**那里没收了一些重要文件。

总书记曾受托写信给法国内务大臣，要求归还这些文件。由于这封信没有得到答复，又向英国外交大臣提出请求。斯坦利勋爵向英国驻巴黎大使考莱勋爵发出有关此事的指示，要他尽力使这些文件归还原主。

几天以后，文件连同一捆《人民论坛报》归还了我们，显然这捆报纸是从另外一个人那里没收的。

这一事件使总委员会出版代表大会资料的事推迟了几个月。

这些文件已经转交给小委员会，由它准备正式报告。

但是，由于总委员会无钱支付总书记的报酬，这项工作就落到了总委员会委员的肩上，虽然他们对事业忠心耿耿，可以在自己日常工作以外完成这项工作，可是为此需要更长时间。

在工作结束后发现，这个报告仅用一种文字印 1000 份至少也需要 1000 法郎。

为了执行代表大会的决议，总委员会必须立刻付出 3000 法郎；而当时只有 22 法郎 90 生丁的存款。

总委员会向加入协会的英国团体发出了捐款的号召。

响应这一号召的只有**伦敦的雪茄烟工人**以及**考文垂和沃里克郡的织带工人**。

我们认为有义务指出织带工人执行委员会在完成自己的义务时所表现的巨大热忱，尽管它没有存款，尽管它的大多数会员失业，它仍然向有工作的人进行了专门的募捐。

鉴于在法国以及其他国家已经没有任何办法出版代表大会的报告，总委员会接受了《国际信使》和《工人报》的编辑、公民**科勒**的建议，把报告用法文和英文刊登在这两份周报上；此外，科勒还答应制作铅版，把报告印成小册子，并且同总委员会分享全部盈利，虽然他已经预先承担了一切亏损。

当这些报告刊出了关于出版日内瓦代表大会报告的广告时，几年以来从未对这类小册子加以任何阻挠的英国政府，却要求公民科勒交两笔共计数千法郎的押金，来阻止这个报告的出版。这项手续使报告的出版拖延到 3 月 9 日。后来公民科勒从可靠消息来源得知，这一事件是由法国政府指使造成的。

把这一事件同没收巴黎代表的报告①联系起来，可以清楚地看出，

---

① 即《法国代表团向日内瓦代表大会提交的备忘录》，见本卷第 82—112 页。——编者注

法国政府对国际协会抱什么样的态度。

刊登报告的那几期《国际信使》**免费**分送给协会的全体通讯员。总委员会不得不放弃把报告译成德文的工作,因为它没有任何可能去从事这一工作。

整篇报告的铅版虽然已经制好,但是由于资金不足,直到现在还未能把它印成小册子,而我们的全体通讯员都坚持要求把它印成小册子。

为了克服这些困难,总委员会的一个委员垫付100法郎印制了1000份印有基本章程和条例的会员证;寄出去的800份会员证被法国警察当局没收。这项损失使总委员会的处境更加困难,因为各方面已经在要求它偿还1865—1866年欠下的1000多法郎的债务;尽管日内瓦代表大会承担了对这项债务的集体责任,但它并没有指出偿还债务的任何实际办法。

在这样的情况下,总委员会就没有任何可能按照代表大会通过的决定出版什么报告或定期通讯。因此不得不放弃1867年的统计调查工作,因为要使这项调查取得实际成果,就不能把调查局限于加入协会的团体,而应当包括各地的一切生产部门。总委员会在目前所处的财政状况下,不可能完成这项需要花费很长时间和大量资金的工作。

二、国际工人协会在资本和劳动斗争中的作用

协会在许多国家发生的资本和劳动之间的各种斗争中所提供的多次帮助,完全可以证明这样一个组织是必要的。每当工人拒绝接受英国资本家恣意加给他们的条件时,资本家就威胁他们,要从大陆招募人手代替他们。输入人手的可能性曾不止一次地迫使工人让步。由于总委员会的活动,这样的威胁已经不像从前那样公开地进行了。现在,如果发生

这类事情，只要稍微暗示一下，就足以使资本家的计谋落空。在加入协会的团体中不论发生罢工或是遇到**同盟歇业**①，各国的工人能够立刻得到关于所发生的情况的通知，这样他们就能够预先提防资本家代理人的招募。这一活动并不限于在加入协会的团体内进行，因为协会对于一切请求帮助的团体都给予帮助。

有时资本家也能诱骗某些不了解情况的工人；但是一旦他们了解了自己的权利和义务，他们就立刻离资本家而去。

在资本看来，工人不过是能生产的机器，仅此而已；最近对伦敦编筐工人采取的**同盟歇业**就是一个明显的例子。事情是这样的：伦敦的编筐业主向自己的工人宣布，他们必须在三天之内解散自己的团体，并且同意降低工资，否则，三天之后工厂的大门就要关闭。被这种蛮横行为激怒了的工人宣布他们拒绝这些条件。这一点业主们已经预料到了，因为他们的代理人已经到比利时去了一趟，并且从那里带来了工人……他们把这些工人圈禁在伦敦一个区（百蒙德西区）的铁道大桥的桥拱下面；这些工人必须在这里做工、吃饭和睡觉，为了避免同其他工人有任何接触，不许他们走开一步。但是总委员会终于冲破了业主们建立的警戒线，并且用谋略潜入比利时工人中。第二天，这些工人一认清自己的义务，他们从伦敦编筐工人协会那里领到对时间消耗的补偿之后，就返回比利时去了。正当他们动身走的时候，又来了一艘载满工人的轮船，但是这一次我们接待了他们，于是他们就乘下一班轮船回去了。在这以后业主们再也没有能够找到其他工人，结果不得不一切照旧②。

由于总委员会向英国的团体发出呼吁，巴黎的铜匠在罢工的时候得到了这些团体精神上和物质上的支援；另一方面，伦敦的裁缝也得到了

---

① 英国人这样称呼业主们关闭工厂的行动。
② 伦敦编筐工人同盟歇业发生在1866年10—11月。——编者注

大陆工人同样的支援。

总委员会也同样成功地参与了**挖土工人、制筛工人、理发师、镀锌工人和木刻工人**的罢工。

三、英国支部

(一) 宣 传

如果说在英国没有像去年那样积极地进行宣传工作,这很容易用下面的情况来说明:政府从来没有主动采取某种开明的步骤;只有在长期的鼓动把人民群众发动起来之后,它才会在他们的压力下让步。这一点可以从选举改革问题和在公园集会的权利问题①得到证明。

英国工人有理由认为选举权问题有巨大的意义;他们付出自己的时间和精力去组织声势浩大的示威游行,这些示威游行的道义力量对政府产生压力,迫使它满足人民的要求。

在工人全力要求获得自己的公民权利的时候,总委员会不可能把他们的注意力吸引到他们只是模糊地看到遥远的将来才能解决的社会问题上去。

在宣传工作方面本来应该给予我们最大帮助的总委员会的英国委员们,对于**我们发起的而应当由他们来领导的**这个运动不能袖手旁观。他

---

① 在英国的选举改革运动过程中,伦敦的工人不得不为在首都的公园举行群众大会的权利而斗争。尽管政府禁止预定在1866年7月23日在海德公园召开群众大会,群众大会还是召开了,而且参加大会的人同警察发生了冲突。在人民群众的压力下,内务大臣同意改革联盟使用伦敦的公园举行群众大会。然而在筹备7月30日在海德公园举行的第二次群众大会时,改革同盟委员会慑于群众运动的声势,通过决议一概不再露天举行群众大会。——编者注

们的努力赢得了胜利的结局，1867年将永远载入英国工人阶级的史册。

尽管由于上述原因而没有像预期那样积极地进行宣传，但是宣传工作一刻也没有中断。工人团体加入协会所必需的手续耗费很多时间。**工联组织所固有的民主**不允许执行委员会不经过所有支部的预先讨论就对任何重大问题作出决定。

要使某一团体加入协会，必须遵循下面的手续。向委员会提出书面申请，并说明理由。委员会确定接见代表团的日期。如果问题需要考虑，委员会就把它转交给各个支部去研究，这样就不得不等待一个月、两个月，有时甚至三个月才有结果。由此决不能得出结论说，只有这个团体的委员会才能接受或者拒绝申请；支部往往是在没有委员会参与的情况下加入国际协会的。

日内瓦代表大会以来，有20多个大的工人团体很好地接待了总委员会的代表团；总委员会天天期待着结果。其他一些团体把加入协会的事情推迟到更适当的时机，只有一个团体拒绝加入，其理由是国际工人协会致力于政治问题。

（二）会　费

这个问题总委员会研究了很久。当这个问题还在讨论的时候，泥水匠执行委员会加入了协会，并决定每年交纳1英镑。

1865年3月总委员会派代表团参加英国鞋匠代表会议，会议一致通过了伯明翰和赫尔的代表提出的下述决议案：

"代表会议赞同国际协会的原则，宣传加入协会，并责成全体出席的会员用最大的努力宣传协会的原则。"

会费问题曾经提出过但是没有得到解决。不久总委员会决定，每个加入协会的团体将发给一份入会证明书；入会的团体应交纳5先令①的入会费；至于各个团体能给总委员会多少金钱上的帮助，则由这些团体自己酌情决定。

各个团体交纳的钱，则用于抵偿总委员会在派送出席日内瓦代表大会的代表团方面的开支。

鞋匠委员会为此交纳了5英镑。

为了把这个问题规范化，总委员会建议对每个会员交纳会费的数额作出统一的规定。

日内瓦代表大会规定每年会费的数额为30生丁。

这项高额的会费对于总委员会在代表大会以后派往英国工人团体去的那些代表团来说是一个不可克服的障碍。

因此，总委员会在10月9日的会议上决定把每年的会费减少到5生丁。鞋匠协会（Amalgamated Cordwainers Association）通知我们，1867年的代表会议废除了1865年代表会议通过的关于每年交纳5英镑的决议。

泥水匠执行委员会在1867年也同在1866年一样，向我们交纳了1英镑，但是它还没有通知我们是否整个泥水匠协会都加入了。

鞋匠协会去年有5000名会员，泥水匠协会有3000—4000名会员。

总委员会曾两次向所有加入协会的团体发出关于1867年交纳会费的呼吁。有些团体交纳了，其他团体还没有交纳；但是，除了鞋匠协会以外，没有一个团体规避自己的义务。

粗细木工联合会不久前通过了每年向总委员会交纳2英镑会费的决定。目前这个联合会的各个分会正在讨论是否整个联合会都加入国际协会的问题。这个联合会拥有9000多名会员，它的分会遍布英国，在威

---

① 1先令等于1法郎25生丁；1英镑等于25法郎；1便士等于10生丁。

尔士、苏格兰和爱尔兰也有它的分会。

现在我们把在英国加入协会的团体名单,以及它们在上次代表大会以后一年内交款的总额列表如下。

不列颠支部交款总额

	1866 年			1867 年		
	英镑	先令	便士	便士	英镑	先令
德意志工人教育协会 ……………	2	—	—	—	—	—
在伦敦的法国人支部 ……………	—	—	—	—	4	9
波兰流亡者的中央支部 …………	—	—	—	—	4	10
泥水匠执行委员会 ………………	—	—	—	1	—	—
泥水匠第一分会 …………………	—	8	—	—	—	—
细木工(联合会)………………	10	—	—	1	13	4
细木工(伦敦西头)……………	5	—	—	1	7	—
装订工人 …………………………	—	8	3	—	17	6
制桶工人 …………………………	6	—	—	—	6	—
鞋匠执行委员会 …………………	—	5	—	—	—	—
鞋匠支部(达灵顿)……………	—	5	—	—	—	—
鞋匠支部(诺丁汉)……………	—	5	—	—	2	1
雪茄烟工人 ………………………	—	5	—	1	9	—
考文垂的织带工人 ………………	—	5	—	1	9	—
制箱工人 …………………………	1	5	4	—	—	—
肯德尔的鞋匠 ……………………	—	5	—	—	1	8

（续表）

	1866年			1867年		
	英镑	先令	便士	便士	英镑	先令
女鞋鞋匠（伦敦西头）……	6	—	—	—	10	—
伦敦的缝纫工人……	3	—	—	—	—	—
达灵顿的裁缝……	—	5	—	—	—	8
代表大会后加入的团体	入会费			会费		
伦敦编筐工人……	—	5	—	—	—	—
兰开夏郡的印染工人……	—	5	—	2	1	8
伦敦的马车制造工人……	—	5	—	—	—	—
在"地球仪"饭店集会的马车帷幔制造工人……	—	5	—	—	1	$10\frac{1}{2}$
在"王冠"饭店集会的上述工人……	—	5	—	—	5	—
织工（弹性织品）	—	5	—	—	5	—
联合起来的挖土工人……	—	5	—	—	—	—
木器打磨工人……	—	5	—	—	—	—
风琴工匠……	—	5	—	—	2	1
画匠和木刻工人……	—	5	—	—	—	—
粗木工执行委员会……	—	—	—	2	—	—
联合起来的制革工人……	—	—	—	—	—	—
白铁工人……	—	—	—	—	—	—

为出席代表大会的代表团的交款总额

	英 镑	先 令	便 士
女鞋鞋匠（伦敦西头）…………	4	10	—
伦敦雪茄烟工人…………………	1	1	—
织工（弹性织品）………………	1	—	

两年来在交款上的差别可由下面的情况来说明：1866年交款用于代表们赴日内瓦的旅费，而今年交款只用于管理方面的开支。

我们在上面已经说过，去年我们欠下了债，总委员会尽其所能给予了偿还。

为什么有些加入协会的团体还没有交纳会费，而另外一些还没有决定为代表大会交款，原因是生产的停滞，频繁的罢工和**同盟歇业**，特别是选举运动；最后，是因为伦敦裁缝的罢工用尽了当时**工联**的资金。

总委员会从各团体那里收到的许多信件都证明了这种情况，它们由于没有能给予我们经济援助而表示歉意。

四、大陆上的和美国的支部

法 国

总委员会的任务包括同例如像法国那样一些国家的独立支部通信，因为在那里限制性的法律不许可有保障地建立活动中心。

前面已经说过，总委员会想把印有国际协会章程和条例的会员证运进法国的一切尝试，都由于法国当局的行动而遭到失败；他们没收了我们的东西，尽管没有任何理由能解释这种犯法行为。但是，法国当局所制造的障碍决不止于此。我们的通讯员请求允许印发我们的章程和条例也毫无结果：他们唯一的答复总是最顽固地加以拒绝。

里昂委员会在1866年召开了数次会议，出席会议的有500多名会员，而在日内瓦代表大会以后，它没有得到召开全体会议的许可。

结果是，里昂的会员在当权人物面前表现的英勇不屈精神，甚至使瞎子也能清楚地看出法国政府究竟在多大程度上希望工人得到解放。

应当指出这样一种值得注意的情况：这些障碍，这些无理取闹，一刻也没有阻挡住我们的协会的发展。

在维埃纳（伊泽尔省）本来只有80名会员，现在有500多名了。

在索恩河畔讷维尔，我们的一个支部成立了一个消费合作社，这样便吸引了农业工人实际地参加到社会生活中来，而从前人们硬说农业工人对此不感兴趣。

我们驻卡昂的通讯员报道说，这个城市里的工人联合会日益巩固。由于这种团结一致，**马具匠、机械工人、制革工人、鞍匠、铁匠**以及其他部门的工人争取到了在不降低工资的情况下把工作日缩短一小时。

在菲沃（罗讷河口省），国际协会拥有大量的矿工会员，他们不久前的罢工引起了很大的震动。

今年8月5日总委员会获悉在菲沃也组织了委员会。我们把这一胜利归功于马赛委员会委员公民**瓦瑟**的勇敢的宣传，他在今年7月21日给我们的信中写道：

"资本和劳动之间正在进行斗争，这是一场可悲而又可笑的斗争：一边是一帮官吏和职员到处进行宣传，企图引诱工人离开国际协会，另一边是几个精力充沛和忠心耿耿的人坚持不懈地反击我们的敌人的逼攻，并在工人队伍中传播独立和正义的思想。"

他在结尾时补充道：

"任何人力都不能铲除我们在国内培植起来的解放思想,因为我们的敌人不得不同两种难以克服的力量作斗争:**同权利和意志作斗争。**"

最后,工人懂得:**有志者,事竟成**,只有依靠自己本身,才能取得自己彻底的政治解放和社会解放。

现在我们把在上次代表大会召开之前就有的支部,以及它们在1866年和1867年交款的总额列表如下。

	交款总额				交款总额		
	英镑	先令	便士		英镑	先令	便士
巴黎……………	4	—	—	格朗维尔…………	—	—	—
卡昂……………	1	—	—	阿让唐……………	—	—	—
里昂……………	11	12	—	代表大会后			
波尔多…………	3	9	—	新成立的支部			
鲁昂……………	—	4	5	巴黎的装订工人……	—	14	4
瓜德罗普岛……	—	—	—	卡斯泰尔诺达里……	—	—	—
维埃纳…………	5	7	6	欧什………………	—	—	—
索恩河畔讷维尔…	1	5	3	奥尔良……………	—	—	—
庞坦……………	—	—	—	南特………………	—	—	—
圣但尼…………	—	—	—	维勒弗朗什………	—	—	—
皮托……………	—	—	—	马赛………………	—	—	—
讷沙托…………	—	—	—	菲沃………………	—	—	—
利雪……………	—	—	—	勒阿弗尔…………	—	—	—
孔代叙努瓦罗…	—	—	—	阿尔及尔…………	—	—	—
蒂里阿库尔……	—	—	—				

瑞　士

我们从瑞士从只收到了中央委员会的通讯。在那里也像在英国一样，国际协会的工作是吸收工人团体，也尽可能多吸收单个的人。不过应当看到，在瑞士每个工人团体的人数比英国的少。

成立支部的城市有：

日内瓦、卡鲁日、洛桑、沃韦、蒙特勒、纳沙泰尔、拉绍德封、勒洛克勒、圣克鲁瓦、圣伊米耶、松维利耶、比安、穆捷、博库尔、苏黎世、韦齐孔、巴塞尔、伯尔尼、特拉姆朗、莱布勒勒和勒布瓦。

1866年和1867年从这些支部收到的钱

	交款总额		
	英镑	先令	便士
日内瓦（罗曼语区支部）………	4	—	—
日内瓦（德语区支部）…………	1	7	9
拉绍德封………………………	2	4	—
洛克勒…………………………	—	17	10

比利时

比利时通讯书记对国际工人协会总委员会的报告

公民们：

我和比利时的通信是从编筐工人罢工的时候开始的。关于这件事情我曾写给公民**万丹胡亭**一封信，一星期后这封信在《人民论坛报》上刊登出来①。我以总委员会的名义通知他关于编筐业主的代理人从伦敦出发去招募比利时编筐工人的事；我在信中告诉他，必须用我们组织的力量去粉碎这个代理人的计划，而且为了表示团结一致，比利时工人必须拒绝任何招募，以便保证自己的英国弟兄获得胜利。

接着我又告诉公民万丹胡亭，有几个比利时编筐工人返回祖国了，他们是由于相信了业主们后来并未兑现的诺言而到伦敦来的；我还向他述说了英国编筐工人的兄弟情谊。在信中我着重指出，总委员会的活动对于战胜业主起了多大的促进作用。

关于日内瓦代表大会报告的出版问题我曾和公民**布里斯梅**通过信。这次通信没有任何结果，因为我按总委员会的指示向他请求贷款，而这是他所不可能提供的。我最近写的一封有关此事的信没有得到答复；显然，对公民布里斯梅（他的忠诚是尽人皆知的）来说，正式拒绝我们是非常难堪的；我认为这就是他沉默的原因。

我把总委员会关于比利时雪茄烟工人的信寄给了公民万丹胡亭，请他尽力加以宣传；对总委员会关于沙皇到巴黎访问的决议②我也是这样处理的。我把总委员会关于伦敦裁缝罢工的决议通知了布鲁塞尔局，决议中建议比利时的裁缝无论如何都不要到伦敦那些发生罢工的工厂中去工作，并希望全体比利时工人发挥团结精神，给予伦敦裁缝以物质支援。

我把总委员会关于洛桑代表大会的通告③按照郊区圣吉耳6号这个

---

① 1866年11月4日《人民论坛报》第44号。——编者注
② 总委员会于1867年6月18日通过决议，表示感谢巴黎人民群众在沙皇亚历山大二世到巴黎时所采取的示威行动，并且赞扬他们表示同俄国沙皇制度压迫下的波兰人团结一致的示威。决议发表在1867年7月22日《共和国》周报第224期上。决议正文见《国际共产主义运动历史文献》第5卷第285页。——编者注
③ 参看《国际共产主义运动历史文献》第5卷第471—476页。——编者注

地址寄给列日的公民**德韦特**，并寄给布鲁塞尔的公民万丹胡亭，请求他们对这个通告给予最大的关注并且尽量广泛地宣传它。

总而言之，我完成了总委员会指定我做的一切，而且敢于说我一次也没有收到来自比利时的任何责难。我把收到的几封信附在这个简短的报告后面。至于通信的费用，我认为完全可以把它作为我对协会的一点捐助。

敬礼和兄弟情谊

贝　松

德国和意大利

在德国，情况还不正常，而且不甚有利于我们协会的发展。但是，日内瓦的德国人支部的主席公民**约·菲·贝克尔**却在那里建立了几个支部，目前我们还没有得到有关这些支部的详细报道。

在意大利，那不勒斯、米兰和热那亚的工人团体已经办理过正常的成立手续；我们同这些团体有通信联系，但是还没有收到它们的任何捐款。

美　国

在美国有两个新的支部加入了国际协会；我们同 Labour National Union's Committee（全国劳工同盟①的委员会）通信，也同 International

---

① 美国全国劳工同盟于1866年8月在巴尔的摩举行的代表大会上成立。美国工人运动出色的活动家威·西尔维斯积极地参加了同盟的筹建工作。1866年10月，同盟同国际工人协会建立了联系。1867年8月的全国劳工同盟芝加哥代表大会选出特里维利克为出席国际工人协会即将举行的代表大会（洛桑

Ironmoulder's Union（国际铸工联合会①）的主席通信。

国际工人协会总委员会的美国通讯书记的年度报告
（1866年9月—1867年8月27日）

  我担任美国通讯书记这个职务以来，我工作范围内的第一个事件是在英国收到了1866年9月份的一期《铸工国际报》，该报在费城出版，出版者W. H. 西尔维斯同时也是**国际铸工联合会**的主席。

  这一期刊载了上个月在巴尔的摩召开的美国工人第一次全国代表大会的详细报告。这次代表大会的记录的摘要和决议刊登在1866年10月份的伦敦《共和国》周报上。从报告中可以看出，巴尔的摩代表大会在得知旧大陆的工人即将在日内瓦举行类似的代表大会之后，便一致决定在这次代表大会上成立的**全国劳工同盟**的执行委员会有全权派代表参加1867年的欧洲工人代表大会，即洛桑代表大会。

  我从这份报上知道，担任**全国劳工同盟**的国际联系书记的是公民威

（续前注）　的代表，但他没能出席。1869年，同盟的代表卡梅伦出席了国际巴塞尔代表大会的最后几次会议。1870年8月，在同盟的辛辛那提代表大会上，卡梅伦通报了他参加国际代表大会的情况，同盟通过了一项决议，宣布它拥护国际工人协会的原则并希望加入协会。但是这一决议并没有实现。全国劳工同盟的领导不久就埋头于空想的金融改革方案：消灭银行制度，并由国家提供贷款。1870—1871年，一些工联脱离了同盟，到1872年同盟实际上已不复存在。——编者注

① 国际铸工联合会是美国工人的一个大的工会，它是在西尔维斯的领导下于1859年开始筹建，最后于1863年成立的，主席是西尔维斯。联合会联合了全国范围内的地方铸铁联合会，并且在英属哥伦比亚和加拿大建立了它的组织；它为地方联合会的集中活动而斗争，有组织地领导罢工运动，对于全国其他工会的巩固有重大的影响。——编者注

廉·吉布森，据说他住在康涅狄格州的纽黑文。直到今年8月初我才知道，公民吉布森的住址被弄错了，他不是住在纽黑文，而是住在**诺威奇**（康涅狄格州）。代表大会报告编写者的这个错误在我的活动中几乎成了不可挽回的错误。

此外，我没有想立刻同书记吉布森通信，因为我认为在开始同他通信时最好把关于日内瓦代表大会工作的正式报告寄去。关于这个报告迟迟不能发表的原因，在总委员会的总的报告中已经说过了。

1866年12月初，公民奥尔西尼与总委员会建立了较密切的联系，他把住在纽约的五个欧洲社会主义者的姓名通知我们，并请求我们同他们通信。他还请求给他们委托书，委托他们在美国进行有利于协会的活动。

已经把信连同相应的委托书寄给了奥尔西尼所说的那五个公民；但是不论我还是总委员会都没有收到对这些信的任何复信。

这样，我的第一次尝试没有成功。可是奥尔西尼通知总委员会说：在纽约人们开始很关心我们的协会；有名的演说家，马萨诸塞州的废奴主义者温德尔·菲力浦斯曾建议举办一些收费的公开讲演来资助我们的协会，因为他深信，协会的宗旨及其领袖应当得到这样的援助。

奥尔西尼还说，爱尔兰的民主主义者和爱国者詹姆斯·斯蒂芬斯在纽约加入了我们的协会。

1867年3月，关于日内瓦代表大会工作的报告开始用英文连载在伦敦的《国际信使》上。刊登这份报告的四期《国际信使》一出来，也就是在4月，我就把这四期寄给了下面四个人：一份按照推测的住址寄给了书记吉布森，另一份寄给W. H. 西尔维斯，第三份寄给在波士顿（马萨诸塞州）出版的忠于工人利益的日报《呼声报》的编辑，第四份寄给芝加哥（伊利诺伊州）《工人辩护士报》的编辑，该报是美利坚联邦西部各州工人的主要机关报。我在寄给书记吉布森的那几份报中附上一封信,信中指出总委员会非常重视同**全国劳工同盟**执行委员会的密切接触和经常联系。

这封信没有回音,我也无法证实报纸是否收到了。这次失败的原因非常简单:信和报纸没有寄到诺威奇,而是寄到了纽黑文。

寄出这些文件只得到了一个好的结果。伦敦报纸《国际信使》的编辑从5月起开始收到芝加哥报纸《工人辩护士报》,这两家报纸之间建立起了互换报纸的关系。从此《国际信使》的编辑约瑟夫·科勒每周都从芝加哥报纸《工人辩护士报》上摘录一些东西报道给自己的读者。

关于日内瓦代表大会工作的报告已于5月1日全文刊登完毕;报告的后一部分我也按照上面所说的四个住址分发出去。

这个报告的摘要转载在芝加哥报纸《工人辩护士报》上。我无法知道其他两家报纸中是否有一家刊登了报告的摘要以及它们是否对此表示过意见。

在春天这段时期内,总委员会根据里昂通讯局的请求研究了关于大批丝织工人可能从里昂迁到美国去的问题。里昂局告诉我们,许多纺织工人不满意自己在祖国的命运,他们希望迁到美国去,并且把自己的产业也搬到那里去。但是他们想知道,美国的资本家中有没有人愿意给他们垫付旅费和安置费。总委员会立刻委托我向几家美国报纸和几位政界人士写信谈谈这个问题。我执行了这一指示。信件是由一个去纽约的姓科谢克的波兰人捎到美国去的。这一次又没有任何回音!科谢克走后我从他那里没有得到任何消息。

6月间总委员会托我写信给 W. H. 西尔维斯,请求他帮助正在罢工的伦敦裁缝。6月11日我写了信。借此机会我向西尔维斯表示,我由于没有收到书记吉布森的任何复信而感到烦恼。我请他告诉我**全国劳工同盟**委员会的任何其他委员的姓名和住址。

6月25日西尔维斯在复信中告诉我为什么美国五金工人不可能帮助罢工的伦敦裁缝。他还把住在纽约的**全国劳工同盟**的积极活动家威廉·约·杰瑟普的姓名和住址告诉了我。

我一把这封信报告给总委员会，总委员会就委托我赶紧把洛桑代表大会的开会日期通知威廉·杰瑟普，并且告诉他总委员会对将在洛桑见到美国代表而感到荣幸。我根据委托于7月19日写了信。信中讲述了我想和书记吉布森建立联系而毫无效果的情况，同时寄给杰瑟普一份关于日内瓦代表大会的正式报告。

我收到了这封信的复信，复信的日期是8月9日。从这封复信中可以看出，杰瑟普对于同大陆的和大不列颠的工人建立联系的计划表示满意。他对于因弄错书记吉布森的住址而造成的耽搁感到遗憾。他同样感到遗憾的是，在芝加哥召开代表大会的日期（8月19日）同预定的召开洛桑代表大会的日期如此接近，以至于因时间不够而不可能派代表到欧洲来。然而我不久前在芝加哥报纸《工人辩护士报》上读到的一篇文章中说，关于派代表到洛桑去的问题将是芝加哥代表大会关注的首要问题之一。

杰瑟普答应，"鉴于它的重要性"，他要向芝加哥代表大会宣读我7月19日的信，并且要把刊登关于芝加哥代表大会的精彩报道的报纸寄给总委员会。他希望今后仍和总委员会通信，即使将来改选后他不再担任**全国同盟**副主席也是一样，因为除了这个职务他还担任**纽约工人联合会**①的通讯书记。他接受我关于与他互换工人阶级的机关报的建议。以上就是我对他那封有趣而又热情的信的不全面的简述。

---

① 纽约工人联合会是纽约各工会的一个联合组织，成立于1863年，任务是团结纽约工人向企业主作斗争，保证对罢工者的支援，并且在解决工人和企业主的冲突时起中介作用。——编者注

本月初公民马克思把弗·阿·左尔格的一封信交给我，信中说在新泽西州的霍博肯成立了我们协会的支部①。

大约与此同时，伦敦报纸《国际信使》的编辑给我看了一份以小册子形式出版的**全国劳工同盟**执行委员会致美国工人的号召书，号召书中邀请工人派代表参加芝加哥代表大会。在这本小册子的封面上我发现了书记威廉·吉布森亲笔写的姓名和住址，这时我才恍然大悟，过去我所知道的他那个住址是错误的。我很惋惜由于这个错误而耗费的宝贵时间，只好用一句俗语来安慰自己："晚知道总比不知道好"。

这就是我所作的各种尝试的经过，到目前为止几乎没有什么成果。但是我仍然希望在将来事情会有良好的结果。

现在还有两个问题应当谈一谈。

美国工人为争取更多空闲时间所作的努力（即众所周知的"八小时工作日运动"）吸引了日内瓦代表大会的注意。因此我认为不妨非常简短地、概括地重复一下我所知道的去年一年在这方面获得的成果。鼓动工作开展得很快，而且立即在华盛顿国会上和某些州的立法议会上得到了反应。关于在联邦政府举办的工程中实行八小时工作日的法案，在联邦议院仅仅遭到半数票的反对而被搁置了。

某些州的立法议会规定，如果没有特殊的合同，工作日不得超出八小时。在纽约州也通过了这样的法律，但是纽约的工人暂时还没有敢于要求它付诸实现。不久以前这个州的工人举行了一次特别代表大会，讨论在目前情况下他们所应采取的行动。结果决定，各地将在今年11月1日同时提出实现这一法律的要求，尽可能不降低工资，但是，如果有

---

① 在总委员会会议记录中所附的彼·福克斯的手稿上接着指出，马克思除了把弗·阿·左尔格1867年7月10日的信交给福克斯以外，还交给他加入了协会的纽约共产主义者俱乐部的一份章程。——编者注

必要降低，就同意降低。若从辩论的情况来判断，大多数代表同意降低工资。

在加利福尼亚州还没有通过八小时工作日的法律。但是在今年7月以前的19个月当中，实际上在那里占优势的是八小时工作制。根据最近来自这个州的消息，业主们宣布用同盟歇业来反对这个新制度，这些反动企图的后果是许多企业停工。

很高兴告诉总委员会，从明年1月1日起，普通信件的邮资将降低一半，也就是从1先令降到6便士。我所说的仅仅是联合王国和合众国之间的通信。关于这一点两国政府刚刚签订了合同。

国际工人协会总委员会美国书记　彼得·福克斯

五、总　论

上次代表大会之后的一年是在资本和劳动之间不断进行斗争的标志下度过的：在美国、英国、法国、比利时不断地发生罢工、**同盟歇业**和迫害工人的事情。

资本顽强而残暴地迫害工人，因为它本能地感觉到，劳动占据理当属于它的位置的日子已经不远了。

在美国有一个团体为了维护自己存在的权利不受资本的侵犯，曾花费了70000美元[①]。

[①] 这里指的是国际铸工联合会，在1867年7月9日的总委员会会议上宣读了联合会领导人西尔维斯的一封信，信中说，1866—1867年它花费了很大一笔钱帮助罢工的工人，参看《国际共产主义运动历史文献》第5卷第289—290页。——编者注

在英国 Courts of Law（法庭）曾通过一项决议：盗用 Trade's Unions（工联）的基金可以不受惩罚。成立了一个官方的**工联**调查委员会，目的是要消灭工联，或者至少是限制它们的活动。

最近伦敦裁缝业主对工人提起的诉讼案件①，在巴黎对缝纫工人的判决②，在马谢讷（比利时）对矿工的屠杀③——所有这些事实清楚地表明，社会只是由两个相互敌对的阶级即**压迫者**和**被压迫者**构成的，只有全世界工人的团结才能使我们获得彻底的解放。工人的彻底解放也正是国际工人协会所竭力追求的目的。

最后让我们高呼："全世界工人们，**联合起来**！"

代表总委员会：
主　　席　**奥哲尔**
总 书 记　**埃卡留斯**
财务委员　**威·德尔**
财务书记　**肖**

---

① 在 1867 年伦敦缝纫工人罢工期间，工会领导成员和几个罢工纠察员由于告密者的阴谋活动而被提交法庭审判。1867 年 8 月 21 日，13 名罢工领导人被宣判有罪。在伦敦的工会理事会的其他互助联合会取保释放了他们。但是，更多的工人被监禁三个月。政府禁止设立罢工纠察岗，这很不利于罢工行动。伦敦缝纫工人的罢工未能取得成功，不得不于 1867 年 10 月 19 日结束。——编者注

② 指 1867 年 2—3 月间发生的巴黎铜匠和裁缝的罢工。国际工人协会总委员会为支援这一行动在英国工人中为他们募集资金，使他们成工地让雇主实行了固定工资额。——编者注

③ 马谢讷大屠杀指 1867 年 2 月在马谢讷枪杀比利时的矿工和冶金工人的事件。3 月 13 日《国际信使》发表了总委员会的呼吁书，抗议这次大屠杀，并号召英国矿工和冶金工人援助死者遗属和受伤者。——编者注

通讯书记：
　　　　　　欧·杜邦（法国）
　　　　　　卡·马克思（德国）
　　　　　　扎比茨基（波兰）
　　　　　　海·荣克（瑞士）
　　　　　　彼·福克斯（美国）
　　　　　　贝松（比利时）
　　　　　　卡特（意大利）
　　　　　　保·拉法格（西班牙）
　　　　　　汉森（丹麦）

各支部的报告

在大会上作报告的只有很少一部分支部。我们印刷出版的也只是由代表提交给我们的文字稿报告。

比利时支部

可以对总委员会报告中关于比利时支部的部分作一点点补充。本支部1867年成立之初会员数量不多，现在的辉煌已是远胜昨日，而未来则更是前程似锦。经过数次罢工后众多工人团体纷纷加入比利时支部；在根特拥有23个工人团体的联合会正在跟比利时支部对话，不久这个根特工人团体就有望加入国际协会；安特卫普的情况相同，主要的对话对象是木工协会；而我们在列日的组织以个体会员为主，但是通过布鲁塞尔大理石工协会的介绍（借助该协会与列日大理石工协会的关系），不久将在那儿成立一个支部。此外，在布鲁塞尔除了已经联合起来的抵抗协会外，国际协会会员此刻正在按行业，如机械工人、锁匠、铸铁工人等，还有木工，分别组建各自的协会，一些协会不久有望加入进来。最后，在圣吉尔成立的消费合作社在我们支部也有代表。

比利时支部考虑到只有伦敦总委员会布置的两个问题才能在大会上讨论，因此对这两个问题进行了专门研究并委托其代表德巴普在会上宣读为此起草的几份意见报告。德巴普代表在最后向代表大会提出要求说，大会在对他报告所涉及的不同内容进行会议讨论时要向他通报。

代表：德巴普

（后面刊有比利时代表团在大会上所作报告的部分内容）

巴黎支部

本支部自从1866年12月1日以来已经吸收了600名会员。会员的周会费确定为10生丁，每位会员自1866年12月1日至1867年8月31日的会费累计为4法郎，总数应该是2400法郎。目前只收上来1261.05法郎。希望尚未缴纳会费的会员尽快交费，以便我们平账。下面是我们支部的会费使用情况：

收入：　　　　　　　　　　　1261.05法郎
日常支出：　　　　　　　　　1217.10法郎
印刷费用支出以及借款：　　　　510　法郎
累计支出：　　　　　　　　　<u>1727.10法郎</u>
亏空：　　　　　　　　　　　　466.05法郎

这笔亏空在尚未缴纳的1139.95法郎会费收上来后就可以补齐。

代表：**缪拉**

巴黎图书装订工

公民们：

同去年一样，我们一如既往地希望参加这次大会与各国同仁共同讨论有关劳动者，也就是我们自己的普遍利益；然而，我们的情况却不允许。我们对此表示遗憾。

由于没有代表与会，我们只好以信函方式提出我们对协会工作的几点看法。

首先，总委员会为什么没有发表日内瓦代表大会正式文件汇编？

总委员会为什么没有按照章程（第5条第2段）和条例（第2条）要求尽可能多地出情况通报？

然而条例第1条明确规定："总委员会必须执行代表大会的决议。"既然要求它必须执行大会决议，那么也就必须遵守章程和条例，因为章程和条例都是大会制定的，对所有人都有约束力。

我们似乎可以猜想总委会可能会回答说："资金不足。"那么国际协会每位会员应该交纳的30生丁会费到底收了没有呢？根据上届大会的估算，这30生丁的会费对支付所有开销应该绰绰有余，除此之外，甚至还可以用来偿还总委员会的债务。

不管怎么说，也无论总委员会出现什么样的财务状况，我们都对它没有印发任何情况通报感到遗憾；章程规定每期通报篇幅为20或30页，哪怕刊印一页也好，花钱少，效果好；说不定这个初次尝试的结果或许会给总委员会带来更多会费收入呢。

通报的出版确实很有必要,因为只通过信件明显满足不了要求,我们是这样认为的;总委员会负责编制和发给每个通信办公室的代表大会议程我们都没收到。

我们不想提出太多的批评,相信负责与法国联络的通讯书记的任务应该很艰巨;我们所面临的政治体制不允许设立中央局,要与50多个支部逐个联系任务繁重,他们只能尽力而为,我们对此表示理解,对我们而言,他们知道我们有的人可以从巴黎支部那里得到消息;但是这个渠道有时不可靠。为了方便总委员会中负责与我们联系的通讯书记的工作,我们建议,对于与每个支部有关而不是专门针对某一支部的信件可以采用誊印法,用带墨的蜡纸书写,然后印上30份、50份,或按实际需要印;这样既省钱又大大地减少了工作量,对哪个支部有什么特别强调的内容只要再另外用笔加上就行了。

殊不知保持认真和有下文的通信该有多大的益处,对于那些从事思想传播的人士开展宣传实际操作的最大的忌讳莫过于空口无凭、纸上谈兵。人们听你讲得头头是道,却不见行动,结果产生怀疑。

对我们提出的问题不少支部或许已经有所感受,我们希望与会代表能采取切实措施以避免今后类似的情况重演。

我们还有一个疑问要向总委员会请教:为什么不早点儿把代表大会议程发给各支部?我们觉得只给一个月的时间来研究有关我们解放的重大社会问题远远不够。我们的意见是总委员会在代表大会一结束就应该向各支部征集下届大会讨论议题,争取提前六个月准备好大会议程。

由于无法亲自出席会议,我们只好将我们的见解,也就是我们对会议议程所涉问题讨论研究的结果以邮寄的形式寄出,但是我们对准确的文本不甚了解;考虑到时间因素,我们很难对这些问题进行深入的探讨。我们指望与会代表在这方面发挥他们的才智。但是我们还是强调,代表大会的具体议程一定要提前报告给各支部,以便它们通过某种形式表达自己的想法，这样做对大家都有利。

谨致诚挚的敬意。

图书装订工协会

行政委员会主席：**瓦尔兰**

鲁昂支部

公民们，同仁们：

  法国的政治管制和财政集中化对外省城市工人阶级精神的恶劣影响，在饱受残酷的工业垄断奴役的民众中间仍然甚嚣尘上。鲁昂尤为深受这令人发指的暴政之害。到目前为止，我们在本地区工人阶级中间进行的互助和正义思想的宣传工作毫无成效，没有一个合作社团得以成立，这方面的一切尝试都以鲁昂工人遭到孤立的境遇无果而终。我们这个城里只有行政当局组织、教会和资产阶级领导的互助社。对权力和失业的恐惧严重妨碍了个人的能动性。不过，我们有望借助**国际协会**的积极影响部分克服这些障碍。

  考虑到不以我们的意志为转移的客观情况的限制，我们本该早就向本区工人发出而却在不久前才发出的号召受到普遍欢迎。

  我们希望在诸位公民们的支持下让人明白劳动者除了**团结一致**外别无它策。

  兹委托我们的代表向国际协会总委员会以及巴黎委员会对我们15年来坚持扩大原则宣传工作方面给予的全力支持表示谢意。

  我们完全赞同巴黎朋友们的经济纲领，同时请各位同仁利用众国家政治组织给我们的便利来协助他们将其付诸实践。

  我们坚信，劳动与资本之间的斗争只有在资本的特权彻底消失的条件下才能终止，要运用的手段不是那么轻易就能用得上，况且性质复杂，尤其是在法国，为在经济上战胜政治和财政垄断给我们带来的困扰，我们不惜进行一切努力。

我们认为，我们要想成功就必须通过信贷社发展互助组织，成立合作社，效仿巴黎工人社团在劳动联合会组织内尝试成立相关组织的做法。到目前为止，我们一直在理论上和实践上加紧宣传实施我们的追求。我们觉得现在该是进行实践尝试的时候了。我们绝不会回避行将出现的一切困难和在任何情况下将会面临的碰壁。但重要的是坚定信心，要做到这一切，我们应该竭尽全力消灭奴役工人的雇佣劳动。

我们提请同仁们注意，不要尝试去做那种有可能与创造相应的价值的固有方式相违的事情，因为我们把价值看做是社会经济的制高点。我们长期以来正是为了这个经济真理进行奋斗，因为我们确信，只有在我们真正认识产品价值的这一天，彻底解放的实现才会到来。交易中的欺诈因此才会消失，责任对每个人都成为真切的现实，因为所有人的义务都得到权利的补偿。

正如我们前面所说的那样，罢工以及信贷社必将催生行会，揭示让我们格外关注的工资平均值，因为只有这个平均值才能帮助我们反映出产品的价值，我们的交易也只有在这种条件下才可能有真正意义的公正。我们要特别补充说明，为了避免自相矛盾，我们所赞同的罢工只是作为一种战斗的手段；否则，我们原则上对它是排斥的，因为它解决不了产品以成本价格销售的问题，这个问题我们所有人都一直在设法解决，因为我们大家都知道，人人都能按劳取酬实现之日，就是寄生虫灭亡之时。正是为了争取实现平均的工作时间我们才同意罢工，因为平均工时有助于行会的形成，在社会经济基础上形成、建立起来的行会已经不再有1789年以前所存在的任何弊端，而每当我们对行会问题据理力争时，我们的对手仍揪住其过去的问题不放。

尊敬的同仁们，我们恳请你们在组成生产和消费合作社的过程中注意督促利益相关人一定要尽力在各自组织中实行产品与产品交换的原则，提醒他们，若这种交换存在特权，劳动者之间就会有对立，除非考虑到无产阶级的艰难处境而明确规定将实现的利润用于增强社会实力，以增加其以生产工具或物资形式存在的社会资本；除此之外，我们充其量只能是某种新型商品的小店主，也拿不出任何可以引起渴望为谋求自身解放的工人们重视的主意。

正是这些原因导致在鲁昂尝试成立的类似社团销声匿迹；几乎所有的社团都求助资本主义为它们的成立助一臂之力，这些遭受特权影响的组织不久便明白了一切新组织一定要制定出属于自己的新原则。

尊敬的同仁们，这就是引以为豪的国际协会会员中大部分人的主导思想，因为他们确信，各国工人阶级积极的解放将得益于这个国际团体，人类将实现自我支配。

你们鲁昂的兄弟没有党派、宗派、教派观念，他们曾一直以为，无产阶级一定会消亡的道理都囊括在他们刚刚向诸位表述的想法之中；是的，如果他们有误，那他们十分愿意倾听人们介绍那些能改善我们阶级命运的最切实际的思想和方法，并欣然笑纳和转告给所有权利义务人。

尊敬的同仁们，我们正是本着这种精神满怀敬意地向你们表示感谢，愿意与所有国家的兄弟保持联络，祝愿我们的事业成功。

你们鲁昂支部忠实的会员同仁敬上。

代表：E. 奥布里

1867 年 8 月 30 日于鲁昂

维勒弗朗什（罗讷省）支部

劳动者为了找到保证消除剥削苦难的途径曾尽可能组成团体，或国际性的，或以行会形式组成食品、面包、生产合作社等。

维勒弗朗什的国际支部此时共拥有 50 名会员。我们的办公室已经设立，希望与各国兄弟联络。

我们的众多会员隶属于生产行会，这些行会不久将加入进来成为一家人。只有靠这种团结才能拯救人类。

代表：沙桑

索恩河畔讷维尔支部

我们作为该运动的亲历者特此对国际协会以其首创力量掀起的社会革新表达我们的敬意，作为其会员我们感到荣幸和骄傲。

我们懂得，暴力不再行之有效，我们所处的时代需要以和平与明智的方式处理问题，因此我们以诚恳和坚定的信念表达以下期望：

期望之一：国际工人协会的追求已经由 1866 年 9 月 3 日至 9 日在日内瓦举行的代表大会确定，它应该也必须是无任何区别对待地团结所有以实际可行的方式争取解放的劳动者的纽带。

因此我们要求国际协会信守其纲领，成为这个运动的表达形式，通过一切和平手段，依照各国法律规定，扩大其活动范围；我们相信一定会成功。

这个纽带要想真正成型，对大家都有利，条件是必须组成可以与被我们视为唯一和仅有的敌人的特权资本相抗衡的工人资本。

期望之二：这个工人资本要靠国际协会全体成员个人的平等的贡献来构成。这些贡献就是按月缴纳固定的、统一标准的会费，会费标准的提高或降低均通过协会总委员会负责召集的代表大会来决定。

　　期望之三：要求本届代表大会考虑确定会费标准、国际工人资本管理条例和使用等事宜，我们认为这绝对必要。

　　期望之四：考虑到国际协会的未来取决于对其崇高原则的理解认识，它应该设法利用一切有益手段在工人中间展开宣传教育，并设立一个我们称之为国际协会辅导员的机构负责。

　　一方面要抓住机会要求了解其崇高原则的会员无偿和利用熟悉的关系向那些不了解的会员宣讲。总之，国际协会通过响亮的友情之声来组织会员互教。

　　我们对未来的情况格外关注，是因为我们这些运动的参与者往往显得无知。此外，我们经常听说，教育使心灵高尚，精神升华。

　　期望之五：国际协会（巴黎支部）在其纲要里提交了不少要求在大会上研讨的问题，例如互助问题及其关系、妇女和儿童劳动问题、成立救助社问题、孤儿寡母权利问题，我们对这些议题坚持自己的看法；由于我们远离本世纪的知识工程，因此目前无法对它们作出明确的回答。

　　但是，我们自己简单公正的判断力告诉我们，我们要想得到任何社会改善，只能是为了同一目标齐心协力，若想使工人革新问题收到最佳效果，绝对不能指望特权阶级，更不能指望政府。

　　我们只接纳劳动者，即那些从事体力劳动的工人，我们若想取得社会事业的成功就得兼顾关系到所有人的整体共同利益。然而我们认为，**剥削者**和**被剥削者**之间、**生产者**与**寄生虫**之间的利益是根本无法调和的。

　　这种根本无法调和的利益关系让我们幡然领悟到，工人阶级至今为止进行的一切解放运动失利的原因就是对这种无法调和的利益关系一时忽略所致。

因此，我们没有中间道路可走！国际工人资本更无中间道路可走！

代表：路易·吕博

维埃纳（伊泽尔）支部

我们支部成立于 1866 年，由 52 名会员组成。日内瓦代表大会时，由于支部力量太弱没能派人赴会。总体上支部的力量还是增强了。但是由于我们没有收到会员证，原因总委员会在报告中已经解释，导致部分会员退出了。我们支部现在会员人数已经达到 500 名，每位会员每月缴纳 30 生丁会费，外加 1.25 法郎的入会费。已经向伦敦的总委员会交了 75 法郎的中央会费，还有 75 法郎也将交齐。本支部拟用它的余款成立一个信贷社。

代表：阿尔丰斯·阿尤

马赛和菲沃支部

这两个支部最早的一个也只是在今年 7 月底刚刚成立的。尽管成立不久，但是会员们经过真诚努力终于派出一名代表与诸位一起出席会议。我们的会员不空讲承诺；他们了解自己的义务，并努力实践之；他们知道自己的利益，会为之努力。他们将为完成你们以极大的勇气开创的事业贡献一己之力。

代表：J. 瓦瑟

波尔多支部

本支部只有 57 名会员,与其所处城市人口数量相比不具代表性。每位会员缴纳的月会费为 50 生丁,主要用于支付宣传品的印刷。本支部已经向伦敦的总委员会付清了该付的费用。另外,本支部还介绍波尔多帆船工人生产合作社和裁缝协会加入了国际协会。

代表:**韦齐诺**

意大利中央委员会

我向诸位介绍的意大利工会情况肯定不够全面,因为我们正准备与对手展开大规模的行动,而为开展这些行动拟采用的那些手段和方法现在还未制定出来。我谨向主席团提交这方面的计划。

在意大利,1859 年前工会活动只限于皮埃蒙特一个地方。之后,工会组织遍及整个意大利,目前至少有 600 个工人团体,会员数达 100 万。但是,跟所有君主制国家情况一样(即便是立宪制国家也如此,如法国就拥有宪法),特权者无不设法阻挠工会的活动,限制其不得超出互助活动范围。我们那里不少工会都由生产商领导,他们保证物质利益,条件是工会不参与政治、只听他们的。

果敢的人们终于在佛罗伦萨意大利第九届工人协会大会上成功地通过了相反的决定,即工人作为公民渴望并应该参与公共事务。接着,我们在最近一次于那不勒斯举行的会议上探讨了组成工会联合会的问题,各工会仍然保持其自主性,规定每位会员每年缴纳 10 生丁的会费。由一个五人组成的理事会负责管理关系所有工会公众利益的事务。遗憾的是由于有的会员去世以及其他限制，我所在的理事会没能开展工作。工人力量联合为国际协会的做法遭到那些担心无产阶级强大起来的人们的强力抨击，此时，我们理事会也遇到了几乎无法逾越的阻挠。然而，随着国际工人协会的成立，我作为理事会成员感到我有推动工人加入协会的义务，因此我着手促进意大利工人团体加入国际工人协会的活动，鉴于日内瓦代表大会的内容在意大利收到很好的反响，并且由于工人的处境日趋艰难，让我对如今的政府倍感失望，所以我更加渴望成功。

我们应该做的有益于工人阶级解放的事情就是获取应该广泛加以宣传的工人状况数据。工人的敌对者们对他们用来应对我们的力量了如指掌。我们也将拾起信心，因为我们体会到数百万跟我们一样争取正义和个人权利的人们与我们紧密相连。

那些状况统计同时将让我们了解利用合作的多种方式。

意大利有很多民众银行以及生产合作和消费合作社。然而，由于缺乏联系和协调，例如，米兰发行的纸币在拥有单独发行系统的毗邻城市都无法通用。

在米兰，民众银行营业额达 150 万。工会数量达 38 个，拥有会员 3 万。总会拥有 12 万法郎的资本。不少协会开办学校教授音乐收费。我们的一个理事会下辖 28 个协会。已经开了 5 家消费商店。

热那亚的工人协会完全独立；有合作社、生产社等，但是还没有民众银行和消费商店。这些团体都归一个理事会领导，加入国际协会的事情我想主要是由理事会直接操作。

意大利工人协会中央委员会

代表：加斯帕尔·斯坦帕

博洛尼亚和巴扎诺支部

博洛尼亚工人协会共有 600 名会员。其地位与意大利其他工人协会基本相似。该协会办有一份《工人》报，创办了一所学校。对生病的会员每天发放 1 法郎的补助，看病和药费由协会负担。该协会开了一个面包店，并向同行供应面粉。

巴扎诺协会有 120 名会员，未加入博洛尼亚工人协会，其条例也类似。目前在忙于意大利所有工人团体之间联合的事情。

我们两个工人协会与你们一样希望全世界的工人协会实现友谊团结。本人代表两家协会向大会表示诚挚的敬意。

代表：塞巴斯蒂亚诺·塔纳利

德语区中央委员会

该联合支部包括以下协会：

日内瓦：支部，装订工人和木工协会，毛刷生产合作社。

沃韦：工人协会。

伊韦尔东：支部和工人协会。

纳沙泰尔：支部和裁缝协会。

拉绍德封：支部和裁缝协会。

穆尔滕：支部。

明斯特：支部。

苏黎世：支部和裁缝协会，石匠协会。

巴塞尔：支部。

埃普廷根：支部。
　　格平根：工人协会和织布工生产合作社。
　　美因茨：支部。
　　索林根：支部和炼钢工人生产合作社。
　　科隆：支部和裁缝协会。
　　杜伊斯堡：支部。
　　马格德堡：支部。
　　柏林：工人协会。
　　不伦瑞克：支部。
　　沃尔芬比特尔：支部。
　　达姆施塔特：工人协会。
　　莱比锡：德国雪茄工人协会中央委员会总部。该协会共有1万名会员，在1867年8月14日于爱森纳赫举行的会议上通过决议决定加入国际协会。
　　德累斯顿：支部。
　　纽约：德国人支部。

　　以上支部和协会共有会员3万名。
　　在德国的数个城市正在酝酿成立支部，有些现有的工会目前正就加入国际协会事宜与中央委员会进行对话。
　　中央委员会驻地的日内瓦德语支部拥有200名会员，与法语支部共用一个会议场所，该场所同时作为餐厅并负责向其他支部会员批售葡萄酒。作为中央委员会所在的和会员代表大会的举办所，其收入不进行分配。主要用做国际协会支部的创建、宣传和青年教育。
　　日内瓦的两个支部共同成立了制刷工人生产合作社，运行良好。该协会同时管理一个医疗资金账户，该账户运行18个月以来收效良好。

每逢星期日上午 8 点至中午都在该场所举办会员集市，会员和合作社成员可以销售自产的产品。支部还展销各类家庭日用品。市场的利润同时用于共用目的。

我们这个由所有德语支部组成的团体在 1866 年 1 月 1 日创办了中央机关刊物《先驱》，共有 1300 个订户，运行有了资金保证。

本团体组织牢固严谨，这一点从团体的章程中可以得到证明。其组织原则是团结互助；每个支部同时也是一个经纪公司，中央委员会是总经纪公司，负责促进协会会员生产产品的销售和交易、组织互助信贷。所有支部成立的机构均归支部管理，其利润将用于组建生产合作社。生产合作社只有因特殊情况需要方可雇用临时工，协会要拿出部分利润用来组建其他协会。我们还尝试把理论付诸实践，今年本届大会要讨论的一些问题在我们的团体其实已经得到了实际解决。

中央委员会主席：**约·菲·贝克尔**

巴塞尔支部

巴塞尔支部自成立以来与工业老板们进行了激烈的斗争；然而工业仍在，只是发展不大。巴塞尔支部还在埃普廷根（巴塞尔—康帕涅）成功地设立了一个支部，该支部已经拥有一家消费商店。由于工人缺少事情可做和他们的过度谨慎而跟我们保持一定距离，所以我们现在只有 34 名会员而已，由于工作不足使得我们中不少人无法履行其义务。我们现在欠下 27 法郎的债，这笔债主要是在报刊发消息的费用。

代表：**弗赖**

穆尔滕支部

本支部成立只有 6 个月,有会员 28 名,都是德语会员。还将成立一个法语会员小组。不少协会在考虑加入支部问题。

代表:黑弗纳尔

纳沙泰尔德语支部

本支部由于一些创办人的离开会员数变得很少。支部提议把不同行业的工人组织成专门的协会,并希望在他们中间开展富有成效的对国际协会的宣传。

在作出这个决定之后,裁缝和鞋匠两个行业协会相继成立。裁缝协会很快将加入国际协会。鞋匠协会目前正在讨论加入问题。

代表:昆克尔

洛桑工人教育协会

我们协会下属的分支有:1 个消费合作社,有会员 60 人;1 个医疗救助协会;1 个体操支部;1 个声乐支部;1 个储金会;1 个会员出差补助基金。协会共有会员 80 人,拥有 1 座藏书 400 册的图书馆,还有动产。另外还在洛桑成立了 1 个裁缝协会,会员约 80 到 100 人,以及一个鞋匠协会和一个木工协会。

通过我们的努力,另有 7 个协会在不同地区成立。

代表:施莱费尔

沃韦支部

我们支部继续取得可喜的进步。我们希望越来越唤起工人们对国际协会的兴趣。

代表：格里斯

科隆和索林根支部

（该报告在印刷时进行了删减）

我们两个支部在会员数量方面还相当弱，原因是多方面的，其主要原因就是普鲁士法律对加入国际协会的工会的成立有限制。然而，我们的工作已经取得了初步成效，在索林根成立了炼铁与炼钢工人生产合作社。我们要继续通过和平努力来冲破套在工人阶级身上的枷锁。如果资本与政府顽固坚持盲目的反对，反对我们自由结盟，我们就得使用暴力并向世界表明，在工人队伍中，民族感已经让位于国际感。

代表：克莱因

（拉绍德封支部的报告是由库勒里医生口述的，他本来答应补写报告的文字版本，但是在我们印制汇编时他正因新闻罪坐牢而无法履行承诺。）

勒洛克勒支部

我们支部成立于1866年12月，拥有约70名会员，运转良好。会员的月会费标准为 50 生丁，其中一部分用于订阅《未来呼声报》。支部内部还设了互助信贷社，资金来源是每位会员 50 生丁的周会费。我们还打算成立一个互助夜校，教学对象主要是徒工和成年人。本支部在研究把钟表业不同部门的工人小组联合起来的问题。

代表：詹姆斯·吉约姆

圣伊米耶支部

圣伊米耶支部由库勒里医生主持建立（1865 年），当时的主席若利圣公民后来成为伯尔尼执行委员会委员。我们支部成立之初共有会员 200 多名。当时似乎大家兴趣都很高，可是不久他们发现有些主要人物对该组织本身工作问题漠不关心，甚至很陌生，往往更热衷于所有时事政治问题，因此逐渐悄悄地退出了，不愿意再为那些居心不明的人充当工具和支柱。

我们支部遭遇衰落，会员只剩下二十几位，而且最多只有一半人按期缴纳会费和参加支部会议。每当能满意地吸纳到两三个理想的入会对象也纯属偶然，这时有人甚至提出解散支部的想法。

后来支部按照新的基础进行重组，委员会全部更新，期间，我们支部接到松维利耶和拉绍德封支部邀请出席在弗朗什—蒙塔涅举行的会议，圣伊米耶支部的优势在该地得以充分显示。从此，我们支部赢得了公众支持，队伍快速壮大，如今已经发展到 112 名会员。所有会议都有人踊跃参加，排满了关系到工人阶级的一系列社会经济问题、涉及他们物质和精神幸福以及未来等问题的讨论，如："人的需要；资本的诞生；资本真正的作用是什么；什么是合作；怎样在钟表业开展合作、如何组织；人寿保险历史；互助保险与保险公司的区别；怎样才能使互助保险造福劳动者。"

最近还讨论以下议题："避免工资下降、对付当前危机以及防止商业欺诈的办法；当面支付、付现、不赊欠；如何在不损害制造商、工人自身以及经商自由的前提下把这种支付方式引进当前的钟表业？设立劳资争议仲裁法庭。"

为了使这些问题广为人知，在公众中传播，让所有人参与讨论，圣伊米耶支部与松维利耶支部于7月21日联合在圣伊米耶的诺维广场召集了一次大型群众大会。

人们在露天会场讨论了这些问题，宣读了形势报告。大会任命了一个总委员会负责督促执行会议决定。

该委员会由来自不同职位和行业的人士构成，负责落实以下决定："当面支付、付现、不赊欠；修改追债法和破产法；设立劳资争议委员会；监督商业、工业的不公和舞弊，在不损害个人和商业自由的前提下探讨防止以上行为发生的具体办法。"

该委员会目前已投入工作，有理由相信它一定能顺利完成任务。

代表：费利克斯·范扎

比安支部

比安支部是法语支部。三个月前重组，有会员80人。本支部主要关注涉及钟表工业的付现不赊欠的问题。

本支部与伯尔尼汝拉区以及纳沙泰尔州各支部保持工作联系，运行良好。

代表：吉约姆·罗特

洛桑印刷工人联合会

我们联合会是国际协会会员，成立了一个瑞士印刷工人联合会支部，任务是维护价格、失业以及罢工救助，主要是为因年龄或残疾失去劳动能力的印刷工人以及会员的遗孀提供帮助。共有会员 65 名。

通常情况下本组织通过促进个人在精神和物质方面的发展改善印刷工人的社会处境。过去的一段时间里，我们把主要精力放在徒工问题上，针对滥用徒工问题不得不制定一项条例并针对此种情况采取有力措施。我们已经同洛桑的所有业主达成共识，只有乔治·布里代尔老板先生除外，我们被迫发动的罢工至今已经延续 6 个月。这期间我们认识到，工人若想争取到好的结果，光凭物质上的强大是不够的，同时要有强大的精神支撑。比如我们在数宗法律案件中多次被定罪，处境很尴尬。尽管如此，印刷工会并没有泄气，而且在外国兄弟工会的支持下一直坚持着艰难的但是正义的、合法的使命。

代表：克斯特纳

各专门委员会关于大会议程规定议题的报告

第一议题

用什么实际手段把国际协会变成工人阶级摆脱资本压迫的斗争的共同中心？

本议题专委会共有三名成员，分别是来自伦敦的**埃卡留斯**、来自日内瓦的**贝克尔**和来自巴黎的**托伦**，以及后来增补的来自拉绍德封的**库勒里**和来自苏黎世的**毕尔克利**。

对于这份在本届大会第八次会议上由**埃卡留斯**代表专委会做的报告，我们只能提供大会在讨论后所通过的结论。

大会决定以决议形式通过以下规定：

"1. 各支部应不仅主动倡导一切有利于公共生活的普遍逐步改善的事业，而且也要主动倡导建立生产协作社和其他对工人阶级有用的机构。各中央委员会应尽一切可能予以鼓励。

2. 总委员会如果无法出版报告，每个季度（按照条例第 2 条的规定）将向各国中央委员会发一份文字通报，再由各中央委员会负责在本国报刊，首先是在支部的报刊上登载。

3. 国际协会会员或团体会员的中央年会费为 10 生丁，按季度缴纳。

4. 各分部以及各支部未按期缴纳中央会费的代表不能参加代表大会。"

第二议题

工人阶级如何才能利用本是他们提供给资产阶级和政府的贷款来为自己的解放服务？信贷和人民银行；金属货币和纸质货币；互助保险；工会。

本议题专委会共有九名成员，分别是来自布雷肯的**沃尔顿**、来自卡昂的**龙格**、来自日内瓦的**蒙沙尔**、来自鲁昂的**奥布里**、来自维埃纳（伊泽尔省）的**阿尤**、来自汉诺威的**库格曼**、来自苏黎世的**毕尔克利**、来自洛桑的**施莱费尔**和来自米兰的**斯坦帕**。该报告在大会第九次会议上宣读。

专题委员会报告

公民们：

我们委员会负责研究的问题是"工人阶级如何才能利用本是他们提供给资产阶级和政府的贷款来为自己的解放服务"。

对待这样的提问，回答很容易：工人阶级利用本是他们提供给资产阶级和政府的贷款的办法，就是不再交给他们，拿到自己手里。

但是我们不能只是简单地答复，需要指出方式方法，这才是我们应该做的。

假设情况是生产者乃一切、一切都围绕劳动和生产而组织，显而易见，每个公民具备借方、贷方双重身份，劳动者争取到贷款的最简便的方法就是以国家承担的公共服务形式进行操作，作为集体表现形式，如同用于一切公共服务那样，是成本价，不附加利息和利润，因为一个集体只能是利益自谋自享。

那么，有人不禁要问，国民银行要把资本产生的利息收入纳入总费用台账维持其运营，它怎么可能无息放贷呢？

对这个问题我们的回答是，银行运营不需要资本，我们就以法兰西银行的运作方式来证明。

法兰西银行创立于拿破仑时期，资本金为9000万。你们以为银行一开始就是靠股东注入的这9000万运营、认为银行的利润就是来自这9000万产生的利息吗？不是的。它不是靠资本，不是靠放贷收息，而是靠它的有价证券，其数额经常高达4亿、5亿、6亿，甚至更高。实际状况是，银行的利息进项越少，其有价证券市值越高，业务越活跃，一句话，总体状况一派繁荣。相反，利息进项大，有价证券市值就萎缩。业务状况就糟糕。

那么，什么是银行的有价证券呢？

银行有价证券就是所有客户的流通和收购的股票，一种实物担保。它是银行的客户之间相互提供的信贷。

股东和垄断公司起什么作用呢？除了向公众索取根本没有提供服务的高额服务费之外没任何作用。

对于现在银行提供的高价服务，国民银行可以考虑以成本价面向交换性质、合伙性质、独立性质的生产者，只要他们能提供足够的实物担保。

通过一系列经济改革，我们这里只列举几个方面，比如减税50%，铁路、运河、矿山实行成本价公共服务，从而降低运价和原材料价格；建立土地和农业信贷银行，主要是在一旦把取消利息写进国家法律时，为土地过渡到以最易实行的年租体系方式经营的耕种者手中提供便利。我们断言，通过这一系列的经济改革，有能力提供实物担保的生产者的数量将与日俱增，并遍及整个国家。

这就是我们强调的信贷在一个一切都是围绕劳动和生产的国家运作的最佳方法。

但是，这样一种劳动成为社会契约基础本身的国家是否就是国际协会所追求的、急于实现的国家吗？

我们果真思考过，在对问题进行任何审视之前，首先要确认公共服务性质的信贷互助组织的理论原则。

我们接下来要做的就是探讨如何不但更好地进行理论宣传，而且要从现在起更好地贯彻实施。

在这方面有一项计划格外引起委员会的注意，这就是巴黎理事会的计划，该计划建议所有已经存在或拟建的工人协会联合起来成立一个无息互助信贷总协会。

我们认为这类性质的**信贷总协会**，如果一贯严格遵循无息和互助的原则，不失为大型的成型机构的缩影，或者说是雏形，它将以国民银行之名为所有集体提供贷款。

这类**劳动联合会**的突出方面，如计划的策划人所说的那样，就是完全尊重各分会的自主。除此以外，该联合完全可以成为国民银行的范例，国民银行也应当留给各分行一定的空间，但要始终做到分行不得背离"互助、无息"的组建原则。

互助保险

我们也关注互助保险。我们认为互助在公民身上实行最易操作、最可贵、最富成果。事实上，根本不需要资本投入，只要预支一点款作为启动费就完全可以了。

关于互助保险的技术细节不属于我们关注的范畴。我们仅限于推荐运作时要掌握风险、个人责任、风险程度分担的原则，并指出这些原则在目前情况下不应该是绝对的，而应当根据没有作出精确解释的团结的总原则酌情运用。

例如，有些人在社会上从事的是对生命带有高危险、而往往待遇又很差的职业。我们认为，要从他们本来就少得可怜的收入中扣除对他们而言数额不菲的钱用做基金的做法欠妥并且有失公平。

关于互助保险，我们尤其坚持说，互助保险的普及取决于我们的意识转变。只有能够覆盖所有风险的互助保险才会使我们彻底摆脱目前的不团结。我们通过互助保险使一个人的风险由其他人分担，一个人的灾难由众人承担，只有这样才能实现真正意义的博爱。

我们认为，在所有社会关系方面实行互助是克服现今不团结的具有拯救性质的原则。如今战争无处不在，包括在我们的脑海、意识和事物里。**人即他人之狼**①的野蛮法则日趋体现在经济实践中。人们甘愿冒着破产，甚至声名狼藉的风险，对有朝一日变得游手好闲坐享其成和富足抱有一线希望。

就是这个不团结的趋势自从主张劳动和工业自由的革命打碎行会制度起就一直凸显，我们要与这个趋势作斗争，但我们不要因此把自己重新关进父辈们打破的狭窄框架里，要处处以互助原则来反对它，互助原则保护我们远离不团结和自私的危险，避免出现不确定的团结和共产主义的共产，这个原则已不再是一种纯粹的情感，而是实实在在和强有力的正义的体现。

只要这个原则还没变成我们经济关系的规律，苦难者的解放就没有指望。大规模的生产者协会也许会组织起来，会变得强大，甚至还可以取得反对资本主义特权斗争的胜利。但是，如果它们的目的是争夺利益，而不是追求互助协会寻求的公道价格、简单的劳动报酬，那它们一旦在取得胜利、粉碎共同的敌人之后，便立刻就有可能陷入相互间的争夺。

协会本身仅仅是中立力量、斗争手段而已。协会如果不遵循唯一可以使其产生效力和获胜的法律与高尚情操的至高原则，那它就不具备解放人类的力量。

报告人：沙尔·龙格

该委员会的报告结束后，来自比利时的**德巴普**代表比利时支部做了同一问题报告。

---

① 古罗马喜剧作家普劳图斯的名言。——编者注

比利时支部的报告

工人阶级如何才能利用本是他们提供给资产阶级和政府的贷款来为自己的解放服务？

主张自由竞争、放任自流和完全开放的马尔萨斯学派经济学家们看到这个问题后颇感费解，之后天真并堂而皇之地把他们自以为应该是错误的提法修改了过来。我们不妨把刊登在莫利纳里先生主编的《比利时经济学家报》（1867年8月10日，第16号）上的这段修改文字摘录如下：

"工人阶级如何才能利用他们欠资产阶级和政府的贷款来为自己的解放服务？"

工人阶级没拿资产阶级和政府一针一线，因此什么都不欠它们的。反而是工人阶级给他们提供贷款，因为只有劳动需要上税，只有劳动创造贷款的物质和保证。

我们不想重新搬出这个证据来说服《比利时经济学家报》、银行和政府。我们不想在工人组成的国际协会范围内进行这种辩论。我们只是向工人们提出以下问题：

谁给你们这些领薪水工人贷款了？

谁给你们这些既无劳动工具也没有生产资料的人贷款了？

谁给你们这些资产阶级和政府的终生被压迫者们贷款了？

答案无需等待多久就可以给出：

其实是我们给你们这些游手好闲的资产阶级和统治者贷款，没有我们，没有我们每天的劳动，你们这些人明天就不复存在。是我们创造了一切，是你们靠我们创造的一切生活。

我们给你们提供各种贷款：我们每 7 天、15 天，甚至经常是一个月才拿到自己的钱，我们每天微薄的薪水被老板们放在他们的银行账户获取本该属于我们的利息收入。在三四千名工人的大工厂，工资的利息甚至被列入其收入项目。

从我们的工资中扣除一部分用做救助、养老、保险、退休等等基金，这类以巧妙计算方法从工资中扣除的钱构成新的资本。它们产生的利息或被挪做其他用途，或用途不明，资产阶级和政府牢牢掌握着管理权。

这些资本通常在发生危机期间或贴现率升高的时候被银行家利用。我们不需再批评了。我们不是在沙勒罗瓦商会的报告中看到了当地的工人阶级还处在贫困边缘吗？尽管证实这个工业盆地的救助、养老、保险、退休等一系列基金已高达 900 万！这些基金丝毫没有发挥作用。这份报告是在马谢讷大屠杀发生后的 4 个月后出炉的。

工人阶级还在继续为资产阶级和政府提供贷款，把他们那些节衣缩食省下的钱存入不同储蓄基金以备意外事故、生病，等等。

把保费交到由当前具有无政府经济体制性质的一套体系建立的保险公司。

购买让人存有非法获利希望的国债或公共债券。政府明目张胆地推出彩票这类拙劣的做法。它们制定的法律禁止民众从事这种有悖道德行为的投机，反过来却抛出这个做法，以低价、小数额的方式圈无法从资本家、银行家那里大笔或以同样利率所能拿到的钱，他们十分明白这类借款的实际价值或更知道怎样利用。

应该提请正统的经济学家对这种新式的小额借款以及小额投入引起注意。政府通过这种真正意义的国家认购要得到的不是贷款，而是施舍捐赠。由于这类小额认购体系吸引了大批想保持生活现状的人群，则格外助长资本和国家独断特权的实现。这样，政府的马基雅弗利主义便在一些从某项制度变化中获得最大利益的阶层中获得支持。

轮到了资产阶级如法炮制。它着手对投机进行投机。名为储蓄银行的机构得以成立，它接受最小月投注额仅为 5 法郎的单笔业务，利息达 4% 甚至 5%，与比利时发行的数额为 100、80、40，甚至 25 法郎的债券相比，这些小额券可以称得上是微额债券，可以参与各类抽奖，最高奖额可达 10 万法郎。在瑞士甚至发行一种赢率达 12 法郎的债券彩票！

资产阶级与政府合谋，政府同意建设工人住宅，然后卖给工人，每周从他们的工资里扣取房款的公司暗中享受减税待遇，这是一种恢复工业垄断领地和制造工业垄断新奴隶的巧妙伎俩。

其他投机者手段更高明，通过刺激购买地产来吸纳资金，这些地块通常都是不毛之地，被以月付 20 法郎的方式销售。随着人口的慢慢聚集，导致这些地产突然间急剧升值，甚至可以飙升百倍。这样，慈善本身演变成了绝妙的投机。

工人阶级应该明白，放进储蓄银行的每一分钱，交给某某银行家或用做任何金融运作的每一枚硬币，它们通过各类投资所得的利润，开办的典当行、避难所、幼儿园、集体取暖所、慈善性质的缝纫房、工人区、医院、收容所、贫民所、工作之家、免费学校、家庭救助所、免费就诊所、产院、盲人院、养老储金会、食堂、救济协会、走失儿童收养所、救济粥发放处、穷人药房、女子寄宿学校等机构……这一切都只能使奴役他们锁链的每一环扣得更牢。这些美其名曰的创造顺理成章地成了监狱和军营。

怎样做才能打碎这个日益扩展的痛苦锁链呢？

工人阶级不要再为资产阶级和政府提供贷款，要相互间开展贷款，要通过劳动用劳动入伙代替资本入伙。

如何实现这一革命呢？

我们认为信贷应该是一种公共服务，国民银行应该改造成为无息贷款银行。然而，我们认为这种做法目前还不太实际。我们建议在过渡期成立以互利、无息、公正为基础的工人互助信贷总协会。

蒲鲁东在1848年写道："我在众多出版物中证明，正义的原则就是相互尊重；在良好组织的社会中的劳动组织原则是相互服务；商业的原则是相互交换；银行的原则是相互贴现；放款的原则是有借有还，放款的原则实质上应该是贴现的一种形式，如同贴现是交换的一种形式，交换是劳动分工的一种形式。

我曾经说过，我们要遵循这个原则组织土地、动产以及各类信贷。那样就不再有高利贷、利息，也不存在合法与不合法，只需要一项简单、最低额的税用做验证和入账费用，像贴现那样。教堂长期以来主张却没有下文的取消高利贷就会自我完成。**互相借款或无息放贷实行难度不会大于互相贴现、互相交换、互相服务、互相尊重、大写的正义。**"①

如果无息放贷或相互借款在一个建立在互利原则基础上的社会中果真不难实行，同样，工人阶级身为唯一的革新阶级在通常情况下不难让正义观念深入人心，至少不难把这个观念付诸实践。

我们看到这就是互助信贷。

信贷一词意味信任。人们通常对信贷存有误解，因为它存在于两种形式之中。首先是**个人性质**的借贷：借出人把钱借给一个人品上值得他信任的一个人，先借给他钱，因为相信他诚实可靠，信任他这个朋友，这种情况下，借入方本人就是担保。然而，生意上或另外意义的信贷信任的不是个人而是担保抵押，这就是信贷的第二层意思，称为抵押信贷。抵押信贷不但要相信人的承诺，还要求有物品抵押、担保、实物抵押、抵押契约。抵押信贷是正规商业运作的行为，价值交换的产物，而

---

① 《论革命与教堂中的正义。探索3》。

个人性质的信贷在今天只能算做好心行为，一种**救急**。要对这两类性质的贷款的差别完全分清才能领会工人阶级中间普遍存在的互助社与互助贷款公司之间的不同。互助、无息信贷的实行圆了经济学家的梦：个人信贷与抵押信贷的结合。在互助制度下，个人性质的放贷已不再是施舍，而是一种交换、一种权利。

究竟什么是互助信贷？

商人、中间商、借款人跟银行方、资本家、放款人申请实质贷款时谈妥的扣款、报酬，被称之为利息、佣金、市场损耗，等等。这些在商业贴现方面实实在在的所得，最诚实的银行都可达15%。互助信贷的方式就是要取消这些扣款，无论是涉及商业贴现，还是涉及实物抵押、担保、质押贷款，以及农业和工业贷款。

互助贷款就是不扣除利息的贷款，无息就要求借款方只需支付一点管理费，费率为0.25%到0.5%，借方要遵守保证贷方利益的贷款规定。实行互助信贷后，一切经济优势消失，交换取代了施舍，政治平等得到了保证。

要把建立互助信贷总协会的想法付诸实践，最快捷和实际的做法就是先着手成立一个互助信贷银行。

我们在回答第一个问题时已经提到了这类机构，现在争取谈一些细节并明确其如何运作。我们没有把建立这样一个互助信贷银行当成一剂灵丹妙药的野心，我们的目标只有一个，与1849年人民银行创建者的目标一致，以具体实例对工人阶级进行经济指导。但事实上此类银行的建立确实不失为所有其他改革的出发点和必要条件。

无论是建立人民银行、交换银行或互助信贷银行，我们给它冠什么名字并不重要，关键是它的建立要秉承相互、免费、公正的理念。只要我们仍然受制于现行的规则或自由竞争、放任自流以及完全开放等经济学者们所主张的规则，要建立这样一个机构并非易事。在比利时，如果互助思想深入到工人阶级中，我们可以做到的是先建立一个只能作为未来公司经营过渡形式的、在特定条件下运作的银行。垄断和印花税限制法如今要求我们对信贷作出某些松动，这点我们下面还要提到，若想在对这些法律不加以考虑的情况下成立互助信贷银行，我们认为说清它应该是什么样子不是没有必要的。

互助信贷银行是负责等价交换和流通的机构，不收本金利息和费用。

互助信贷银行从事商业票证贴现，借钱给独立劳动者以及工人协会，促进工人协会的发展和大型企业成长，如建立码头仓库、集市市场，等等。

互助信贷银行业务一律采用银行纸币。取消金属币，除非用于找零。

合伙人一律签字认可接受银行纸币。

总行尽量在外省和农村开办同类分行，遵照互助和无息原则建立土地信贷银行、农业信贷银行，下放业务。

银行降低因管理和预防风险费用需要必收的贴现率和利率，做到利率随着业务的不断扩大而逐步下降。

以上是互助信贷银行的基本原则。其好处不计其数，我们只能指出最终或许达到的结果是：消除苦难，人与人和谐相处，终结战争。

不幸的是各类革命进行得不是那么迅速，我们所设想的信贷银行也没能按我们理想中赋予它的完美样子实现。

其中有法律障碍因素：

1. 某些银行发行货币的特权。
2. 印花税法（1848年7月20日颁发的比利时法律）规定必须用一部分金属资本来支付这项令人讨厌的流通税。

这些就是直到坚持不懈的宣传迫使政府把妨碍民众信贷自由发展的

障碍铲除为止而必须采取的过渡性的权宜之计。

互助信贷社会员交到银行换得票证的钱达到需要的数额后，我们用其设立该行的社会资本，每个协会，每位认购者都成为股东，拥有申请贷款的权利。

社会资本本金首先用于票证贴现，利率最高为2%，随管理费用的摊薄调低。

然后用来支持组建码头仓库，成立商店和库房储备产品用来销售或以货易货。银行出具仓储货物等值担保保函，回头再用这些保函换取银行支票，支票的用途是成为我们的纸币，这些我们下面还会提及。

银行将组建一个辛迪加负责制定生产商之间的原材料交易规定。辛迪加由仓储货物货主指定。这些仓储场所省去了许多耗资巨大而没用的中间环节。

这些社会资本同时还可以用来为劳动者购买劳动工具，为生产合作社提供贷款，为工农业预支必要的费用。

这里我们还要说明我们的交换方式，我们的纸币，一句话我们的银行货币。

支票将作为我们的流通币，作为银行的货币由银行认购者以及需要我们银行服务的生产者签发流通。我们其实不必坚持支票的称谓，法律赋予此票证的称谓实质上就是银行货币，可以带来利润的银行货币。因此人们正在取消普通的银行货币，乃至金银币，尤其是在使用支票很普遍的英国。

人们通常对银行货币的作用有误解。普遍认为它的主要价值体现于储备在国家银行金库里的金银币。这真是大错特错了。储备的金银币只占发行货币的三分之一，其余的三分之二是公众给予信任的纸币。因此，稍有危机出现，贬值随之而至，人们涌向银行挤兑带响的货币①。银行于是慢慢地、慢慢而有条不紊地用5法郎和10法郎的金币兑付，使每天的支付量保持在1万到1.5万法郎上下。银行的营业时间是早10点至下午2点。这神圣的4个小时之外金库是关闭的。我们看到比利时在1866年危机时期就是实行这种制度。若想兑付面值20法郎的硬币需要特别保护措施。

金属货币在商业交易中越来越趋向仅限于找零作用。我们前面已经提到过。最新一项统计表明，一家银行支付的100万法郎中，用现钞和邮政汇票兑付金属币总额只有20709法郎；剩下的97万的法郎中42.2万法郎以汇票形式支付，51万法郎以即期支票支付，以银行货币形式支付的仅有45000法郎。

用产品交换产品因此趋于实现。这表明，事实上产品等值的自由流通取决于金属币的退出。金属币，由于内在价值的缘故，本身是造成交换中出现不平等的原因。

"支票是即期票据，从一个有存根的票据本上撕下来，出票人已经开立有账户，由债务人交给债权人或由付款人交给收款人。支票在英国已经成为通用货币，一种真正意义的信用货币。支票主要分为即期支票和不记名支票。"（摘自《利特雷词典》）现在的支票由于持票人的经常账户关系产生利息。（参看1865年比利时支票法）

我们的支票与一般的支票的不同之处在于不产生利息，因为我们主张无息信贷。我们这里不再重提这个问题，也不想证明比利时国民银行的票据跟法国的法兰西银行的票据一样，是让其客户支付两次存储利息的做法，而银行用这些客户的钱做贴现。我们要说我们的支票具有与享受国家发行特许权的银行货币一样的信用保证，因为我们的支票等同于

---

① 指金币、银币。——编者注

前面提及的社会资本以及制作、加工、制造类产品的物资，特别是通过建码头仓库，商店和储备库房可以取消商业这个寄生虫中间环节，该环节从生产到消费的暴利高达125%。

有人不免反对说，既然你们抨击印钞垄断，那你们的支票就是试图搞银行自由。

我们的回答是：没有人像我们这样如此坚决地不赞成信贷集中化。我们不想搞什么银行自由，也不想要利息自由，可是，由于政府和资产阶级没有一个愿意构建遵循正义原则的国家银行，那么工人阶级就要撇开这些剥削他们的特权银行建立一个劳动银行跟他们对着干、全面对抗到底。我们要有用支票消灭银行货币的观念。我们所处的竞争和经济无序状况允许进行这样的战争。因为我们对劳动战胜资本充满信心，我们要拿起武器以银行为战场投入战斗，就像我们曾经通过罢工、成立维护价格协会以工资为战场掀起战斗一样，我们誓将把这场战斗引入到存在一线胜利希望的每个领域。我们的宣言势必招来我们对手以及政府、资产阶级新闻的谩骂。我们只能用对等内容的成语"以眼还眼，以牙还牙"予以回击。既然他们掌握权力，那他们自己开始改革好啦。我们不再指望他们做什么，我们为此等了太久了；我们不再对他们有所求，因为我们决意靠我们自己和我们的自发能动性求解放。要设法避免战斗受伤恢复的时间不要过长，战斗不要拖得过久。颈环、锁链、嘴套会使狗变得疯狂。

我们对第二个问题概括如下：

各工人协会和劳动者们若想以个体方式给资本致命一击，一句话，他们应该成为互助信贷银行的股东，互助信贷银行除了按照互利、互助、贷款面向劳动者的组建原则给你们提供个人保证外，还为他们免去中间环节获得产品或原材料提供便利，尽管各类生产者以及交易者素不相识。银行方面有什么要求呢？银行的股东、合伙人或客户让支票流通起来，各类业务都用支票，根据需要拒绝任何纸币。

当我们的任务有了眉目并且着手起草互助信贷银行临时条例的时候，我们不无惊喜地在法国报刊上看到了同样的互助信贷总协会项目这个巧合的报道。这等于是我们计划的彻底实现。这是正义和互助思想的力量驱使巴黎工人不约而同地与比利时工人做着成立同样公司的同一件事。

巴黎工人把他们的项目命名为**工人协会联合会**，此项目不仅限于只成立一家互助信贷银行而已。它涵盖了整个信贷问题。

面对这样的举动，我们只能等待，而且时间很快，所有这一切的实现指日可待。我们的任务是推介这个劳动联合会。

战友们，这就是比利时支部有幸呈献给诸位的有关第二议题的报告。

报告人：塞扎尔·德巴普
莱·封丹
阿尔丰斯·万丹胡亭

代表大会在听取该委员会的报告后针对报告本身和讨论情况通过了以下决议，决议由来自伦敦的代表**埃卡留斯**宣读：

"大会紧急呼吁各国国际协会会员利用其影响力引导各行业工会把它们的资金用在生产合作上，以使它们现在那些借给中产阶级①和政府的钱在实现工人阶级解放的目标中发挥最佳效用。

那些还不想把他们的资金用来设立于自己有利的合作机构的协会，应该用这些资金支持开展一般性的生产合作，努力建立一个结合需求方

---

① 原文如此，从议题内容看，此处应为"资产阶级"。——编者注

出资比例、不跟贵金属挂钩的国有信贷体系以及一个合作银行体系。"

第三议题

各协会如今为第四等级（工人阶级）解放而努力尝试的最终后果是否会导致出现处于更加危难境遇的第五等级？被视为社会关系基础的互助或互惠；各种职业的同等价值；团结；工会。

该议题由来自达姆施塔特的**毕希纳**、来自布鲁塞尔的**德巴普**、来自巴黎的**缪拉**、来自日内瓦的**弥勒**和来自巴黎的**加布**组成的五人委员会负责。

委员会报告

今天各协会为工人阶级解放进行的奋斗可以被归纳为我们所称的**合作运动**。但是，就其目前阶段及其表现的各种形式，即所谓的互助信贷社、消费合作社、生产合作社而言，合作运动仍然奉行而且还在广泛实行资本生产力的古老原则，即资本对劳动的优先权。

因此，在信贷公司，如德国舒尔采—德里奇先生的贷款银行、巴黎的贝律茨先生的**劳动信贷**，本金首先产生利息，然后产生合伙人按股权比例分得的红利。然而，由于股权不等，结果肯定是拥有大量股权的人用不了多久就致富（只要他们不大量借款，因为大量借款所支付的利息会用尽他们分得的利息和红利），结果全体入伙股东靠从无产者大众那里赚取到的利息和红利使自己的状况有所改善。

在各消费合作社，一种情况是合伙人在里面购买产品然后加价卖给消费公众获利，另一种情况是他们把购入的产品在自己之间进行分配。第一种情况只不过是一个集体性质的中间商取代商贩而已；第二种情况会出现两种情形：一是这些组织只限于一些人，那么它们对群众的情况就不会有任何影响，只能起到改善部分人状况的作用；二是这些组织发展到广大群众，结果其效应为零，因为它们这样做的结果势必造成工资随着消费物品价格的降低而相应地降低，原因是劳动者之间的竞争，鉴于当今社会劳动力总是供大于求，致使大多数工人的工资降到了勉强维持生计的水平。

在生产合作社，通常的利益分配按资本部分和劳动部分计算，甚至在法伦斯泰尔①和著名的罗奇代尔②先驱者合作社还有按照**才能**划分计算的。我们这里不谈按照才能分配部分，因为引入这一分账方式的协会仅是特例而已。我们还是介绍资本部分吧。该部分主要构成是：首先是预先确定的利息，然后是按经营业绩和个人资本股权比例确定红利。但是，由于合伙人之间股权数量通常有差别，例如，一个合伙人的**劳动部分**是10，资本部分是1（或0），另一个合伙人的劳动部分是1，**资本部分**是20，例如其中5是利息，15是红利；结果是资本部分越变越大的合伙人过不了多久就可以靠这些收入养活，类似情况在不少协会里都出现过。

另外一些情况是，分配中没有劳动部分，工资和利息发完后，利润均按股份数量比例，或一般情况下按照每人在企业中的资本份额比例分配。结果与上面情况没有区别。另外，大部分生产合作社都以招募**帮工**的名义雇用实际上的**雇佣工人**，这种不同的叫法就使雇主从个人摇身一

---

① 法国空想社会主义者傅立叶设想建立的理想社会的基层组织。——编者注
② 英国当时有众多一派繁荣的消费合作社，其中首个是于1844年在罗奇代尔成立、由28名工人组成的先驱小组。

变成了集体。还有，目前大部分生产合作社都是由几个享有特权的工人组织起来的，他们自然而然地与过去的同事拉开距离，而这些合作社也不想发展到囊括整个行业队伍，无产阶级已经分裂。

最后，作为批判的结束，我们还要补充说，撇开我们上面谈到的三类合作社内在组成中的不合理之处不谈，这些组织的根本恶劣之处在于它们对社会其他人的所作所为，其恶劣做法是：它们不是以**成本价**进行服务和产品交换，而个个都是只顾谋利，扩大股份资本，增加所得；一个合作社越以这种方式追求资本和利润，就越受到资产阶级经济学家的恐惠，目光短浅的人也就愈加自鸣得意。但是这些利润并非上帝的恩赐凭空而降，而是从某一人群身上榨取来的，这个人群就是公众；而公众中间以利润、利息、地租、房租为生的这部分人还得通过劳动弥补收入，这样一来，合作社的利润最终是从合作社之外的无产阶级群众身上获得的。这种利润因此就在原来资产阶级剥削基础上形成了新的对劳动的剥削。如果这类合作社大范围普及，必然导致的结果是：一方面，制造出一个由分享这些利润的社员构成的新阶层；另一方面，制造出一个由成为别人获取利润的对象的人群构成的另一个新阶层，显然，这个阶层可能遭到变本加厉的剥削，或许会变得更悲惨。这就导致出现一种实实在在的趋势，即形成一个相对**第三等级**或资产阶级的新的特权阶层，以及形成一个**第四等级**。

这里出现了政治经济众多矛盾的一个奇特的样本，这些矛盾不是停留在文字上，而是存在于实际中。除了在资产阶级与无产阶级之间形成一个新的中间阶级的趋势外，出现了另一个相对明显但对立的趋势：就是形成两个独立的界限分明的阶级，一个极其富有，一个极其贫穷。这个趋势的诱因是两个重要经济现象，它们相互关联，齐头并进，相互间因果转换，表现得日趋明显：

一方面，是**集体力量**的发展，小工业被大工业蚕食，小生产加工作坊被大工厂取缔，小商铺被大商店挤垮，这是劳动分工发展和机器不断引进的必然结果。总而言之，这造成**工业垄断**的形成。

另一方面，资本集中在部分人手里，股份制广泛实行，小资本被大资本压垮，5法郎面值的硬币被百万大钞取代；小资产阶级用14年的时间以5%的利滚利手段使1000法郎变成了2000法郎，路特希尔德家族的100万14年时间滚成了200万，这还不包括庞大的红利部分，这些红利构成新的资本又生出巨额钱财。总之，最终形成**金融垄断**。

于是，只有一个人和几个帮工或徒工的小作坊被雇用雇佣工人大军的大工厂取代后，一批自营的小资产阶级、小业主、工人自然沦为雇佣劳动者，而随着资本的集中，资本家之间的竞争明显不再那么激烈，由垄断取而代之，小型资本已经失去战斗力，小资产者经历一系列失败、倒闭和破产后，逐渐沦为无产阶级。

结果，出现了一个新的中产阶级形成的趋势和当前中产阶级消亡的趋势，这就是经济世界此刻呈现给我们的特有的双重戏。现在需要弄清楚的是，这两个趋势到底哪一个实力更强，特别是新的中产阶级一旦形成后会不会遭遇跟原来的中产阶级同样的命运，即会不会同样被逼或凭借自身的力量爬上寡头富豪阶级，或反之会不会沦为无产阶级，或者说这个中产阶级结果会不会是短命的。

不管怎么说，不管它短命与否，有一种危险我们必须设法防止。用什么办法呢？

首先我们应该指出大会提交的问题有两层意思。

1. 问题提到介于第三等级或资产阶级与无产阶级之间的第四等级是否由此变成第五等级。

2. 还问到第五等级会不会比以前更贫困。

为了避免出现问题涉及的第二种状况，要求信贷、消费、生产合作社除了不坚持从无产阶级群众身上获取利润外，而且也不要从事获利活动,这样就不至于使无产阶级更贫困。当然,这就要求各合作社以互助原则为准,所有社员之间的借贷、贴现、保险、担保、服务和产品提供都是互利互惠的,任何产品和服务交换都以其实际价值为准,即根据所付出的劳动和费用,或准确地说根据生产者的花销,如用于生产工具和原材料等项开支。

至于问题提出的第一种情况,我们必须承认,已有的合作社即便奉行互助原则,如果其社员在实际操作过程中寻求改善自己的状况,虽然成不了新的剥削阶级(因为不从任何人的劳动中收取税租),但完全有可能在资产阶级与合作社之外的广大平民之间形成一个新的中间阶级、一个置于第五等级之上的第四等级。我们认为,要防止形成第四、第五等级,仅仅孤立地、范围有限地在一些个别的团体和社会的某些角落实行纯粹的正义原则是远远不够的,必须运用综合措施,首先通过在整个社会落实这些措施而在全社会产生影响。

在这里我们无法探讨应该采取哪些整体措施的问题,但这些措施却是十分必要。但是我们可以介绍一下一些社会主义者提出的、我们认为值得探讨的总体改革办法:把国民银行(法兰西银行、比利时银行、英国银行,等等)改造成无息互助信贷银行,取消一定辈分亲属的无遗嘱继承,实行直系亲属继承税,等等。

然而,不应该根据我们刚才向你们发表的观点就认定说我们只看到合作运动的当前形式,我们不是说这个运动有害,而是说它没有起到作用。劳动者联合到一起,基本依靠自己来争取改善命运,这都是好现象,即便是在尝试中走弯路。从这一点上看,合作运动在我们眼里是大学校,工人可以在里面了解经济问题,它是社会进步的最有力的杠杆。更何况在**人人为己**、把不正当的利润积累称做**精通生意**的资产阶级和无政府社会里,处于起步阶段的工人合作社面对普遍的不良风气不可能不附和。这是逻辑上的必然,也是经济上的必然。说逻辑上的必然,那是因为人的精神活动是循序渐进的，通过某些结合点使新观念与旧观念连接；说经济上的必然，那是因为刚起步的合作社要想积累资本、与资产阶级的企业进行斗争，由于孤立无援，往往只好也只能通过借贷、生产、产品销售的获利办法来积累资本。

报告人：**塞扎尔·德巴普**

委员会上述报告读完后，来自巴黎的代表**舍马莱**紧接着宣读了**论各种职业的同等价值**的报告。全文如下。

论各种职业的同等价值

今天谈论**各种职业的同等价值**显得有些荒谬。人们因考虑生产利益对劳动进行分工后，再对每项生产操作实行专业化使之变成了一个工种。这样，在机械领域就有了铸工、铁匠、车工、钳工、安装工；再往下还有司机、冲压工、螺丝工、钻工、铆工。锁工里能够从头到尾独自完成所有工序的人估计不到百分之一。有人负责铸造，有人负责锉削，有人负责包铁，如此多的专业分工限制了智力活动，最终影响着能力发挥，使工人变得愚笨。建筑行业也有类似的分工，如石匠、砌砖石工、搬运工、撬石工、抹灰工、泥水匠、瓦工，等等。经常会遇到让一个工人干属于自己行当的工作时却回答说：这个我干不了。可是，他要用三年的时间在一个老板的门下做事，三年后，老板发给他一个类似证书一样的本本作为其能力和自主的标志，其实这只不过是他的奴役标志而已。

人们明白，在这种混乱状态下，必须要有工头、领班、师傅制度，要根据企业主的需要进行安排配置。但是这种状况不会持续太久。过细的分工迫使我们要对自己所做的事进行认真的思考，要设法做到不机械盲从。人的身体和智力条件决定他对一些职业更胜任，而对另一些职业却不然，这是不容辩驳的。人接受教育的目的就是发掘其真正的潜质。

所说的学习多门技艺、综合教育或职业教育并不一定是每行都得干，其实是掌握对从事某一行当有用的科学和工业知识。诚然，没有人可以掌握人类的所有知识，包括理科高材生也做不到，不管别人认为你多有学问。但是，凡是人都能够也应该了解科学的普遍原理以及科学在工业各领域的主要应用，还要掌握对大部分职业都用得上的通用工具和手段。没有这些，人就无法真正选择到适合自己的行业，结果造成对个人和集体极为不利的极大人力损耗。

被视做吃苦受罪的劳动曾一直代表着低下。加工工人低手工艺者一等，手工艺者低商人或工程师一等，工程师不如艺术家受重视，艺术家又要附和百万富翁的意志。一切，包括人的尊严，都用金钱的价值来衡量。这就是目前社会没有经过任何修饰的写照。

然而，如果我们撇开有钱的闲人，把他们归类于无用之辈，多半为有害之辈，会出现什么情况呢？人类涌现出这样一批人，他们多数人为了美好生活、人的升华和提高人的尊严而争先恐后地进行有益于物质和精神的业务。

这些业务可以分为很多类。有些必不可少，有些很有益。

让我们先从工业的职业类别说起。顶层有工程师、建筑师、工业的高层领导。工程师运用统计、平衡定律以及金属强度、蒸汽和电的功率等原理把不同的力组合起来发明出机器。他完成的工作具有有益作用，因此也有权根据其业务贡献领取报酬。如果这台机器一直闲置没人用，如铁匠、铸铁工、车工、木材工人以及炼铜、炼铁、炼钢工人都不用，工程师就得找到他们，他们于是边使用边时不时地对初始设计进行调整。机器的发明者或使用指导者为一方，使用者或操作者为另一方的两类人员中各自一方就会出现不同的工位和工种的必要分工。

首先，学者研究或发现了决定力的变化的自然规律。他的专业能力决定了他的职业方向。但是，樵夫给他砍木柴；他所需要的服务都是由别人提供的；他的住所是瓦工、木工、屋面工、力工、油漆工等建设和装修的；粮食、葡萄、蔬菜种植者用他们的服务换取他所创造和提供的服务。

接着，工程师把学者发现的规律用于实践。他进行严谨的验证，相对于学者，他就是一名实践操作者、一名工人。

最终由操作工人负责把前两者的想法付诸实践。

请问，机器对生产的实际功劳该归功于谁？归功于学者？当然不是。他只不过为此作出了他的那份贡献而已。发明人跟操作工人一样也不能贪功劳为己有。每个人都参与了。所有的工种环环相扣、互为补充。哪个环节必不可少？是学者环节，工程师环节，还是加工环节？没有科学就没有机器，有人会这么说。此话不假。但也会有人反驳说，没有工匠就没有机器。我们的结论是所有这些因素对实现进步缺一不可，所有这些作用不能说是均等的，但应该是等同的，应该由各层次的劳动者以善意，本着公正、团结的精神，即基本服务的互助精神去探索支配互利互惠的价值交换的分配法则。

一方发现了蒸汽的压力，如果没有人应用他的发现就没用。接着第三个人出现了，把他的设想转化成实实在在的东西。事实就是如此！

如果第三个人在产品分配方面受到损害而拒绝使用第一个人的发现和第二个人的发明，那他们只好自己守着当摆设。

然而，我们相信，**各种职业的同等价值**只有把这些人凝聚起来开创事业，才能使取得的成果给集体，包括给他们中间的每个各人带来好处。

我们要看到，这里没有任何等份均分的意思，只是按照付出量划分而已。举例说，某一时间机器制造出来了，经过买卖双方讨论同意其价值定为100；人工和材料费占50，余下的50由发现者和发明人分配，例如，其中一个人占30，另一个人占20。但是，不是每天都可以发现一个物质的新属性，力的组合也不是每刻都能发明的，由此我们得出的结果是，即使是这样的分配设想，也不必害怕条件差距拉大让人担忧出现一种实际的不平等。——（综合教育）①

可是有人会说，人人都想当工程师，当经理，当大企业家；每人都选喜欢的职业。噢！不必担心，为什么呢？仅凭一个职衔活一辈子是不行的。这种情况在我们所处的垄断社会是可能的，但是我们相信这不可能一成不变。为了能够消费某种东西，生产出来的价值就得与需求的价值完全相等，这一天迟早要来的。然而，一个学者没有任何发现，跟一个劳动者什么都不干一样，就会有被饿死的巨大危险。同样，一个人坚持生产无法拿出去跟人交易的东西结果只能是自产自用，那如果不想饿死的话就得转行。

这就是互助。产品之间的等价交换，否则，就会有欺骗、敲诈，就会有强取豪夺。我们不用担心能力。我们仅仅是估价产品。某人的生产能力是100，他完全可以名正言顺地只生产10，生产是完全自主的，但是他的所得取决于他的付出。人才与我们无关，我们只是评估产品，我们的权利仅此而已。

服务要是互利互惠的话，企业主就要做到工人付出多少而回付给他多少。

那么工人提出什么要求呢？他们已经重复了上百遍：**边工作边生活**。他们要求得到与产品等价的薪水。

事实表明，工人离不开资本，资本家离不开劳动者。

---

① 原文如此，可能是指参看综合教育问题。——编者注

我们一致承认《人权和公民权宣言》是社会的基础。

《宣言》主张人的平等（1789年7月27日《宣言》和8月31日《宣言》第2条）："在权利方面，人们天生就是**自由、平等**的。"

我们据此推论：人的平等和权力平等必然是民法上的平等。民法上平等的结果是实行公平交易。这就是说，两个人或多个人要在他们之间以他们一致同意并认为合理的不掺杂任何其他因素的价格，来交换凭自己的劳动创造出来的东西。

报告人：欧·舍马莱

大会在听取该委员会的报告和随后进行的讨论后，通过了以下结论意见：

1. 代表大会认为，如果目前的工人组织以其现有的形式普遍发展起来，那么，它们努力的结果，将是所谓第四等级的形成，而在这个等级的底下将有一个处境更惨的第五等级。

工人组织目前的努力可能导致出现第五等级的危险，随着现代工业的发展致使小规模生产无法生存而消失。大规模现代化生产把个体式劳动整合起来，使合作劳动成为所有人的必须。

（第二段的决议内容是由来自伦敦的**埃卡留斯**提出来的。）

2. 为了防止这种危险，大会认为必须使无产阶级坚信：实行彻底和最终的社会改造只能通过符合互助和正义原则的对整个社会都产生效应的手段。

3. 但是大会同时认为工人组织的一切努力都应鼓励，不过要尽一切可能在工人组织内部取消从劳动中进行资本提成的做法，要实行和贯彻互助和联合的思想。

（这段的"联合"一词是来自巴黎的**托伦**建议加上去的。）

第四议题

劳动和资本；失业；机器及其作用；缩短工时；
劳动分工；改变和取消雇佣劳动；产品分配。

本议题专门委员会共有五名成员，分别是来自日内瓦的**杜普莱克斯**、来自日内瓦的**基奈**、来自巴黎的**马利**、来自里昂的**舍特尔**、来自巴黎的**德博蒙**。该报告在大会第八次会议上宣读。

本委员会承认，机器是到目前为止所使用的为实现我们追求的工人阶级物质改善这个结果的最强有力的方式；但是，为了真正达到这一结果，最迫切的是借助互助信贷银行和协会把这些生产手段用在劳动中以造福所有人，使它们不再被控制在资本家手中，资本家至今仍然独自把持它们为己谋利，雇用大批妇女和儿童从事生产，这在道德和物质关系方面对工人造成损害。

机器取代了大量人手，因此应该通过缩短工时来达到与人工的平衡，以便做到人人有事可做，有钱消费。这种情况至今没能出现，结果是机器的使用造成产品数量超出消费的严重混乱状况。

机器发明后，要想在无论是加工制造关系上，还是在销售价格关系上提供与机器生产相等的产品就必然实行劳动分工。不幸的是，这样一来就扼杀了人的进取心，彻底剥夺了人的自主性，把人置于机器的状态，成了雇主的财产，完全任其摆布。

资本家很爱惜机器，而对待工人则不然，满足工人的基本需要都做不到。对资本家而言，机器就是一切，人只不过是附件。工人因可怜的薪水窘迫不已，这关资本家的事吗？他的目的就是少付多取。结果造成广大群众苦难深重，而一少部分人暴富。

只有协会能够通过劳动和利益之间的平等分配改变这种现状，协会将取消薪水制，让其跟人人有关。

我们通过上述理由得出的结论是劳动应该借助一切手段取代资本的位置。至今所采用的手段之一是罢工。我们承认这是激进手段，应该尽量避免使用，但是由于劳动的地位所迫还不得不经常采用。

拥有特权者只有慑于暴力才能放弃特权，因此要采取暴力手段。

我们用这种组织形式才能达到消除机器的恶劣影响，终止罢工。但是我们一切努力的方向是成立互助信贷组织。

报告人：斐迪南·基奈

代表大会听取了该委员会的报告和随后进行的讨论后，通过了以下已经在去年的日内瓦代表大会上表决过的决议：

"大会宣告，鉴于目前处于战争状态的工业现状，人们要携手共同捍卫工资，但是大会认为有责任表明，还要实现一个更高的目标，即废除雇佣劳动。大会建议研究制定建立在正义和互利基础上的经济措施。"

第五议题

社会职能；男性和女性在社会中的作用；儿童教育；综合教育；教育自由；表音拼字。

该议题由来自圣克罗伊的**昆戴-孔茨**、来自勒洛克勒的**吉约姆**、来自拉绍德封的**库勒里**、来自卡鲁日的**勃朗**和来自圣伊米耶的**范扎**组成的五人委员会负责。

该委员会准备了两份报告。一份论述整个问题，另一份专门论述表音拼字问题。

两篇报告在大会第十次会议上宣读。

公民们：

在提交给大会讨论的所有议题中，只有第五议题分量最重，是一块硬骨头，原因是人的精神贫困远远大于物质贫困。我们衷心感谢巴黎局提出了这个问题。

要对这个问题进行全面的阐述需要相当长的时间，而给我们的时间远远不够。我们[①]委员会尽力提出一些有望能很快实施的原则。我们恳请可能对一些讲法不满意的代表，尤其是巴黎的朋友们给予谅解。

建立在**互助**和**职别**等同化原则的基础之上的社会变革，若想成为可能和化做实践就应该以友爱为基础，这种友爱只在诚实和宽宏的心灵中相遇。自私分子自然而然地远离友爱的好处。如果所有人心里都怀着这种友爱，社会变革就会来得更容易、更迅速，甚至说不定社会变革根本就不需要了。因此要找到让这种友爱喷涌四溅的源泉。

最动听的传教只要无法深入到构成社会建筑基础的家庭就只能是枉费心机。

一个家庭如果作为其灵魂的女人不被尊重，不被善待，得不到公正的待遇，它的存在就没有意义。对女人本身以及对她们道德和智力能力的误解和偏见在所有国家和社会各阶层随处可见。这些误解和偏见成了定律。定律是谁制定的呢？是男人，男人是他终生异性伴侣的超级保护者，因为没有这个伴侣，日子不但没有任何吸引力，而且可能过不成。

---

① 原文是你们（votre），实际应该是"我们"（notre）。——译者注

关于女人社会状况的问题一直困扰着法学家和哲学家。遗憾的是没有任何实质进展，原因是法学家和哲学家是以**女人低下**这个严重错误为依据展开论证的。

一个现今时代的伟大捍卫者说："人民的未来取决于家庭里的母亲。"如果他说的果真如此（也不该怀疑），妇女的社会地位就应该被视为人类秩序、进步和幸福的根本因素。这是一个重大和严肃的问题。历史、哲学①包含所有实际解决办法的因素。亲善和大度的心灵行动起来吧！让我们来聆听《妇女道德历史》作者激动人心的呼声："我们谈过去吗？始终如此，各个角落，无论天南地北，不管是犹太人还是罗马人，不管是梵天②还是穆罕默德时代，一代代妇女延续不断地遭受同样的摧残，死于同样的痛苦！她们不仅遭受肉体的痛苦，而且同样遭受灵魂、精神和尊严上的摧残。她们在数个世纪漫长过程中丧失了行为和生活权利，低三下四地完成着女儿、女人和母亲的神圣角色。谁是始作俑者？是她们天生的守护者。她们服从老子的父权，忍受丈夫的压迫，遭受兄弟的欺负，听从儿子的指使。"

女人天生渴望家庭。那么，众多制度消亡，各式各样权威退去，只有一件事情恒久，一种权威高高在上！世上最伟大的名称是父亲，最伟大的事情是父权。这是创立和维护家庭的要素。国王这个头衔饱受责难，人民痛恨君主制③，父亲这个称谓却很少遭到非议。庆幸的是它仍然是一个权威和尊敬的称谓。

看腻了当今生活痛苦和丑陋场景的目光喜欢看到一家父母携手以德养育子女那种温馨感人的场景。人类社会没有比这更伟大更美妙的啦！

---

① 大会经报告人同意将此处的几个词删除，原文见会议报告。
② 印度教的创造之神。——编者注
③ 大会经报告人同意将此处的几个词删除，原文见会议报告。

家庭是社会大厦的基石。能够充分体现创世的上帝的形象、管理的智慧、温馨抚慰的爱心等美好动人场景的都是在家庭里。家庭是让权威发挥创造性、让教育发挥培养功能的庄严殿堂,是发自内心的感激和尊重这两个崇高情感永不熄灭、熊熊燃烧的火炉。家庭是不朽的主体,是受造物主和上帝的法则、同样也是受人类和社会法则悉心关照的第一也是最终的目标。家庭,是永远萦绕在人们耳畔的最动听的名字,是最纯洁的关爱,是人生的第一份关爱,是最纯真的快乐,人生的第一份友情,最无邪、最天真的喜悦,最可爱的美德。一切有利于未来在实际生活和社会生活中发展的道德都应该源于家庭。

没有家庭,人根本无法全面、协调发展。家是你心情悲伤和精神苦闷绝望时的疗伤所。家是人类的缩影,这个不起眼的舞台足以让人大显身手:里面有劳有逸、痛苦和安慰、安宁与幸福,是博爱的源泉。

妇女从身体和精神方面天生适合耐心细致地做家务事,家是她们的领地。我们不认为社会还有必要委以她们其他重任。如果无产者的妻子当了议员,劳动者的吃饭就可能成问题了。女人作为母亲是孩子的第一任老师,前提是父亲一定要起到一家之长的作用。初始的感受对人无论是身体还是精神都有巨大的影响,指引着人的未来,因此,教育要从摇篮开始,并且通过一个完全合理的系统伴随人的整个一生。教育必须做到让人在德、智、体上全面和协调发展。良好的教育定能造就阳刚、果敢和自立的意志,聪明、不夹杂任何偏见的智慧,一颗洋溢着乐善好施、正义和博爱情感的心灵。家庭教育应该是父母最温馨关爱的体现。

没有来自家庭、来自道德教育和知识教育的精神方面的改革,任何物质方面的改革都无从谈起。

儿童的初、早期教育任务主要靠女人,因为她们的温柔和体贴入微对这个年龄段最适合。在十分重视教育的美国,据说有些州的富家女子特别适合从事教育工作,她们因此成为家庭教育的候选人。男人承担儿童教育应该从孩子的第二童年，即 7 岁左右开始。男人作为父亲、公民、文化教员、德育指导员应该一直为自由和博爱奋斗。

教学大纲最初应该包括直观、明了的实物教学，以从儿童时代起培养人的善于思考、观察的能力，首先确立正直精神。教育体系的任务是培养出自立和宽宏大度的人。我们这里不是公布教学计划的场所。我们只是阐述原则。请允许我们指出当前采用的教育内容中的最大误区。所有的教学内容的错误导致的实际结果在于（不论主观故意与否），把积极主动性变成惰性，弱化道德意识，使智力变愚，意志摇摆不定，判断失误。一言以蔽之，就是制造奴隶，确切的原因是教学内容太抽象，与儿童的特点和能动性毫无关系。

教室应该宽敞、明亮、通风良好。授课要科学、专业、讲求实效。学校不应该仅仅是一个大课堂，同时应该成为一个大车间，使孩子能够在智力和动手能力方面全面发展。显然，职业教育应该掌握好施教时机，年龄太小、体质太弱的学生并不适宜。瑞士的经验（只是小范围）说明，通过良好的组织，可以使 16 岁以下的男生和女生具备从事生产活动的能力，而且不损害身体，不妨碍智力和精神发育。

如果采用**学校—工厂**的制度，除了给诸如发展生产等带来可观的物质好处外，对激发学生的能力潜质和确立志向大有益处。据我们所知——当然是个别情况，有的年轻男孩子或女孩子在不影响正常学习的情况下在达到 15、16 岁年龄前每天可以赚到两个法郎。小范围能做到的，大范围也应该可以做到，关键是要做。

然而，在 12 岁以前不应该从事体力劳动，要潜移默化的培养学生的专业劳动能力。

因此，教学一定要有科学性、专业性、生产性。谁来承担这个教学任务？

要做到全社会的每位成员都必须接受最起码的教育，我们认为教育应该是义务的、免费的，由国家负责。另一方面，由于在某些国家，政府对建立类似学校—工厂性质的教学机构不那么热心和积极，因此，除了国家承担的义务教育外，还应该给那些想自己出钱热心办学的人留一个自由的空间。有了这个自由，我们就可以创办学校—工厂。因为科学、职业、生产性教学只能由推崇自由和博爱的人来实施。几乎所有的政府对习惯性错误、无知和精神愚昧抓住不放。国家和它的官员队伍从未通过普及知识教育把正义和自由的阳光洒向民众。因此现在不要对它抱有幻想。况且它的表现使数代人深受其害。你们读一读历史，自有评判。

那么，我们既然开展了生产、信贷和消费方面的合作，那这次让我们在知识教育这个劳动者解放的强大杠杆方面再度合作吧。我们共同合作培养称职的教师，让他们引导后来人踏上奔向自由这个我们人类追求的最终目标的征途上。我们①委员会热切希望人人关心参与教育，以便在下届大会上我们能自豪地说：我们，无产者，也有自己的学校—工厂。

我们认为，表音拼字或合理拼写研究需要与社会变革全力配合进行，社会变革也是我们的探索目标。有关这个重要问题的专题报告马上会提交给你们。

报告人：**昆戴－孔茨**

上面的报告读完后，大会听取了比利时支部委员会起草的（多数派和少数派的）两份报告。两份报告的报告人是来自布鲁塞尔的**德巴普**。

---

① 原文是你们（votre），实际应该是"我们"（notre）。——译者注

多数派报告

鉴于限制工业行业女工劳动时间的问题需要法律干预，而这类干预在比利时还没有，我们不得不听之任之，尽管妇女过长时间的劳动可以与法律禁止和惩罚的谋杀相提并论；考虑到这类措施属于司法管辖，并不属于社会经济范畴，因此我们对改善从事工业的劳动妇女的悲惨现状没有拿出任何时下切实可行的措施。我们认为女人不应该去车间或工厂干活，而应该料理家务，待在家里。于是，为了使女人彻底回到属于自己的家庭，我们只能尽力提高男性工人的地位。其他一切试图对女性雇佣劳动者的状况产生直接影响的经济手段可能成为一种善事，这或许能稍稍提高一点某些女工的条件，但是在我们看来，搞不好会造成严重的危害，即采取给其贴上公平和合理的美丽外表的做法，助长一种不正常的地位，加重违反人性的状况。

我们理直气壮地宣称：在我们眼中，女人不是经济概念中的生产者，也就是说不是流通产品价值的创造者，不是走出家庭服务的公众消费物品的创造者，不是社会上互相交换的产品的创造者。今天，如果女人投身到生产和工业中，那是因为我们的社会组织妨碍她们遵从其天性。我们意识到事态的后果，反对妇女从事工业工作，无论是在现今社会，还是在改组后的社会都不允许妇女从事工业工作。理由是：

1. 我们不赞成妇女在目前的社会从事工业劳动，因为这样做致使男人工资下降。妇女一旦由于生活困难所迫不得不外出从事工业劳动，与男人争饭碗，她们就难免要干一些报酬低廉的工作，一是可能她们的最基本需要没那么迫切，事实上她们比男人更容易满足，或是因为大部分体力劳动对女人的体力要求不高，只要她们同意领取低于男人的报酬就可以得到工作。这种争饭碗的结果是男人不得已同意降低工资，男人和女人之间这种争斗的最终结果是双方困苦同时加重。女人为了改善家庭条件献身工业与男人争饭碗是受一种不切实际的虚假愿望驱使的。随着女人的工资增加了家庭预算，随之而来就是父亲、丈夫、儿子、兄弟们工资的降低。因此人们可以跟德日拉丹先生说，女人外出去车间、加工厂、制造厂工作不但没有增加家庭的收入，反而让其变得拮据，因为她们使工资下降了。

也许有人会跟我们说，合理的做法是不赞同女人进入男人的工业领域跟他们争夺饭碗，把她们从男人的行业中撤出来，安排她们进入属于她们自己的工业行业。我们的回答是，适合女人的工种十分有限，如果大量女工都蜂拥去争这点有限的工种，用不了多久她们的薪水就会降低到足使她们饿死的田地。我们不妨看一看缝纫女工，尤其是花编女工和纺纱女工竞争结果导致的工资待遇状况有多糟。试想一下，如果更残酷的竞争发生，工资待遇会变成什么惨状①。

2. 我们不赞成妇女在目前的社会从事工业劳动，不仅仅是因为妇女挣工资的代价是男人工资的下降，同时还因为妇女外出去工厂工作放下家不管，无法正常料理家务，是家庭的损失。

3. 我们不赞成妇女在目前的社会从事工业劳动，是因为女人外出工作将使愚昧无知不断延续。我们知道大部分女工基本没什么文化。而其中那些懂得读写，对文法和算数略知一二的妇女根本没时间把她们的有限知识传授给自己的孩子。试想一下，一个女人每天工作 12 个小时，再加上往返路上的奔波，她哪还有精力教孩子学东西？愚昧无知因此继续，由于母亲没有时间教孩子学文化，全家都当文盲。

---

① "在龙瑟，纺纱女工日均工资约 10 个生丁；在梅尔，一个工作突出的纺纱女工最多能拿到 27 个多生丁；而在韦特伦，最能干的纺纱女工每天只挣 6 里亚。"（德梅罗德先生在众议院 1851 年 5 月 16 日会议上的报告。）

4. 我们不赞成在目前的社会工业行业雇用妇女工作，是因为女人从事工业工作，尤其是在矿业和制造业，诱发人种蜕化，因为母亲无法用母乳喂养后代，疲于劳作奔波。近期关于交给保姆喂养的儿童的患病率和死亡率的医学统计结果无人不知。众所周知，母亲的好身体是孩子健康活泼的先决条件，而多数工业摧残女性的身体与美貌。经济学家布朗基说："有哪个旅行者不被马赛和波尔多工人的妻子们的那种让鲁昂和里尔的妇女望尘莫及的绝佳身材而惊叹不已呢？她们似乎属于两个不同种族，前者的天生丽质是如此的超凡脱俗。"如果鲁昂和里尔的妇女跟马赛和波尔多的姐妹一样不是从童年开始就离家外出务工，她们曾经历的或正在经历的苦痛就会轻得多[①]。

数日前，比利时医学科学院向我们几个工业区的医生发来问卷，调查某些工业领域雇用女工造成哪些后果等一系列问题，通过问卷的提问内容就不难看出情况的严重性。其中有的问题是：妇女参加工作对有些工人群众的身体情况下降有何影响？如体质衰退、肺病、结核、佝偻病是否因此加剧，平均身高是否下降，因为我们那里几个工业区的兵役局的材料显示平均身高下降明显。

5. 最后（问题的要点），我们对妇女在改组后的社会，在一个正常的社会从事工业劳动无法理解，因为这与妇女的天职及她们应该扮演的角色背道而驰。傅立叶指出："特质决定命运。"我们不妨看看，女人到底具有什么样的身体和智力特质，换句话说，看看女人的生理结构和思考问题的方式有什么特别之处？

就体质而言，我们不可以像米希勒那样说女人总是病不离身，但是事实表明，由于女人的某些生理特征（如初潮、月经、经期不适、受孕、怀胎、生产、哺乳、断奶、更年期）的原因，这句话也不无道理，

---

① 《1848年期间的法国各工人阶层》，阿道夫·布朗基著。

很难界定哪些属于心理性的，哪些属于器质性的，这些生理特征不允许女人长期从事例如工业方面的强度大的工作。这些不利于女人从事工业劳动的特征恰恰是唯一成就她们母性的特质。

就情感而言，谁不知道女人情感细腻、温柔、细心、呵护孩子的特点呢？关于精神特质，科学和日常实践难道没有向我们表明女性在智力上通常不如男性、其理解力更接近于儿童吗？于是，这些特点注定女性在工业能力方面处于次要位置，但是对于儿童的早期教育她们强于男性。

按照自然法则，女人注定就是妻子、家庭主妇、母亲，负责孩子的早期文化和道德教育，如果今天不能做到这一切，那就该谴责制造众多家庭不和的社会偏见，谴责卖淫的祸首贫穷，谴责马尔萨斯习俗的蔓延。总之一句话，谴责目前的社会制度。

显然，如果说女人的天职是妻子、家庭主妇、抚育孩子、给孩子思想启蒙，她们一定需要受到全面的知识教育。一方面，需要接受理论教育，使妻子的观念与丈夫达到同一水准，避免小家庭受两人性情差别过大的困扰，让母亲以智慧正直培养孩子成长；另一方面，需要接受**实践**教育，让妻子掌握把家打理得井井有条的本领。

然而，关于综合教育的时间，我们这里很难给出具体的一成不变的数字，但应该一直到18至20岁，其中后6年（也就是说从12岁起）学习数学、天文、物理、化学、生物和社会学六大基础学科，掌握不同具体学科如烹饪技巧、时装、缝纫等有关的普遍技能。直至妇女达到成年，至少在我们的环境里是这样。让我们现在跟随她们走进迎接她们的新环境。

根据统计数据分析，一个家庭平均有4个孩子的话，孩子之间3岁的间隔（9个月的怀孕期，1年或稍长一点的哺乳期，母亲的1年休养期）就生理角度而言有益于人类健康，这样女人就到了30岁的年龄；

之后加上 18 到 20 年的时间用来对女孩儿的培养教育，即等到她们为人妻、为人母的时候，母亲就接近 50 岁了，也就是说到了关键的年龄阶段，如果参加工作，就到了该领取互助保险系统退休金的年龄了。

有人会问寡妇怎么办。我们根据法国代表在日内瓦代表大会上的报告精神指出，寡居属意外，有互助保险来保障，并且不得以影响她们去工厂或车间工作为由而剥夺她们抚养儿女的意愿和义务。

那么，生育的年轻遗孀怎么办？让她重返未婚女青年的行列。

而无子女的已婚妇女又怎么办？这丝毫不妨碍她们相夫、持家。

那抱定单身的姑娘呢？噢！这让我们颇感困惑，尤其是在一个良好组织的社会。我们只能把这种现象解释为怪事。若弗雷·圣伊莱尔指出怪物旨在检验自然法则。之前有句俗语说，"特例检验规律"。

总而言之，对于那些家务和母亲义务都拴不住的妇女，包括那些到了婚嫁年龄不急于出嫁的女性，有没有除了工业劳动之外更适合她们的社会职业了呢？不再需要助残、抚养遗孤了吗？当人类活动导向战争，社会活动为军事让步时，女人也不能从军。像犹滴或贞德那样的**女中豪杰**除外，女人即使出现在战场上也只是担当救助角色。当人类活动全部面向生产，社会全部围绕工业转时，事实告诫我们女人也不能只献身工业，如同她们不能从军一样，还有伤者、病人和残疾人要人照管。我们相信，有利于女性才能综合发展的教育将有助于女人将来在工业大军中以献身于人类的精神去从事她们如今听凭天意在征战军队中所做的事情。

这些就是促使我们反对女人进入工业的经济、生理和道德层面上的理由。当然，我们所希望的这些原则的实现只能靠自由，绝不能靠强迫或命令。研究妇女从事工业生产劳动的经济现象，以便找出它在一个正常的社会中产生的后果，这才是我们要做的。对此，我们坚持实证哲学的论点：研究现象以发现规律，通过对规律的认识对事情做出判断；换言之，观察是为了了解，了解是为了预见。

千万不要因此说我们试图贬低妇女的角色，让她们只起那些不起眼的从属作用，想让她们成为人们所说的"生孩子的机器"。首先对于这个问题，事情不是我们想说怎样就怎样的，事实如此，是有机的社会使之必然这样。如果事实是女性不如男性，女人的先天作用不如男人重要，那我们该怎么办？我们不是说女人不如男人，我们是说，女人在力量上和精力上与男人相比处于劣势，但是在姿色和情感方面强于男性。因此两种性别各有所长，相互平衡，互为补充。女人在姿色和情感方面拥有的与男人相比的优势使她们更适合教育和照看孩子，男人在肌肉和头脑方面与女人相比的优势使他们更适合生产劳动。我们因此得出的结论是男人更适合生产劳动，女人更适合养儿育女并担起责任。是的，宁可做生孩子的机器也不做工业机器！为什么要用这样一个带有侮辱性的讲法说值得尊敬的事情呢？如果我们理智地把工业劳动视做高尚的活动，那么母性往哪儿摆？如果说创造产品是好事，那创造生产者就逊色了吗？母性让女人挺起腰杆，赢得所有人的尊敬，女人通过母性把握人类的未来，让代代薪火相传，多少个世纪以来实现人类的统一。除此，女人怀中进行的进化就是不同人缓慢而循序地产生的过程中的有机世界的进化。有人说男人是一个微观世界，一个小宇宙，而有的人说女人对我们才真正称得上浩瀚自然的象征。孕育生命、十月怀胎、冒着生命危险带来新的生命，用乳汁喂养给孩子第二次生命，教孩子蹒跚学步，牙牙学语，点燃孩子心中的第一份爱，引燃其大脑中的第一个思维，铸造其性格，以最朴素的方式（只有女人能够做到）传授给其微妙的科学真谛，让其成人！试问哪项使命能如此圣洁，如此伟大，如此美妙呢？古代罗马母神受众生尊敬膜拜，中世纪天主教把怀抱婴儿的圣母供奉在神坛上，我们这些18世纪的子孙、20世纪的男人，难道我们对母亲尊严的感受还要逊于古代、中世纪吗？我们相信不是。

最后我们要说，我们期望通过男工的解放争得女工的解放。要争得女工的解放，就要使她们从工业中解脱出来做个好主妇，让她们走出屈辱做个好妻子、好母亲，让她们摆脱愚昧无知和迷信做孩子的启蒙老师。除此之外的类似某些社会主义流派所鼓吹的妇女解放都为劳动者尊严所不齿。

报告人：阿·万丹胡亭
莱·封丹
塞·德巴普

少数派报告

旧宗教视劳动为惩罚；今天人类认清了其真正的本质。劳动已经成为任何人都不能被剥夺的神圣权利，女性与男性一样争取劳动的权利，因为她们通过劳动可以获得独立和尊严。

无数反对声音主张让女人远离这个共同权利，宣称废除她们这项权利。我们来评判一下那些极其迷惑人心的讲法：

1. 工业雇用女性导致男工薪水下降。这只不过是当前社会组织造成的一种结果而已。同样也可以说大量雇用男性会使工资不值钱，因此应该限制劳动者的数量，恢复过去的行会。避免上面指出的不利状况最简单的办法就是把女性纳入未来的劳动组织系统。

2. 当前的工厂伤风败俗。这种现象都是与劳动本身无关的原因造成的，如那些不检点的师傅和工头们肆意妄为，薪水过低诱导女人堕落，愚昧无知自然让女人贪图感官愉悦。

3. 女人纤弱。力量是男性天生的优势，那么女人的优势则是灵巧。她们的施展空间显然很广，随着机器日趋降低对体力的要求，适合女性的工作种类将增加。

4. 母性责任。有人说，女人为婚姻而生，没有时间外出工作。对这个问题的回答是她们既可以不结婚，无子女孀居；也可以去生儿育女。另外，可以通过劳动分工合理安排女性在食品配制、洗涤、熨烫、制衣、幼儿园儿童学前教育等特定行业工作以避免她们干苦力活。女性只有在怀孕后期和孩子三岁之前的时间不能工作。这段时间如果婚姻存续她们就靠丈夫养活，或靠专项保险基金生活。

我们赞成每个女性平均养育 4 个孩子，每个孩子之间相差 4 岁，女人有 16 年无法参加工作，但这不是全部，她们一生中还可以有外出工作的机会。

这之后男人可以自行决定是否把女人留在家里料理家务，靠自己一个人工作养她，条件是妻子是否觉得一定要依赖他，如果她想摆脱这种依赖，就可以外出工作，重新过上不依靠别人的日子。

结论。国际工人协会应该努力在妇女中间发展目前只限于男人的协会，号召男性联合女性齐心协力为争取保证他们自立的劳动解放而斗争。

报告人：P. 埃斯朗斯
欣斯
保·罗班

来自巴黎的**舍马莱**就同一题目在大会上作了关于缝纫机对女工影响的报告。下面是报告全文。

1866 年 5 月 9 日巴黎医学科学院公报摘抄

"大约 3 年前，我认识的一名身体各器官一直健康的妇女一天来到我的诊室，她身体消瘦，面容憔悴，带有明显的器质性病态。她的健康状况为什么会有这样的恶化改变呢？

她连续七八个月从早到晚工作在缝纫机旁。

然而，这个别具意义的例子不管有多典型，还仅仅是一个个例，我不能因此就对造成的现象进行因果的追溯和定论。同时，我在这方面也时刻保持清醒，注意研究。于是，过去的1年里，我在圣路易医院就发现了3个同样的病患。而今年1月以来在同一个医院就出现了5例相同病患。

3个月前，有两位互不相识也不在一家工厂工作的妇女星期六同一天来就诊。

第一名患者是一名金发妇女，淋巴体质，脸颊深陷，惨白无血色，身体消瘦，驼背，上腹剧烈疼痛，消化不良，白带不断，整个身体不舒服，体虚，倦态明显。女患者自己说这些毛病都是缝纫机造成的。到缝纫厂工作前，她身体健壮，体态丰满，精力充沛，健康，没有一点白带。自从干上缝纫工作后七八个月开始感到健康状况下降，由胖变瘦，浑身乏力，白带量一天比一天多。

女患者称：'不是光我一个人出现这种情况，我们厂为数不少的女工都跟我的症状相同，原因都一样：下肢动作不停，全身摆动摇晃，搞得很疲惫，腰酸、胃痛，尤其是白带增多。大部分女工因经常感到有比较强烈的生殖器官亢奋不得不暂时停下工作……用冷水清洗身体。'

第二位前来就诊的女患者褐色头发，体格健壮，脸色红润，属多血气质，在一个最大的缝纫厂工作。除了在工厂工作的一年时间外，她的身体一直很好。在这份有关生殖器官亢奋的报告里，她的回答证实了这一点。她说：'据我所知，我们工厂500名女工中至少有200人跟我有同样症状反应。因此工厂的女工像走马灯一样换来换去，很少有人能干长。进厂时健健康康，离开时消瘦体弱。'

第二个星期六的公共就诊日，我同样接待了几个症状严重程度略有不同的类似患者。

昨天（5月5日）来诊所看病的一位女患者带有典型的缝纫机引起的严重的胸部疾病症状。明显食欲不振、胃痛，体重直线下降，最后不停地干咳，病情发展结果不容乐观。

先生们，我提醒你们注意，一台机器的危害程度相当严重，它具有双重危险，一方面对肌肉力量的要求超出了女人的本能，因此对其生理机能的平衡与协调不利；另一方面，机器在某些情况下造成一些对身体有害的习惯。

先生们，这是一个值得高度关注的问题，因为该问题同时涉及精神和公共健康。当这方面出现问题时，医生有责任把危害性指出来，因为医生最明白保护人的体力有多重要，最了解事情的严重恶果。"

韦尔努瓦和蒂博两位医生同时报告了类似的情况。

报告宣读后，禁止和取缔缝纫机的问题得以提出。这是出于一种惨白无力的关爱而提出的避免此类事故频发的唯一解决办法。

要取消这种机器！但是谁有权可以给人类的智慧和活动设限制。如果这个主意过去得以在某个劳动者的脑子里形成，各级政府和有实力的实业家们就会仰仗着所有公认的学者们、人文和政治学科学院、所有教授和既得利益者的支持高呼制止破坏行为，它势必遭到坚决的镇压，并受到一片谴责。这里有一个弊端，问题是人们不是设法把所有事情结合起来，而是想用打碎一个环节的简单做法消除弊端。

社会主义不这么做：社会主义认为人类赖以生存和延续的伟大法则遭到践踏，要在各司其职、人人按照自然赋予给他的能力和力量这个根本的基础上重塑社会经济。社会主义向你们疾呼，你们看到没有，婴儿死亡、人类衰退、乡村人口减少、道德日益缺失、人口增长停滞以及科学提示的衰退现象都源自唯一的、同样的原因，或者说这些症候是同步的和轮换式的因果关系。你们的规范制度长久以来一直显得软弱无力。一方面，没有政治、商业、农业和工业自由你们无法生存；另一方面，这些自由随后带来一大堆社会弊端。这里要谴责的根本不是工业家们的贪婪。他们卷入商业漩涡，因自由、实际的需要不得已进行激烈的竞争，每天都被迫进行劳动工具和动力的改进，他们要想不迷失，就必须不停地把生活和成长在他们垄断庇荫下的人推进最可怕的苦难之中。

团结的伟大法则被践踏，劳动成果的分配被投机和武断所控制，自由放任、完全放开的大树的根已经深深地扎进工业领域，其无数枝杈已经遮住了我们，不同年龄和性别的精疲力竭、贫困交加的劳动者在树荫下挣扎。

机器作为政治强权和财富的组成部分，只能使工人的境遇更岌岌可危。要毁掉这些进步的工具并诅咒它们的拥有者吗？不，不要！千万不要！你们要改变分配基础，这样，生产和创造福利的大马力引擎将因此改变。

它们将从过去的压迫者变成解放者。从繁重劳动中解放出来的劳动者就可以开动他们的智慧，从今天所处的阶梯最低阶攀上最高阶。

欧·舍马莱

大会在听取了该委员会的报告并随后进行讨论后，通过了以下决议：

1. 科学化、职业化、生产化教育，探讨综合教育纲领；

（"探讨综合教育纲领"这句话是根据来自卡昂的**龙格**的建议加上的。）

2. 组建学校—工厂；

3. 免费教育一词没有实际意义，因为教育费用已经从公民所缴纳的税里面出了；教育是必须的，父亲没有任何剥夺其子女接受教育的权利；

代表大会赞成国家只有在父亲无法履行其义务的情况下代其行使家长的权利；

宗教教育无论如何都要被排除在教育大纲之外。

（决议第三项内容由来自巴黎的**托伦**起草。）

关于表音拼字问题的报告在大会第六次会议上宣读。

报　告

　　一年前，日内瓦代表大会通过表决方式向致力于法语文字改革和简化的人士表示支持。今天，这个问题又正式地在国际工人代表大会上提出，汝拉山区的各支部把它列为这场会议的议题，希望得到本届大会的全力支持和参与，如果可能的话，不仅仅是进行表示赞同的表决，而且拿出表音拼字拼写改革的普及措施。

　　先生们，相信你们中间许多人都知道不少作家和哲学家对法语拼写提出的不同看法以及在这方面进行的多次改革尝试。考虑到接下来的讨论可能引起一定反响，我们认为有必要在讨论开始之前对逻辑学挑出的法语拼写毛病以及创立一个合理的文字体系要遵循的原则作一个阐述。

　　你们很快会明白我们的报告为什么只局限于论述法语拼写的原因。我们知道，英语拼写也需要进化，而且在这方面已经作出了可喜的努力。德语、意大利语和西班牙语的拼写虽然不是无懈可击，但与我们法语相比毛病少得多。当不同语言的进步人士投身语言改革时，希望国际协会给他们以我们所需要的同样力度的支持。可是我们当前还是得把主要精力放在法语拼写上。我们有幸向诸位介绍的我们认为适合法语要求的文字体系没有满足其他语言需要的意思，也不可以被其他语言原样照搬。开宗明义地讲，我们不相信有一个切实可行的通用文字体系。我们认为每个语言都应该按照其特点形成自有的字母，除了通过创造一个通用语言的办法来实现通用文字体系外别无他法。

一

　　什么是文字？

我们对文字如此习以为常，以至于我们无法感受到这个方法有多妙不可言，文字可以让转瞬即逝的声音永存。由于我们从小就熟知这门令人叫绝的艺术，因此对创造字母这样简单的事情需要怎样的天分付出从不思考。同样的习以为常也妨碍我们对文字的真谛及其真正的原理给予准确的认识。

要给文字下一个准确的定义就需要我们想象处于孩提时代的大众语言的起源。

想把事物用图形表现出来的人，头脑中出现的第一个想法毫无疑问就是把它们画出来。要想表示一条船（un bateau），一支耙子（un râteau），就把它们的大概样子画出来。这还称不上文字，因为表示的只是事物，而不是词。如看图说话，法国人称船为 bateau，德国人称之为 Schiff，拉丁人称之为 navis；而耙子拉丁人称做 pecten，德国人称做 Rechen，法国人称做 râteau。

后来有人想用词来表示，并探索可行的办法，发现词由小节组成，今天这些小节被称做音节，同样的音节在不同的词中反复出现。因此想到把每个音节和词的每个结构成分用特殊符号表示。根据这个体系，船的写法分为两个符号如 ba–teau，耙子同样也分为两个符号，如 râ–teau，两个词第二个音节的符号相同。一种语言中表示所有音节的符号高达五六百个。

最后人们发现音节本身也可以分为元音和辅音的简单音素。音节 ba 由辅音 b 和元音 a 组成，而音节 teau 由辅音 t 和元音 o 构成，等等。这些音节的音素数量远远少于音节本身的数量，可以用 30 到 40 个字来表示，这就是音素表。

最初发明音素表的人一定会遵循这个符合逻辑的规则："一个发音用一个符号，所有相同的发音用相同的符号。"

规则摆在这儿，不需验证。人们可以拒绝接受，但不得有争议。人们同样可以拒绝承认二加二等于四，如此一来任何数学运算就不成立了。既然能否认二加二等于四，否认规则同样可以。

我们就以这项规则为例来批评法语的拼写法。

（为了压缩篇幅，我们删除了报告中批评法语拼写法的部分内容。删除这段内容无何不妥，因为没人对法语拼写的毛病表示异议。）

二

有人不禁要问，该怎么办？要想纠正很难。另外，有这个必要吗？问题肯定有，我们的文字有缺陷，问题严重吗？

问题很严重！只要你们与我们一道看看我们的文字体系对青少年教育造成的影响，你们就会意识到这个问题该不该引起有关人士的足够重视。

把一个孩子送到学校上学。他带着童真的智力来接受正确的教导，掌握逻辑规律。学校的任务似乎应该是发掘这种智力，确立这个年轻的理智。让我们看一看学校是怎么做的。

学生开始学习字母表。当他在脑子里有了元音、辅音概念后便开始试着拼读。可怜的小家伙牢牢记着教给他的规则，并且以天真的自信运用。

老师在黑板上写出 beau①，小学生自信地念出：b-e-a-u，念出 bé（ei）a（a）u（ü）的音节。②

老师纠正说："怎么能念 béaü 呢？beau 应该念 bô（b-ou），不念 béaü（bei-ei-a-ü）。"

---

① 法语形容词，意为"美丽的"、"漂亮的"等。——译者注
② 括号内是汉语拼音发音，下同。——译者注

小学生反问道："eau 在一起就应该念 éaü（ei‐a‐ü），而不念 ô（ou）。"

"不对。"老师说。"eau 这三个字母分单独发音念 e，a，u（e‐a‐ü），但是拼在一起就念 ô（ou）。"

"为什么这样？"小学生不解地问。

你们知道老师是怎么回答的吗？他说不出来理由。而小学生讲得有道理，符合逻辑。老师只能用一成不变的老一套严肃地说：

"是习惯用法！"

小学生接着说："我学字母时，o 按照发音就应该写 o。而为什么非要把发音是 bo 的字写成 beau 呢？"

"是习惯用法！"老师回答说。

老师在黑板上写出 pot① 这个词。小学生念出 p‐o‐t，pott（pei‐ou‐t）。

"为什么念 pott？要读 po（bou）。"老师嚷道。

"词的结尾有字母 t，这个 t 就该读出来。"小学生说。

"不对，那个字母不发音，只读 po（bou）。"老师纠正道。

"那就不应该这么写。"小学生说。

"一定要这么写，但是 t 不发音。"老师说。

这样的教学法怎么能开发儿童的逻辑潜能呢？

在黑板上写出 file② 和 fille③ 两个词，解释说第一个词有一个 L，读 file，而第二个词有两个 LL，读颚辅音 fij。小学生接着遇到 ville④ 一词，

---

① 法语名词，意为"罐子"。——译者注
② 法语名词，意为"队列"。——译者注
③ 法语名词，意为"女孩"。——译者注
④ 法语名词，意为"城市"。——译者注

按照规则把 LL 读颚辅音。

老师纠正道："fille 读 fij，而 ville 读 vile。"

"为什么？"小学生问。

"习惯读法！"

简直可笑。你们觉得只是可笑那么简单吗？仔细想想这对儿童的大脑会造成什么影响，他们看到的是习惯用法颠覆了所有正确的规则，**习惯用法**在老师嘴里胜过**理性**。我们通过拼写课程这个典型的例子看到了这个教学体制从初级开始就剥掉了孩子甚至成年人对理性的信任。对拼写中出现的理性规则服从于习惯用语习以为常的儿童来说，面对重大问题，当理性与不讲理的习惯对立时，他不免会对理性产生怀疑。当别人跟他说"约书亚让太阳停住了"时，他根本不会去琢磨有没有道理，因为老师教过他，他相信奇迹，因为是习惯在起作用。当一个恶霸跟他说："你要服从我，这是天的意志。"理性会悄悄地提醒他："人人平等。"但是他不听理性的指挥，他观察周围，打听，问别人恶霸这么讲有什么依据。别人会告诉他说："这是老习惯。"他于是甘愿屈服。

我们不会夸大事实。这一切在世界和社会上都存在。一个人从小有过拼写方面违反规则的经历自然会觉得违反规则的现象无处不在。我们斗胆说，文字问题涉及宗教、政治、社会的方方面面。

有必要说一说学习拼写所耗费的大量时间吗？我们的孩子们小学的五六年时间基本全用于学习阅读和书写。做各类听写练习，做作业，单、复数练习，虚拟式，分词，规则动词变位，不规则动词变位，背大量的单词，死记大段的语法，或者说是天书，这两个词在古法语中是同义词，在今天的法语中也如此。可是，经过这么长时间的学习后，学生掌握了这个可怕的拼写法了吗？有多少小学生能准确无误地完成听写考试练习呢？50 个人中仅五六个人而已。即便这五六个人今天的听写练习全对也保不准今后的练习不出错，因为练习里面难免会有生词出现，考卷中绞尽脑汁设的各类规则使他们对一些生词很难仅凭发音就能正确地拼写出来。

然而，一种风气，一种荒唐的风气，但在我们中间如此盛行，甚至对那些很有见识的人都施展着魔力，那就是以字取人的风气。是的，拼写法，这个违反常规的书写艺术，在众多人眼里，是神圣的科学，不可或缺的科学，教育的最高目标。即便是一个傻瓜在学校呆上10年，经过反复的听写练习，被罚做额外的作业，也能学会 philosophie① 是以 ph 开头，théologie② 是以 th 开头，成了有知识的人，而真正高尚的、思想境界宽广的人只经历实践生活的艰苦课堂磨炼，对书写的陷阱一无所知，当他把 orthographe③ 一词中的 tho 写成 to，肯定会成为那些知道把字母 h 放在什么位置上的笨蛋们的笑柄。

先生们，你们作何感想？你们觉得这很好，我们的教育是一流的，我们的偏见是偏见中的经典吗？我们知道学究会说："这是习惯用法。能拿习惯如何？"我们要借用你们可能都听说过的表音拼字大师亚历山大·埃尔当的论述来回答："这不是神圣不可侵犯的习惯。这个习惯不容忍受，后患无穷，容忍的做法是愚蠢的，因为肩负语言进步使命的人，即作家们都因循守旧，死气沉沉，毫无价值……谁能带我们从这些简单事物的错综复杂中走出来，摆脱那些晦涩谬误理论的追随者，谁将使理性的太阳光芒四射！"

设想一下，能不能找到一种简便的文字，让七岁的儿童用一周的时间就能准确无误地学会所有词的读和写，以取代我们晦涩难懂、无固定规律、要耗费一生的时间才能深入掌握好的语言呢？把青少年从我们拼

---

① 法语名词，意为"哲学"。——译者注
② 法语名词，意为"神学"。——译者注
③ 法语名词，意为"拼写"。——译者注

写文字的混乱中解脱出来，呈献给他们一种如此实用简明的文字是不是对他们的最大造福呢？把这种文字体系引进学校会不会促进教育界的改革呢？勤于思考的人士对这种改革有所期待。最好把今天向孩子们灌输俗套形式、无用记号、词汇规则所用的宝贵时间用来教他们一些实用的东西，如所有科学之本的自然科学、人体构造、动物构造、植物和材料结构、自然规律、物理、化学、天文、地理，以代替繁复的拼写课程。小学生们的肤浅学问和他们那点儿词汇和分词方面的知识将更多地被实用严肃科学以及事物常识知识所代替。

孩子的父亲是一名工人，听听他与走出小学校门的儿子之间当下的对话：

"儿子，你已经上了六年学了，能告诉我呼入我们肺部的气体的作用吗？"

"我不知道，学校里没教过。"孩子回答道。

"那么，能说出人眼睛或耳朵的构造吗？"

"不知道。"

"你知道我们的山是什么石头组成的吗？"

"不知道。"

"能跟我解释月亮的周期运动吗？"

"不能。"

"你知道什么是1789年原则吗？知道铁路发明人的姓名吗？知道美国战争的起因吗？"

"不知道。"

"那你到底知道什么呢？"

"我知道 bijou（首饰）、caillou（石块）、chou（白菜）、genou（膝盖）、hibou（猫头鹰）、joujou（玩具）、pou（虱子）这些词的复数形式是在词尾加字母 x。我知道 tout（所有的）、quelque（某些的）和

même（同样的）的规则。我懂得过去分词的性数配合。我知道……"

"得得得，孩子，如果你只知道这些，等于你什么都不知道。"父亲总结说。父亲说得没错。

表音拼字改革是找到一种方法来消除这种状况，让所有人掌握阅读和书写，取消扼杀儿童智慧的语法和拼写中一无是处的内容，打开实证科学、自然科学和实用科学的大门，让它们成为自由人民中的教育根基。

三

但愿那些对文字改革的必要性和合理性尚无思想准备的人能够被我们打动。如果仍然与那些轻浮的怀疑分子以及无知的对手们在表音拼字这个问题上提出的狡辩纠缠下去，就是浪费时间和滥用诸位的耐心。然而，我们还是要对两种主要反对意见，拼写陈规的两匹战马进行驳斥，以免被误认为说我们不知道如何应对而默不做声。

其中一个不同意见是：如果单词根据发音拼写，那同音词，即同音异义的词如何区分？比如怎样分辨这些发音相同的词：单人称 il parle（他说话）和多人称 ils parlent（他们说话），形容词 haut（高）和名词 eau（水），孩子的 mère（母亲）和城市的 maire（市长），孩子的 père（父亲）和 paire（一对）靴子，等等。轮到我们要问，在对话中，怎么样才能分清两个意思不同而发音一模一样的词呢？

得到的回答是，根据上下文的内容就能分清各自的意思。那么好啦，既然口语中的同音词都能分清，那么文字中的同音词也同样可以分清，甚至理解起来更容易一些，因为阅读有时间思考。况且目前已经有不少一词同音多义的字，如一词双义的 page（页码，侍从），nue（天空，云彩），fin（结束，细的、薄的），or（黄金，然而，却），一词三义的 son（他/她的，声音，糠）等都不会妨碍我们准确理解。

另一个最大的不同意见是词源问题。有人说，如果把 philosophie（哲学）、chronique（记事）、style（风格）、rythme（节奏）等词不按现在的拼法写而完全根据发音写出来，就没人知道这些词源自希腊语，它们的起源和来源慢慢就会被遗忘。我们对这个疑问的回答是：（1）懂得希腊语的人不需要借助法语的拼写证明其词源，不懂希腊语的人即便有法语拼写的帮忙也搞不清这些词的来源，因此取消那些所谓的词源符号字母并无大碍。（2）在法语的许多词中已经取消了类似的字母，也没见到谁表示异议。如 trône（王位）、sainte（圣女）、neveu（侄子）、écrit（文书）、devoir（义务、作业）等原来的写法是 throsne、saincte、nepveu、escript、debvoir。（3）意大利人和西班牙人就把词源性质的字母从他们的文字中剔除了，根本没有什么大不了。法语为什么就不能学一学南方语言的做法呢？

词源性质的字母如同中世纪的老建筑，人们有意把这些过去的建筑物留在城市里，因为它们不影响卫生，不妨碍交通，也不影响现代需求。可是一旦因公共健康需要，人们就会毫不留情地把它们拆除。过去不可以损害当今。当然我们很愿意保留 th、ph 和 th 的写法，如果它们是无害有益的。但是一旦关系到后代的未来，我们将毫不犹豫地牺牲这些词源遗迹，推倒破旧建筑，不管这些有多令人尊崇。

所有这些反对意见，包括我们未能提及的反对意见，洛桑的拉乌教授在他的经典著作《合理拼写或语音文字》一书中都有广泛的论述。我们建议希望对此问题深入研究的人不妨一读。

对那些惊恐地预感到他们统治的末日即将到来的语法学者们的哀嚎有什么好在意的吗？当这种性质的想法一旦是站得住脚的，难道还会放弃具有如此巨大意义的表音拼字改革吗？我们对问题的判断一定要比我们的对手更加高瞻远瞩。你们可以相信，我们同意语法家和拉丁文以及希腊文的学者提出的一些细节方面的不同见解是正确的，他们关于词源和同音异义的论点是有见地的，我们不会被吓退。我们将把所有不同意见，包括凡是你们所能想到的统统放在天平一端的盘上，把教育行业的有益革命放在天平另一端的盘上。教育改革主张把逻辑习惯作为初级教育的基础，简化阅读和书写以便惠及大众，极大地缩短实施教学的时间，报刊和图书的费用至少节省三分之一，以此增加和发展大众教育，提高人的素养，让民主提前几个世纪到来。

你们觉得天平该往哪边倾斜呢？

那些对陈规旧习和冷漠淡然在表音拼字改革的道路上所设置的重重障碍望而却步、唯唯诺诺的人，请你们认真回味一下伏尔泰这句带有实用精神的话："人们不要仅此而已。胸无大志难成大事。"

报告人：**詹姆斯·吉约姆**

下面是由来自布雷肯代表**沃尔顿**宣读的由大会通过的有关对该报告和报告讨论意见的决议：

"大会认为，世界语和文字拼写改革具有普遍意义，它将大大有利于各国人民的团结和各民族的友谊。"

第六议题

国家的定义及作用；公共服务，交通运输；集体利益和
个人利益；国家作为契约的裁决者和保护者；惩治权。

该议题由来自苏黎世的**克雷布泽**、来自罗讷省维勒弗朗什的**沙桑**、来自马赛的**瓦瑟**、来自拉绍德封的**诺伊布兰德**、来自洛桑的**法夫拉**和利

文塔尔组成的六人委员会负责。

报 告

由风俗习惯相近、能力相当、利益相同而团结在一起的公民构成的整体被称之为国家。

国家就是要达到一致性的公民集体。国家的这个称谓后来又被引申为代表公民集体。如此一来，国家是集中于一个机体中的社会力量。

这里我们不想对政府或国家的不同形式进行比较，我们强调的是，任何情况下一个公民要将其意志、自由和能力授予出去就得舍弃一部分自主权。我们认为，代表集体利益、公民的直接和自由的意见的国家不得拥有高于或优先于它作为代表该行使的权力。

我们的想法的准确的表达方式是，国家是社会的总管。国家因为既没有生命也没有自身的存在，对于一个民族而言只是一个符号，一个抽象概念而已，因此它没有特定的社会利益。

国家的作用。如果我们对国家的定义准确的话，那国家的作用只是限于接收其委托人的推动，执行他们的意愿，代表他们的利益，维护社会契约，将特别公约记录在案，其任务是保证公民权利得到遵守，任何情形下都不得自作主张或武断地阻碍公民行使其权利。

我们再强调一遍，国家根本不是一种权力，也不是一种力量，而是权力和社会力量的代表。

国家要接受其委托人直接和长期的监督，执行他们的意愿，这才是它存在的理由和应该起的作用。

各类社会的正常构成是以互惠的、不言而喻的或实质性的、所有公民都自愿接受的契约为基础的。

至今为止，社会契约几乎普遍是制约广大民众受制于某一个人或某一特权阶层的，谈不上互利，对国家也没有保障，由此便在政权与要求获得不可剥夺自主权利的民众之间出现了对立的危机。

我们尽一切努力争取建立正义的制度，主张一切契约都应该是互惠的，要求所有签约方相互承担义务，规定明确，内容和时间严格限定，对各方均有可操作性。当这种契约覆盖所有人群时就达到了完美程度，并且成为所有人都要遵守的总契约。这种契约获得社会的承认。国家是契约的守护者并负责契约的实施。

然而，除了此类契约确立的权利和总体利益外，公民要纠正和保障目前立约所造成的对立及相违的权力和特殊利益，人类的目标是促使这些权力和特殊利益变得越来越协调。

这些权利和利益在保留其特性的同时，不可以与建立在正义基础上的社会中的整体利益有冲突。

集体利益受社会契约的制约和保障，同样个体利益也要或应该受到个体契约的制约和保障，这些确立个人自由的行为应该是公开的，符合社会契约的。如果个人约定符合这些要求就有公共信誉和社会力量作保障，而国家作为社会力量的代表负责约定的执行。

惩治权。人的人格和利益要得到同类的尊重，于是自由契约的目的是规定每个人的权利。

因此，只要人与人之间没有真正的和相互的承诺，正义没有一个不断接近目标的程序，而公民只凭意识行事，一切契约，不管是集体的还是个人的，都只是对人类自由的践踏，对自主决断的否定。

报告人：**瓦瑟**

大会听取了该委员会的报告并根据对该议题的讨论内容通过以下决议：

"1. 国家无非就是，而且也只应该是公民经过投票所通过的或认可的法律的严格执行者；

2. 各国人民都应努力争取促使国家成为交通和运输工具的所有者，以便将来消灭那些既侵犯人类尊严又扼杀个人自由的大企业的强力垄断，因为它们都在迫使工人阶级服从它们任意指定的法律。通过上述途径，公共利益和个人利益将能同时得到满足；

3. 我们要求每个有罪的人都应该由通过普选任命的公民们审判，责成公民审判员深入了解罪犯，认真地调查使人走上犯罪道路或出现过错的主要原因；

我们同时要求，任何罪犯都必须在本国境内审判，正如前面所说，这样做有利于找到人们违反自己职责的主要原因；因为犯罪的唯一根源往往是整个社会。由于缺乏教育，就使人陷于贫穷，贫穷使人愚昧，愚昧使人犯罪，犯罪就要坐牢，坐牢就会堕落，这比死还不如。"

第七议题

缺乏政治自由是否会阻碍工人的社会解放，是不是社会动荡（失业）的主要原因之一？要用什么手段才可以加速政治自由的取得？是否通过要求取得一切劳动者不受限制的集会权和新闻的不受限制的自由？

该议题由来自日内瓦的**佩龙**、来自巴黎的**皮奥莱**、来自巴黎的**雷蒙**、来自波尔多的**韦齐诺**和来自日内瓦的**特雷布**组成的五人委员会负责。

报 告

提交给我们①委员会探讨的第一个问题是：缺乏政治自由是否会阻碍工人的社会解放，是不是社会动荡（失业）的主要原因之一？

我们的答复是：是的。缺乏政治自由阻碍工人的社会解放，是社会动荡的主要原因之一，工人们深受其害。

大会上所作的多份报告充分表明，甘愿生活在失去政治自由的环境中的劳动者必定陷入严重危害他们切身利益的恶性循环之中，他们要设法摆脱这种环境。

同时，这些报告也证实，对于那些失去主观能动性的自由公民，在一切集会、言论和书面表达的不受时效制约的权利受到限制的地方，国际工人协会的行动是很难推进的，其效果微乎其微。而国际协会在人们享有充分自由的国家里的工作则卓有成效。

因此，在劳动者的政治自由无法得到保证的情况下，国际协会若想完成其光荣使命，扩大影响，覆盖整个欧洲，成为肩负改变世界社会状况使命的强大有力的工人联合会几乎是不可能的。

为此，本委员会向大会建议由全体代表会议做出如下声明：
"鉴于：
缺乏政治自由对人民的社会教育和无产者的解放构成障碍。
1867年9月在洛桑举行的国际工人代表大会声明：
1. 工人的社会解放同他们的政治解放是不可分割的。
2. 取得政治自由是首要的和绝对必要的事情。"
关于我们委员会负责研究的第二个问题，本委员会的意见是，工人

---

① 原文是你们（votre），实际应该是"我们"（notre）。——译者注

们通过个人的力量提出无限制的新闻和集会权利的要求或许是加快实现政治自由的手段。本委员会看到，考虑到欧洲可能发生的情况，应该采取一些实际的措施尽快实现劳动者的意愿，但是考虑到一些专制国家的情况，本委员会只能提出下列办法：

向欧洲所有工人宣传本届代表大会关于第一个问题发表的声明。

每年郑重重申这个声明。

本委员会同时还认为，政治和社会解放精神的宣传对工人的新生十分必要，因此大会应该推动这项宣传工作。

委员会因此向代表大会提议通过以下决议：

"将这个主张正式通知国际工人协会的全体成员和和平代表大会的参加者，并请他们全力支持把1789年的不可剥夺的权利赋予全体人民。"

报告人：沙·佩龙

该委员会报告所附的决议内容在未经讨论的情况下获得大会通过。

第八议题

在洛桑举行代表大会的工人致日内瓦和平大会的集体贺词

该议题由来自伦敦的**杜邦**、来自科隆和索林根的**克莱因**、来自苏黎世的**毕尔克利**、来自穆尔滕的**黑弗纳尔**和来自索恩河畔讷维尔的**吕博**组成的五人委员会负责。报告人对该议题只是进行口头论述，没有任何文稿参考，我们这里只能提供该委员会起草的致和平大会贺词的草稿。

"鉴于：

战争首当其冲影响的是工人阶级，战争不但剥夺了工人阶级的生存手段，而且逼着工人去流血；

武装的和平使生产力陷于瘫痪，迫使劳动去生产无益的东西，并置生产于战争的威胁之下；

和平是普遍繁荣的基本条件，但它必须在一种新的制度下才能得到巩固，这种新制度使社会不再划分为两个阶级——其中一个阶级剥削另一个阶级；

在洛桑举行的国际工人协会代表大会代决定：

完全和彻底地支持行将于9月9日在日内瓦举行的和平代表大会，全力支持和参与大会为取消常备军和维护和平所做的一切努力，以便最快地解放工人阶级和使工人阶级摆脱资本的统治和影响，并且组成全欧洲自由国家联盟。"

以上贺词草稿连同来自巴黎的**托伦**提议补充的以下内容一道获得通过。

"鉴于战争是贫困和经济失衡的首要和主要原因，

要消灭战争，仅仅解散军队是不够的，还必须以生产公平分配为导向调整社会组织。

工人代表大会出席和平代表大会与否取决于后者对上述声明是否认同。"

第九即最后一个议题

总委员会办公所在地和下届代表大会举办地的讨论

对该问题的讨论未设专门委员会，也没有报告。大会在第九次会议上重新把伦敦确定为总委员会办公所在地，明确了连任委员们的最新职责，经短暂讨论后决定国际工人协会下一届代表大会的举办地为布鲁塞尔。

马克思、恩格斯关于第一国际洛桑代表大会的通信

马克思致恩格斯
（1867年8月31日）

1867年8月31日 ［于伦敦］

……这里去参加（国际）洛桑代表大会的是埃卡留斯、列斯纳、杜邦。此外，还有考文垂的织带工人协会主席①和阿·华尔顿先生（威尔士的）。埃卡留斯在询问《泰晤士报》之后，已接到该报关于代表大会通讯的稿约……

（参见《马克思恩格斯全集》中文第1版第31卷第339页）

---

① 丹尼尔·斯旺。——编者注

马克思致恩格斯

（1867年9月4日）

1867年9月4日〔于伦敦〕

……你知道，我在总委员会里发言反对与和平空谈家为伍。我的发言历时约半小时。担任书记兼记录员的埃卡留斯给《**蜂房**》写了一篇报道，它只刊登了我的发言中的几句话。《**信使报**》转载时又把关于军队面向俄国的必要性和关于这些家伙的怯懦性的话删去了。但是这件事毕竟引起了纷纷议论。和平代表大会组织者当中的蠢驴们（他们在伦敦的代表是科勒维尔先生）完全**改变**了自己原来的纲领，并在新的、民主得多的纲领中甚至添上了"经济利益和自由相结合"的话，这句含糊不清的话也可以表示一般的**贸易自由**。他们给我寄来了一封封的信，甚至厚颜无耻地给我寄来现在附上的载有新纲领的废纸。无耻之处在于，他们在提到我时称我为"日内瓦……代表大会的参加者"。正如你就会看到的，他们在巴黎的最积极的拥护者《**信使报**》在脱离他们。由于我在大约两个星期前给韦莫雷耳（我不认识他）写了一封私人信[①]，这家《**信使报**》就改变了对俄国的政策。

主要的是，组织和平代表大会的大人先生们——维克多·雨果、加里波第、路易·勃朗等等过去非常藐视我们的国际协会。现在我已经迫使他们承认我们是一种力量。

（参见《马克思恩格斯全集》中文第1版第31卷第343—344页）

[①] 参见《马克思恩格斯全集》中文第1版第31卷第556—557页。——编者注

马克思致恩格斯

（1867年9月11日）

1867年9月11日〔于伦敦〕

亲爱的弗雷德：

……

在下次的布鲁塞尔代表大会上我将亲自置这些蒲鲁东派的蠢驴们于死地。在我的书没有出版和我们的协会没有扎下根以前，我用外交方式进行这整个事情，而不愿**亲自**出面。此外，我将要在总委员会的正式报告中（尽管巴黎的空谈家用尽了全部力量，他们也没有能够阻止我们再次当选）给他们以严厉的斥责。

在这期间我们的协会有了很大的成就。本来想完全不理睬我们的那个卑鄙的《**星报**》，在社论中说我们比和平代表大会更重要。舒尔采－德里奇阻止不住他在柏林的**工人联合会**加入我们的组织。英国工联主义者中曾经认为我们走得太"远"的那些猪猡，现在也向我们跑来了。除了《**法兰西信使报**》，还有日拉丹办的《**自由**》，以及《**世纪报**》、《**时尚报**》、《**法兰西报**》等，都报道了我们大会的情况。事情在向前发展着。在下一次革命到来时——它也许会比表面看起来到来得更快些——**我们**（也就是你和我）就将把这个强大的机器掌握在**我们手里**。请把这一点同马志尼等人三十年来的活动的结果比较一下吧！而且我们没有经费！此外，在巴黎有蒲鲁东主义者的阴谋，在意大利有马志尼的阴谋，在伦敦有怀着嫉妒心的奥哲尔、克里默和波特尔的阴谋，在德国有舒尔采－德里奇和拉萨尔分子！我们可以十分满意了！……

（参见《马克思恩格斯全集》中文第1版第31卷第347—348页）

恩格斯致马克思

(1867年9月11日)

1867年9月11日于曼彻斯特

亲爱的摩尔：

看来，这一次法国人真的把代表大会引到自己方面去了，蒲鲁东主义的决议数目毕竟太多。好在下次代表大会将在比利时召开，在那时以前也许在北德意志还可以做些事情，那时，就会在英国人的帮助下阻挡这种潮流。但是一般说来，在中央委员会还留在伦敦的时候，这些决议终究是没有意义的。看来我们亲爱的菲力浦·贝克尔又犯了一些他固有的错误，老鼓动家的这些错误必须原谅①，因为当时没有领导在场。

至于埃卡留斯在《泰晤士报》上写了报道②，这件事必须暂时保守秘密。报纸对这些报道的"校订"会严重地伤害他。下次他再给这个报纸写东西时，必须更多地考虑：担任编辑工作的资产者会在怎样的程度上利用

---

① 指约·菲·贝克尔和国际日内瓦支部其他成员对和平和自由同盟的错误立场。1867年7月9日日内瓦国际会员全体会议决议，同意和平和自由同盟的资产阶级和平主义纲领，并且表示完全信任它的组织者；日内瓦支部的某些成员，其中包括约·菲·贝克尔和弗·杜普莱克斯，加入了同盟的组织委员会。——编者注

② 指1867年9月6日在《泰晤士报》第25909号上发表的埃卡留斯关于第一国际洛桑代表大会的一组文章中的第一篇。这一组文章的其余几篇分别发表在1867年9月9、10日和11日《泰晤士报》第25911、25912号和25913号上。埃卡留斯的这些文章对法国蒲鲁东派代表的观点上的混乱和他们的啰嗦作了讽刺性的批评。——编者注

他的幽默,使整个大会,而不只是使几只癞蛤蟆①处于可笑的境地。
……

(参见《马克思恩格斯全集》中文第 1 版第 31 卷第 349 页)

马克思致恩格斯

(1867 年 9 月 12 日)

1867 年 9 月 12 日 [于伦敦]

亲爱的弗雷德:
……

关于埃卡留斯的事②,我完全同意你的意见。一个工人,特别是像埃卡留斯这样议论枯燥的人,是缺乏外交手腕的。他给《泰晤士报》写稿,好像是给《新莱茵报评论》③写稿一样。但是这没有关系。伦敦这里有人说:"国际工人协会一定很强大,因为《泰晤士报》都登载了关于它的活动的报道。"埃卡留斯的嘲笑被当做《泰晤士报》的嘲笑④。

卑鄙的**瑞士法语区人**有很多代表,他们给巴黎的法国空谈家提供了自由活动的机会。老贝克尔做的蠢事最多。⑤ 首先他推翻了我们的纲领

---

① 癞蛤蟆(crapaud 原意是"池塘里的癞蛤蟆")是坐在国民公会会议大厅的最低的地方并经常投票拥护政府的一些法国国民公会成员的讽刺性绰号。马克思和恩格斯在他们的信中常常把这个用语作为"庸人"的意思来称呼法国的小市民和市侩、在伦敦的法国小资产阶级流亡者的代表以及法国的蒲鲁东派。——编者注
② 参见恩格斯致马克思(1867 年 9 月 11 日),本卷第 290 页。——编者注
③ 《新莱茵报。政治经济评论》。——编者注
④ 见上页注释②。——编者注
⑤ 见上页注释①——编者注

规定的议事日程，突然提出了**自己关于自由的建议**。因此巴黎人有机会肆无忌惮地进行活动。

但是这一切都无关紧要。重要的是召开了代表大会，而不是会上发生了什么事情。在我们的总报告中，巴黎的聪明人将受到足够的嘲笑。他们十分伤心的是，通过了这样的决议：**谁不交费**（巴黎人没有交过分文），将来就不能派代表。应该努力做到，下次有二十个英国人和三十个德国人到布鲁塞尔去。至于比利时人自己，他们每五百人只能派一个代表，所以人数不会太多。此外，他们宁可说是反对巴黎人的。

注意：最糟糕的是，我们在巴黎没有人能够同敌视蒲鲁东派的工人支部（他们构成多数！）建立联系。如果杜邦能在巴黎呆几个星期，那就一切都会很顺利，但是警察对他进行严密的监视。

(参见《马克思恩格斯全集》中文第1版第31卷第352—353页)

恩格斯致马克思

（1867年9月12日）

1867年9月12日于曼彻斯特

……这里的报刊对国际也比以前尊重了。**所有**这里的报纸都部分地刊载了讨论情况[1]，《观察家时报》[2]则发表了一篇表示庸人善意的社论……

(参见《马克思恩格斯全集》中文第1版第31卷第354—355页)

---

① 指洛桑代表大会上的讨论。——编者注
② 《曼彻斯特每日观察家时报》。——编者注

附　录

第一国际圣马丁堂成立大会

（1864 年 9 月 28 日于伦敦）

圣马丁堂成立大会的筹备

法国工人拜访他们的英国兄弟

致《蜂房报》编辑

阁下：

　　在我们似乎被笼罩在一种自取灭亡的极端的冷漠情绪之中时，我们的法国工人正在盼望即将召开的大会。他们选出了他们的代表，这些代表正有些焦急地期待，能够带着他们给英国工人的致辞和他们在欧洲人民之间建立友谊和团结的永恒联盟的计划，到伦敦开会。在英国工人致他们的信中这样写道："我们因有机会接待热爱自由的法国人民的代表而骄傲，他们前来发起搁置已久的建立各国人民之间的牢固友谊的事业。"我认为，人们现在比其他任何时候都更需要互相帮助。由于他们的冷漠，欧洲的皇帝、国王以及其他暴君们都在以自己的方式把我们向后拖回中世纪。让公众的良知骤然唤醒；让英国有头脑的人们纷纷前来集会，热情欢迎这些带着兄弟情义来拜访他们、与他们建立永恒联盟的法国工人，这将带来最美好的成果。

勒吕贝

（《蜂房报》第150号，1864年8月27日）

法国工人与英国工人

我们获悉本月 28 日将举行一次公开大会,以欢迎一个由法国巴黎工人选出的代表团。该代表团的目的是给一段时间以前以英国工人的名义发出的一封信作出答复,并提出一个旨在团结欧洲人民的计划。一些受人尊敬的流亡者和人民之友已经受到邀请,希望这项光荣的任务得到我们英国人热诚和不懈的支持,这将使人民的联合成为现实。因为,用加里波第的话说,在法国人和英国人相互理解并团结起来之时,未来的大问题就会获得解决。傍晚的会议将伴有精心准备的演唱和合奏。

(《蜂房报》第 151 号,1864 年 9 月 3 日)

《蜂房报》刊登的会议通知

> "在法国人和英国人相互理解并团结起来之时，未来的大问题就会获得解决。"
>
> ——朱·加里波第
>
> 1864年9月28日星期三傍晚将于
> 朗—爱克街圣马丁堂举行
>
> **公开大会**
>
> 届时
> 由法国工人委派的
> **代表团**
> 将发表他们对其英国兄弟们的来信的答复
> 并为各国人民之间更好地相互理解
> 提出一份计划
>
> 大会伴有演唱等。
> 请于8点准时就座。

（《蜂房报》第153号，1864年9月17日；第154号，1864年9月24日）

法国工人

致《蜂房报》编辑

阁下：

请允许我通过你们的栏目恳请我的伦敦工人同仁们携起手来，参加将于下周三在圣马丁堂举行的欢迎大会，热情迎接我们法国兄弟组成的代表团，这个令人期待的会议将非常有意思。

你真诚的

约翰·韦斯顿

[1864年] 9月21日

(《蜂房报》第154号，1864年9月24日)

埃卡留斯致马克思

(1864年9月26日)

1864年9月26日
于南邮区沃尔沃思
威斯特摩兰路波特兰广场1号

亲爱的马克思：

我正处于两难之中——我应该在一个公开大会上就一个不知其内

容、不懂其语言的方案发表讲话。昨天晚上（11点钟之后），奥哲尔只是告诉我这个纲领有关新闻出版，有关举行一次代表大会，有关信贷银行和外出时的互助，等等。或许这些法国人正在你家中，你知道这个纲领的内容，请告诉我在哪里和怎样获得些提示。如果我直到明天傍晚在大会上听到它被宣读之前仍一无所知，我肯定对此无甚可谈。

我有很多事要做，否则我会亲自来拜访你。

问好。

你的
约·格·埃卡留斯

（原件存于莫斯科马克思恩格斯列宁研究院档案馆）

圣马丁堂大会会议安排

1. 德国工人合唱团演唱开幕曲，歌曲名：**工场**。
2. 主席致开幕词。
3. 奥哲尔先生宣读英国工人致法国工人书（并宣布委员会①解散［此句被删除］）。

勒吕贝②先生宣读法国工人的复信。

歌曲：**人的社会友爱**。

法国代表团托伦、利穆赞和佩拉雄发言。

勒福尔的致辞，由勒吕贝先生宣读。

---

① 指起草"英国工人致法国工人书"的英国工人委员会。——编者注
② 后来为托伦宣读。——编者注

德国工人合唱团演唱歌曲。

决议：［惠勒］先生提议。

德尔先生附议。

德国工人埃卡留斯先生支持。

任命委员会。

提议对主席表示感谢；韦斯顿先生提议，惠特洛克先生附议。

（麦·内特劳：《论国际前史》，载爱德华·伯恩施坦主编：《社会主义文献》第 5 卷第 328 页。）

克里默致马克思

（1864 年 9 月 28 日）

1864 年 9 月 28 日
于大蒂奇费尔德街 31 号

阁下：

随函奉上大会组织委员会邀请一份。如蒙光临，不胜荣幸。出示本通知即可进入委员室，全体委员将于晚上 7 点半在此相见。

深深尊敬您的

威·兰·克里默

致马克思博士

（原件存于莫斯科马克思恩格斯列宁研究院档案馆）

圣马丁堂成立大会记录

1864年9月28日圣马丁堂国际大会报道①

这次会议于上周三傍晚在圣马丁堂举行，参加者大多为工人，他们几乎全都是投身当今各种进步运动的知名人士。许多德国、法国、意大利和波兰工人也出席了会议。法国代表团的成员为：托伦先生，金属雕刻工及上次巴黎大选工人候选人；利穆赞先生，编织工人；佩拉雄先生，青铜工人；以及翻译勒吕贝先生。

经巴特勒先生提议，比斯利教授被委任为主席。

受到热烈鼓掌欢迎的主席在宣布大会开始时指出，本次大会缘起于去年巴黎工人派出一个代表团参加4月②在圣詹姆斯堂举行的波兰大会。

---

① 这是我们目前可以找到的关于第一国际成立大会的最详细的报道，它载于1864年10月1日出版的《蜂房报》。在报道开头，《蜂房报》编辑作了如下介绍：

"回想几个月之前，一个英国工人的委员会起草并向巴黎工人寄出了一份非常精彩的有关各国人民，特别是工人阶级的团结的必要性的呼吁书，巴黎工人决定对他们的呼吁书作出答复，并委派一个代表团把回信带到伦敦。伦敦的委员会接到通知后，决定举行一次群众大会，在他们的法国兄弟代表团抵达伦敦时接待和欢迎他们。"

② 原文有误，这次大会于6月召开。为请求英国政府支持波兰人民发动的起义，在英国工联领导人的提议下，一个大型的工人集会于1863年4月28日

这次会议后成立了一个英国工人委员会，它起草并向他们的巴黎兄弟们

（续前注）　在伦敦圣詹姆斯堂举行。会议在其作出的决议中谴责了沙皇俄国的行径，并选出了一个代表团，该代表团拜见了外相并提交了英国工人的要求。

由于沙皇俄国对波兰起义的镇压，英国工人于1863年6月22日举行了第二次大会，巴黎工人波兰委员会的工人代表团出席了这次会议。这个代表团的成员为：托伦、佩拉雄、比巴尔、科阿东和缪拉。在这次大会上发言的有奥哲尔、克里默、托伦、斯坦斯比等人。1863年7月25日出版的《蜂房报》发表了有关这次大会的报道。

奥哲尔在这次大会上发言说：

"他作为坚定、操劳和紧密地团结起来的英国工人的一名代表站在他们面前。英国工人认为，当一个强权违背宪法时，它应该服从这个国家的最高法律。如果我们的政府不干预这件事，我们国家的工人就应该号召大家积极干预这个问题，并告诉大家，如果他们不这样做，就会失去对这个民族的信心。（请听，请听。）我们国家的工人渴望与法国工人一道给波兰以最诚挚的支持……

英国、法国、意大利、土耳其、切尔卡西亚、瑞典，所有国家都同样迫切地希望支援波兰。如果大家都准备伸出援手，那么，为什么它们没有与我们一道行动呢？为什么它们受到了耽搁？是什么阻碍了它们？只有那种卑鄙而陈腐的秘密外交，这种外交过去阻挡了它们，未来也将如此，除非大家发出雷鸣般的呼喊，要求英国政府忠诚于英国的品质。"（欢呼声）

威·克里默先生（细木工）提出第二项决议：

"除非以立即停止正在进行的敌对行动和俄罗斯军队撤出波兰的一切领土为基础，大会谴责与俄罗斯进行的任何有关波兰问题的谈判；大会确信，如果为实现这些目标有必要采取武装干涉，英国人民将乐于承担这种干涉可能使他们遭受的牺牲。"

这项决议完全道出了他自己的心声，他相信这也是大多数英国人的心声。

"这是一项有力的决议，但与当前形势的要求相比，它一点都不够有力。（请听）伦敦人民最近在这个大厅集会谴责美国奴隶主的反叛（欢呼声），但他们现在举行集会，鼓掌欢迎和掀起一场反叛，但这不是为了使奴隶制继续下去，而是为了促进自由和人类的利益。（欢呼声）……

寄出了一封充满友爱的呼吁书，这一步骤的结果是法国工人派遣一个代表团带着对呼吁书的回信来到这里。接待这个代表团并聆听他们的答复是这次大会的目标。（欢呼声）他由衷希望这次会议的结果将使英国和其他所有国家的工人之间产生一种合作和友爱的情感。（请听！）然后，

（续前注）　当前的这次起义是史上最正义的一次起义。俄国国内现在对其政府十分不满；什么事情都得不到解决；尽管受到万般阻挠，自由的思想仍在传扬。俄国被其内部的纷争削弱了，'俄国的虚弱是波兰的希望'，这句话完全正确。波兰确实有理由在现在努力争取自由……站在工人阶级一边，他（克里默）拒绝那种认为我们只有以条约为依据进行干预才是正当的做法的教条。"

托伦以巴黎工人的名义发言，他说他和他的同仁受到巴黎工人的委托来传达他们对英国兄弟的深深的敬意和情义，并敦请他们为不幸的波兰的事业联合行动。

接着，他描绘了波兰当前进行的令人恐怖的搏斗的生动画面——仍然在斗争、伤痕累累、血流不止，但永远不屈不挠。（热烈的欢呼声）为了文明，必须制止俄国的侵略。整个欧洲应该一致伸出援手，以全世界人的名义一道发出响彻云霄的呼喊"波兰万岁！"

这次大会翌日，1863年6月23日，费西领导的工联伦敦理事会在老贝利街贝尔旅馆组织招待会，接待参加圣詹姆斯堂会议的法国工人代表团成员。奥哲尔以工联理事会的名义欢迎法国代表团。他表达了这样的希望——"各国工人相互了解的那一天即将来临，这样，自由和富足将取代战争和奴役。"除了奥哲尔，茹尔丹、波特尔、克里默、戈达德、沃拉吉以及德国工人韦伯也致辞欢迎。一个波兰工人代表团也出席了这次会议。会议作出决定，选举一个委员会起草一封以英国工人的名义致法国工人的呼吁书。（《蜂房报》第93号，1863年7月25日）

在费西的领导下，1863年11月12日，工人和工联领导人在贝尔旅店再一次举行公开大会。在这次会议上，奥哲尔代表委员会宣读了起草的呼吁书的内容。大会一致通过了呼吁书草案，并决定将呼吁书寄给法国工人阶级。

他用了一些时间论述法国和英国结成紧密同盟的必要性，这是争取和维护世界自由的需要。他谴责各国政府侵害国际权利的种种不义行为，并指出英国政府即使不比大陆国家恶劣，也和它们同样恶劣。英国非法占领了西班牙的直布罗陀，它在中国、日本、印度以及其他地方的所作所为是怯懦的和毫无原则的。（请听！）他敦请与会人士摈弃这些常常受爱国主义的外衣掩盖的自私的情感，只坚持他们的良心告诉他们正确和正义的那些原则。接着，他对比了英国人和法国人致力于争取劳工权利的不同模式，在热烈的喝彩中结束了极其精炼的演讲。

随后，义务为大会服务的德国工人合唱团以悠扬的歌声演唱了两首爱国歌曲。

乔·奥哲尔先生接着宣读了英国委员会致巴黎工人的呼吁书，人们对之报以热烈的欢呼。

英国工人致法国工人

法国兄弟们！

当我们举行盛大集会来对那些多年来给善良而不幸的波兰人民带来灾难并使他们蒙受奇耻大辱的罪犯表示我们的愤怒的时候，你们的访问使我们十分高兴。这使我们充满希望，使我们看到欧洲受欺凌、受鄙视的民族前途充满了更加灿烂和幸福的曙光。

这次访问除了为波兰的事业外，不可能有更好的理由和更为崇高的目的。波兰事业由于人民的自我牺牲精神、由于他们的坚贞忠诚和大无畏的英雄主义而为人所尊敬。波兰人民在争取自由的正义斗争中博得了基督教世界一切明智和善良的人士——不论他们属于上层还是下层——的同情和钦佩。

我们因有机会接待热爱自由的法国人民的代表而骄傲，他们前来发起搁置已久的建立各国人民之间的牢固友谊的事业。任何人都不可能像秉性豪爽、热情奔放的法国人那样抱着偌大的成功希望来投入这一事业。你们在工业方面的本领，你们在艺术、科学和文学方面的才干，你们对自然和艺术中一切美好东西的热爱，使你们在世界舆论中占有很高的地位。如果你们采取一些措施把那些以自己劳动建立整个生活的人们联合起来，以使他们那种争取自由的共同努力抵抗住那些毒害人民意志的人的影响，那你们的地位就会更高了。因为这些毒害人民意志的人作出他们永远也不打算履行的诺言，因为他们赞赏那些使弱小国家受奴役和强国任意宰割的条约。

那些王公大臣们有自己的会议和盛典，其场面之豪华，为举世所叹为观止。他们喜欢任意挥霍，笼络富豪；同时给辛勤劳动的贫困大众不断增加负担，使他们呻吟于重重压迫之下。在这些会议上，已经得逞的种种罪行获得批准，丧尽天良的部长们则使这种罪行合法并大加颂扬。但是那些才能优异、思想纯洁、对贪婪傲慢等罪行毫不妥协的英雄，那些拥护人民自由和群众权利的好汉，如果没有遭到牺牲，也必身陷桎梏，或者连同他们的家人一起被无情地驱逐出境，到外国去寻找祖国拒绝给予的保护和安宁。这种状况实在有负我们先辈的功业，是我们时代的耻辱。因此我们警告所有目睹这种罪恶而不采取力所能及的适当措施来加以阻止的人；我们宣告，他们藐视这一任务，就要对罪恶负连带责任，而且迟早要吃到这种可鄙的漠不关心的态度的苦头。

我们号召你们共同建立各国人民的兄弟团结，以消灭现在这种滥用权力的现象。让我们来召开一个有法国、意大利、德国、波兰、英国和所有愿意为造福人类而共同努力的国家的代表参加的会议。让我们来召开自己的代表大会，让我们来讨论关系到各国人民和平的重大问题，让我们用我们的理性和道义的力量来抵制所谓老爷们的利诱和威胁。我们坚信，暴君们的力量将被削弱，那些玷污人类的崇高使命、滥用赋予他们的信任并把人类天才的高尚努力摧残殆尽的恶棍，必将默默无闻地死去。这将为有理智的、诚实的人们铺平道路，使他们能够不是为一小撮人的特权而是为群众的权利奋勇前进。

为了工人的事业，各国人民必须团结一致。因为每当我们想通过缩短工作日和提高工资来改善我们的社会状况的时候，我们的老板总是威胁我们说，他们要写信招聘法国人、德国人、比利时人以及其他国家的人，以更低的工资雇用他们来代替我们工作；十分沉痛的是，我们必须说，这种事情的确发生过。不过，这不是由于我们大陆上的兄弟们有什么伤害我们的想法，而是由于各国劳动阶级之间缺少固定的、经常的联系。可以预期，这种联系将会迅速实现，因为我们的原则是尽可能把较低的工资同较高的工资拉平，使老板们不可能利用我们当中的一些人来反对另一些人，从而使他们不可能按照他们的生意经来尽量压低我们的生活水平。

这是各国人民的任务。我们先辈的些许自由是他们在斗争中取得的。经验一次又一次地告诉我们，我们越是相信王公大臣，他们就越是可能出卖我们和鄙视我们。为了证明这一点，可以把有自己的领袖的意大利自由战士的英雄事业同那些背叛并陷害当代伟人的领袖——加里波第——的人的行为比较一下。这些人在从他的手中接过他所从事的出生入死的事业的成果之后，就把他出卖并陷害了，他们给他提供了说明政府的忘恩负义行为的血腥证据。其次，请你们想一想外国专制制度颠覆罗马共和国这个当时欧洲最廉洁的政府的事情吧，请你们再回忆一下对自由的瑞士政府的背信弃义的进攻和对墨西哥的粗暴干涉吧！干涉墨西哥，只是为了要推翻共和国，代之以敌视墨西哥人真正精神并完全同美洲人民的传统和感情背道而驰的政体——帝国。在这种罪恶行为中还有我们的统治者在中国进行的可耻的战争（最初同中国政府军作战，后来同暴动者作战）。这样，我们的立场就十分鲜明了，因为如果团结起来的人民现在不反对这些罪恶行径，这些罪恶行径将来必定成为斗争的根源。

因此，我们再次呼喊"团结友爱"。让我们同世界上一切需要和平、工业发展、自由和人类幸福的人们建立完全的谅解和信任吧！但愿从今以后那些用火与剑武装起来、强壮而有力的人们不再为了满足商人发财、部长升官和暴君侵略的欲望而进行屠杀和破坏，我们要使他们为祖国的昌盛、为扶助老弱和被遗弃者而生活下去。

我们奉告你们，我们第一次的共同努力将是为了波兰的自由。波兰事业的正义性要求人们这样做，条约的义务要求人们这样做，责任则为我们指出了道路。我们两国人民应该立即写好请愿书，阐明波兰人向交战对方提出的无可争辩的权利，在同一时间把请愿书递交给各自的政府，并下定决心不断为这个值得保卫的民族采取行动。为了制止秘密外交的阴谋（这是人民的灾难），我们必须这样做，否则，这种阴谋将重新玩弄罪恶的把戏，它把波兰最可贵的男儿引向死亡，把波兰纯洁的女儿交给粗暴的丘八去蹂躏，从而使整个国家再一次变成骇人听闻的屠场，这将是文明世界永远洗刷不掉的耻辱。

代表英国工人签署。

委员会主席：托马斯·格兰特·费西（油漆工）
名誉书记：威廉·克莱默（细木工）
　　　　　C. 戈达德（图书装订工）
　　　　　约翰·埃格林顿（木工）
　　　　　乔治·奥哲尔（制鞋工）

西邮区肯辛顿花园公园径2号

接着，受到热烈欢迎的法国代表托伦先生用法语宣读了法国工人的回信，回信随后由勒吕贝先生用英语宣读，受到人们大声喝彩。如下是这个讲话的译文：

法国工人致英国工人

兄弟们和朋友们：

是的，你们是正确的。这种能够使我们团结一致的思想感情，乃是各国人民当前解放事业前途更为光明的可靠标志。绝不容许戴着血淋淋的皇冠的国王们勾结起来，宰割那些被强者掠夺得一贫如洗的各国人民，瓜分那些被野蛮战争消耗得民穷财尽的各个国家。

波兰又一次披上了血迹斑斑的尸布；而我们就是这个悲惨景象的软弱无力的目击者。

一个民族在受压迫，所有其他民族的自由也就陷于危险。为了维护自己的尊严，每一个自由的和渴望自由的人，都应该援助自己被压迫的兄弟。

毫无疑问，我们还必须去克服许多困难，而且我们当中不少人会在流血战斗中牺牲。但这又算得上什么呢？像土地一样，自由和进步都需要肥料。让我们准备走上征途，愉快地迎接战斗。今后，人民必须在一切重大政治问题和社会问题上发出自己响亮的声音，从而使独裁者们明白他们的暴虐统治即将结束。

全世界渴望自由的工人们，该轮到我们召开自己的代表大会了。现在，认识到自己的力量、起来反对政治上的暴虐、经济上的垄断和特权的人民，正在走上舞台。

由于科学上的发明，工业从很久以前就已开始不间断地发展；生产日益增长；机器的使用促进了劳动分工，提高了劳动生产率，与此同时，受自由贸易学说的启示而流行起来的商约，到处为工业开辟新的市场。

工业进步、劳动分工、贸易自由，这都是我们现在必须注意的现象，因为它们将使社会的经济条件发生深刻的变化。在时势的推动下，资本正在集中和组织为强有力的财政和工业团体。如果我们不采取预防措施，那么，这种力量不久就会在全世界横行无阻。

至于那种向我们提出的"要储蓄呀！"的劝告，是一点也站不住脚的，我们无需仔细考察就可以看出来，未来的贵族要把最微薄的储蓄也抓到自己手里来经营。他们在一种慈善感和保护我们的要求的推动下，正在挖空心思，采取各式各样的阴谋诡计来夺取工人们对几个小钱的支配权，而不是去激励工人们的创造性，一旦这条黄金河流吸尽了我们的小额储蓄，我们就有变为金融大王的奴隶的危险。同时，分工将使每个工人都成为操纵在工业贵族手里的机器。

在这一巧妙而强大的组织面前，一切都屈服和退却了；什么都没有给人留下；人们感到自己的行动自由和独立在一天一天地减少。对于这个组织来说，在这个组织面前，个人的创造性被扼杀，或者为了它的利润而受到束缚。劳动是人类天经地义的事情，是社会财富的泉源，私有财产的法律基础。它应该是神圣而自由的。

不管现代的政治和社会经济学泰斗说得怎样天花乱坠，但是，我们肯定说，事实并不是这样。理论家们埋头于皇皇巨著，制定出一些牺牲我们的利益的原理。他们看来只是想从消费的观点来考察问题。根据供求法则，这些先生们把工人和工厂的产品看成一样的东西。一位著名的英国政治活动家不是说过吗：当两个老板争雇一个工人的时候，工资就会提高；当两个工人追求一个老板的时候，工资就会下降。①

---

① 这是厄尔·约翰·罗素的话。

当资本这个劳动的得力助手成为劳动的毫不放松的主宰或置工人于饥饿的境地时，这就叫劳务交换和交易自由。当工厂主陷入困境，降低工资以恢复他同他的竞争者之间被破坏的平衡时，这就叫做自由竞争。贸易自由的结果似乎不应该仅仅是战场的转移。如果我们在全面停战的日子里把带来复线的枪炮藏在我们武库的深处，而由于蒸汽和电力的发明，又需要用更可怕的武器来代替的话，我们究竟能得到什么呢？

贸易自由如果再加上劳动自由就不会使斗争永远存在下去，相反，却将使每个民族的天赋和才能得到发展，而最后使敌人变成竞赛者。

总之，由于缺乏职业教育，科学变成了资本的特权。由于劳动分工，工人变成了机械的工具，在工人之间缺乏团结的情况下，贸易自由将导致工业奴隶制，这是比我们祖先在法国革命的光荣日子里所消灭掉的农奴制对人类更为残酷、更为致命的制度。

我们所说的这些话，不是仇恨的嚎叫。不是的，这是清醒的呼声！我们——全世界的工人们——必须团结起来，筑成一座坚不可摧的堤坝，来抗拒把人类分成两个阶级——愚昧无知的平民和脑满肠肥的官吏——的害人制度。

让我们团结起来拯救自己！

勒昌贝先生接着说他将给大会提交法国工人方案的一个大纲。他们建议在伦敦建立一个中央委员会，委员会由各国工人组成，代表联合会。中央委员会任命设在欧洲各国首都的分会，分会与伦敦的中央委员会联系。中央委员会提出供讨论的问题，所有分委员会都对这些问题同时表达看法，他们讨论的结果送交中央委员会。

目前，他们无法制订出这类的联合会的管理章程，因为它们必须符合联合会所涉及的各个国家的法律规定。因此他们提议明年在比利时举行一次各国工人阶级的代表出席的工人代表大会，在大会上考虑并通过

有关联合会的规章和管理措施的实施的必要事宜。（请听，请听）

德国工人合唱团为大会演唱了另外几首歌曲。

勒吕贝先生随后宣读了昂利·勒福尔——法国工人运动的组织者①——撰写的论自由和平等的精彩的演说词，受到热烈欢迎。

勒福尔的演说词

公民们！

自由！这是由从法国来到英国的法国人大声说出，或者说用心说出的第一个词。我们不应该辜负这个词，由于你们的自由集会权，我们才能在这里向你们提议缔结神圣的平等同盟。

平等！这也是从英国来到法国的英国人大声说出的第一个词。但如果有人对这两个词进行深刻的分析，他就会痛苦地断定——请容许我不揣冒昧地告诉你们，你们英国人不是真正自由的，我们法国人不是真正平等的。

究竟什么是没有平等的自由？什么是没有自由的平等？

它是一个不完整的机体，不是人出于合理的愿望有权追求的那种完满的生活。不平等意味着一些人低于另一些人一等。面对——不是由于个人努力而使天赋的本领得到提高，而是由于制度的权力任意建立的原始的特权——高你一等的人，你能真正自由吗？在自由是少数人的特权的地方，我们能真正平等吗？我把这解释为专制。

我相信，说出和重申这样的一些真理——我们进步必不可少的组成部分——是有益的：自由和平等相互依存，缺一不可。我们要警惕想要

---

① 报道有误，勒福尔实际上是法国资产阶级共和党人、《联合》杂志编辑部成员。——编者注

使二者相互对立的贵族和暴君设下的陷阱；只有它们统一起来，进步才能实现；你们必须像我们热切地追求实现自由一样，追求平等的实现。

　　我不像很多诚挚的人民之友那样，认为一切社会和政治罪恶都是愚昧的结果。毫无疑问，愚昧是心灵的黑夜，真理被湮没在这种黑夜中。但我断言，在拥有出版和集会自由的英国，在1792年、1830年和1848年大革命后的法国——我再重复一遍，我断言，阴影已经（至少大部分）被这些自由和革命的闪耀的光束驱散，它们的光芒仍然没有熄灭，并且无论人们怎样说和怎样做都将永不熄灭！

　　罪恶与其说是愚昧的结果，不如说是自私自利和胆小懦弱的结果。是的，我希望我的那些由于在战场上的英勇行为而获得极大声誉的同胞原谅我，但我将要刺激他们的民族偏见。由于他们致力于发扬那种"军事光荣"的愚蠢的迷信，帮助暴君的卑鄙野心获得胜利，加深人民之间的仇恨，使他们相互隔离，使所有压迫者——他们存在的原因恰恰是人民之间的这种对立——的统治更加安稳，从而把法国人的急躁情绪浪费到战场上来争取寥寥无几或辉煌显赫的战果，如果他们留下一丁点的气力来要求他们的社会权利和政治权利的话，法国将变得更加伟大，更加光荣——在这个词的真正意义上。

　　为努力终结这种状况，我们来到你们这里，并对你们说：让我们相互了解，让我们彼此相爱，让我们互相帮助。我们请求你们奉献出对自由的热爱，把它用于我们共同的胜利。平等，公正。怎样才能实现这一切？凭借组织。当我们不仅作为个人，而且作为国家各自为战时，我们是软弱无力的。当明白这个道理和敢于行动的人们团结起来时，我们就能取得累累硕果。

　　我们知道罪恶在哪里，要找到药方并使用这个药方，我们必须探求，我们必须勇敢，我们必须战斗。我们法国人被关在恶劣的法律所规定（或许不如说专制权力精心规定的）的合法性的狭小的牢笼里。

不过，我们将竭尽全力去行动，不管有什么样的困难，但"无所畏惧，无可指责"，用我们的深谋远虑和胆量把最怯懦的人团结在周围。

那些不满足于在理论上称颂公正，而是寻求把它付诸现实的人，将不再会有机会说："如果我们知道！如果我们能够！"由于我们和你们的倡议，他们将知道他们能够，他们愿意。

怎样才能实现这一点？我不能太频繁地重复——凭借组织。我们是一大群人，让我们成为一个团，让我们成为一支部队。现在是时候停止对我们的对手或敌人的善心的无休无止的恳求了。

克伦威尔说过，"相信上帝并……做好一切准备"。说得好。与好人和平相处，就是这样！然而，与坏人进行斗争。

让我们相信我们自己！

让我们不要像某些潜心于自己独自的抽象研究的哲人坚持断言的那样，认为进步会导致灭亡。进步只不过是我们努力的结果。我们不要期望自己能摆脱客观事物的力量；这是那些哲人们已经提出的众多糟糕的说法中的一种，既充满谬误而又不值一驳。我们不能等待，我们必须行动。我们必须把人的力量——人们或多或少都有一些力量——用于造福大家。

事物是被动的，只有通过我们对它们施加的行动才有价值。它们转变成好的因素还是罪恶的因素，取决于我们的知识和我们的能力，取决于我们是否愚昧和冷漠。

那么，什么是劳动？你们明白这一点，噢，劳动者们！它是努力，是与事物作战，以使它们对我们有用。事物的力量源自人的力量，人的精神的、道德的和身体的力量。

让我们把我们的幸福唯一寄托在人的力量上，让我们团结在一起，团结就是力量。

我们没有完全相信，我们每一个人都可能通过他个人的努力成为普遍进步的一分子，尽管他可能或看上去可能很渺小。我们没有完全相信个人主动性的力量。

我的讲英语的朋友们将转告大家我们提出的通过在所有希望实现社会平等的国家组织一个工人的联合会，使工人的团结发挥作用的办法。①

接着，惠勒先生提出下列决议：

"在这次会议听取了我们法国兄弟们给我们的回信之后，我们再次向他们表示感谢。鉴于他们的方案旨在促进劳苦大众的利益，会议接受这个方案作为国际协会的基础。会议特此指定一个委员会起草这一协会的规章，该委员会享有为自己补充新成员的权力。"

在非常精彩的发言中，他提出采纳这个决议的理由，并表达了在看到参加会议的人如此众多时所感到的喜悦之情。当看到法国目前在实施的专制统治和关于工人集会的法律的苛刻规定时，他认为他们的法国兄弟们值得为他们行动方式受人们极力称颂。（热烈的欢呼声）

威廉·德尔先生赞成这个决议。他敦请工人们不要满足于今晚出席会议并举手支持决议，而要认真和热情地进行工作，使会议带来丰硕的成果。不像他的一些朋友所认为的那样，他不认为工人阶级是非常冷漠的。他有力地指出工人阶级对促成大会所设想的辉煌成就作出贡献的方法，在热烈的掌声中结束讲话。

德国工人埃卡留斯先生、代表意大利工人的沃尔弗少校、法国工人博凯先生和福布斯先生发表精彩和务实的讲演，支持这一决议。福布斯

---

① 在圣马丁堂宣读的勒福尔致辞的英文翻译的结尾如下：

"我非常抱歉不能出席你们的大会，支持我应尽一份力的事业的组织，支持我宣称支持的一切，与你们一道用言行来实现你们作出的一切决议。"（《蜂房报》1864年10月22日）

先生提醒大会注意英国在爱尔兰的罪行。

决议随后被提交大会并鼓掌通过。

为实现决议所设想的目标，大会接着任命了一个由各国工人组成的强有力的委员会。

以下是被委任为上述委员会委员的人的姓名：布莱克莫尔，惠特洛克，福克斯，尼阿斯，诺布尔，哈特韦耳，格雷，斯坦斯比，韦斯顿，克里默，沃利，皮金，鲁克拉夫特，朗梅德，勒吕贝，惠勒，莱诺，拉马，埃卡留斯，特朗莱，豪威耳，茹尔·德努阿尔，肖，希尔曼，奥斯本，理查森，费西，戈达德，凯思里克，博凯，沃尔弗少校，马克思博士。①

在投票对令人尊敬的教授的主持和他对工人利益的诚挚支持表示感谢，三呼法国和世界各国工人万岁之后，气氛极其热烈的大会结束议程。②

国际工人协会组织方案

（1864 年 9 月 28 日由勒吕贝宣读）

全世界的工人已不再把改善自己地位的希望寄托在天命上，不再相信什么"听天由命，随遇而安"，什么"得过且过，休管明朝"等等宗

---

① 在《蜂房报》的报道中，奥哲尔和德尔没有被列入委员会成员名单。——编者注

② 圣马丁堂大会之后，会议上选出的协会委员会与法国工人代表团以及伦敦工人运动的 50 名最重要的领导人和革命流亡者的代表人士在亨利·博勒特饭店庆祝国际工人协会的成立。奥哲尔为主席。除了奥哲尔致辞欢迎法国工人代表团，托伦、福克斯、费西、哈特韦耳、勒吕贝、莱诺等人也发表了讲话。

教说教。他们认识到他们的利害是一致的。一些工人的利益受到损害，其他工人是不能无动于衷的。因此，他们决定在本国工人之间以及各国工人之间订立友好团结公约，依靠这种公约，就可以把每一个国家的工人阶级从不同程度的**奴隶**和**依赖**地位提高到**自由**和相对**独立**的公民地位。

他们的组织计划如下：从寓居伦敦的各国工人中选举出中央委员会，中央委员会的会议在伦敦举行；在英国以及欧洲各国的首都和大城市成立分会。中央委员会必须选定讨论的问题，所有分会都必须同时对这些问题加以研究和讨论，并提出讨论报告。中央委员会应将委员会和各分会提出的一切意见和结论用各种文字印刷出版。参加这次会议的各个国家都必须在最近一年内派遣代表到比利时会面，第一次代表大会将在那里举行。

无需说明，如果这种代表大会能够筹备得好和开得成功的话，它将给各国工人带来多大好处。这次纯世俗的运动希望得到人类一切真正的朋友们的帮助。

(参见伊·布拉斯拉夫斯基编《第一国际第二国际历史资料》，中国人民大学编译室译，三联书店1964年，第33页。)

马克思、恩格斯等关于第一国际成立的通信

马克思致克林斯

（1864年10月4日）

1864年10月4日于伦敦

……9月28日，在伦敦这里举行了一次规模巨大的公开的工人大会，参加大会的有英国、德国、法国和意大利的工人。此外，巴黎工人还派来了自己的代表团，率领代表团的是托伦——一个工人，他在最近一次立法团选举中被巴黎工人阶级提名为候选人。

为了代表工人利益，在这次大会上选出了一个**委员会——国际委员会**，它直接同巴黎工人发生联系，并且有伦敦工人的领导人参加。我作为德国工人的代表当选（同我一起当选的还有我的老朋友裁缝埃卡留斯）。① 因此，如果德国的代表大会选举我，那么，即使我在目前不得不谢绝这一**选举**，它仍然会被委员会、从而会被伦敦和巴黎的工人看做是德国工人的一种示威。

委员会将于明年在布鲁塞尔召开**国际工人代表大会**。可惜我不能亲

---

① 接着在草稿中删去了："以便在德国工人运动和英国工人运动之间进行联系。"——编者注

自参加这次大会,因为直到现在我还是被禁止进入比利时这个模范国家,就像不能进入法国和德国一样。……

(参见《马克思恩格斯全集》中文第 1 版
第 31 卷第 424 页)

埃卡留斯致马克思
(1864 年 10 月 12 日)

1864 年 10 月 12 日
星期一上午 11 点 30 分

亲爱的马克思:

  你的亲爱的小女儿寄给我的说明情况的信,今晨一点钟我回家的时候才收到;因此,我未能在委员会里说明你缺席的原因。得悉你身感不适,殊为挂念,竭诚希望贵恙不重,早日痊愈。在欧洲工人组织的初生婴儿的身上,你绝对必须打上你的言简意赅的印记。

  上星期三,我们离开后,你被选入小委员会。沃尔弗少校不明白你缺席的原因,而你昨天晚上又缺席,更加不可理解;大家都问你为什么不来。我当然作不出任何确定的回答。但是,关于小委员会的事,我猜想大概是没有通知你已当选,也没有通知你开会的时间和地点;仔细一打听,原来正是如此。克里默先生将通知你有关下次会议的事情。为了证明你绝对必须出席小委员会的下次会议,我认为我有责任向你报告某些情况。

  你大概记得,韦斯顿先生上星期三就曾建议讨论草拟原则纲领的措施,并且说他已经起草了一个东西,准备把材料交给小委员会讨论。昨天晚上才明白,他起草了一个长篇大论的东西,简直像一大堆糠埋着不起眼的一小把米。小委员会要求他精简。但是，压缩后的作品仍不比原稿好多少。这是一篇谈问题而又不涉及实质的无病呻吟的评论。克里默公开说这个文件必须压缩掉3/4。此外，沃尔弗少校翻译了意大利工人组织的章程草案，并建议采用。总的说，这个草案得到了赞同。这两个文件被交还给小委员会，以便利用其一切可以接受的东西加以修订等，起草一个同时包括原则纲领和章程的单一的文件。会后，克里默私下说，不应该还让韦斯顿办这件事；草案的修订应该交给一个最多由三人组成的委员会来做，他们可以对现有材料自行决定取舍。奥哲尔等人同意他的意见。"人得其位，位得其人"，无疑是马克思博士。

韦斯顿是一个老欧文主义者，尽管他向工人传播旧学派的多情善感的学说，并且真正憎恨压迫者，但是，除了真理和正义的陈词滥调之外，大概他并不知道工人运动的任何别的原理。

时间已晚；我必须搁笔，致以最诚挚的感谢。

你的
约·格·埃卡留斯

如果你再次有什么紧急事情要给我写信，地址是：

约翰·皮奇
转格·埃卡留斯
狮子和号角旅店
汉诺威街波伦街
汉诺威广场

沃尔弗就要前往那不勒斯，意大利工人团体即将在那里举行代表大会。

（原件存于莫斯科马克思恩格斯列宁
研究院档案馆）

克里默致马克思

（1864年10月13日）

1864年10月13日
于大蒂奇费尔德街31号

尊敬的阁下：

小委员会将于本星期六晚上在白十字街80号韦斯顿先生家里举行会议，我受托通知您，大家都非常欢迎您出席。也许您不知道总委员会在您缺席时将您选入了小委员会。我不知道或者是忘记了在选举小委员会的时候，您已经离开了会场，要不然我早就将您当选的事通知您了。

深深尊敬您的

名誉总书记　威·兰·克里默

马克思博士

又及：白十字街离芬斯伯里广场不远。

（原件存于莫斯科马克思恩格斯列宁
研究院档案馆）

克里默致马克思

（1864年10月17日）

[1864年]10月24日
于大蒂奇费尔德街31号

阁下：

看到你的记录，我担心你误解了委员会晚间会议的日期；是明天，星期二，而不是你的记录中所写的星期三。

深深尊敬您的

威·兰·克里默

马克思博士

（原件存于莫斯科马克思恩格斯列宁
研究院档案馆）

克里默致马克思

（1864 年 10 月 24 日）

国际工人协会

[1864 年] 10 月 24 日

阁下：

总委员会的会议被推迟到 11 月 1 日，星期二。

小委员会将于下周四傍晚 5 时在索霍区纳索街 2 号博勒特先生家举行会议。

你的兄弟般的

名誉总书记　威·兰·克里默

（原件存于莫斯科马克思恩格斯列宁
研究院档案馆）

克里默致马克思

（1864年10月27日）

［1864年10月27日］周四早晨
于西邮区大蒂奇费尔德街31号

亲爱的阁下：

多谢《宣言》的复本。我想一两个词需要修改一下，不过周二将有时间来做这一点，有一两个词，我担心大多数人不容易理解，见到你时再详述。

你的兄弟般的

威·兰·克里默

卡尔·马克思博士

（原件存于莫斯科马克思恩格斯列宁
研究院档案馆）

马克思致恩格斯

（1864年11月4日）

1864年11月4日［于伦敦］

亲爱的弗雷德里克：

……（2）国际工人协会。

不久以前，伦敦工人就波兰问题向巴黎工人发出一篇呼吁书①，请求他们在这件事情上采取共同行动。

巴黎人方面派来了一个代表团，由一个名叫**托伦**的工人率领，他是**巴黎最近一次选举中的真正的工人候选人**，是一个很可爱的人（他的伙伴们也都是很可爱的小伙子）。1864年9月28日在圣马丁堂召开了群众大会，召集人是奥哲尔（鞋匠，这里的各工联的伦敦理事会的主席，也是工联的鼓动争取选举权的协会的主席，这个协会同布莱特有联系）和克里默——泥瓦匠，泥瓦匠工联的书记（这两个人为声援北美而在圣詹姆斯堂组织过由布莱特主持的工联群众大会，也为欢迎加里波第而组织过游行示威）。一个叫**勒吕贝**的人被派到我这里来，问我是否愿意作为德国工人的代表参加会议，是否愿意专门推荐一个德国工人在会上讲话等等。我推荐了埃卡留斯，他干得很出色，我也在讲台上扮演哑角加以协助。我知道伦敦和巴黎方面这一次都显示了真正的"实力"，因此我决定打破向来谢绝这类邀请的惯例。

（**勒吕贝**是一个年轻的法国人，30岁左右，但在泽西和伦敦长大，英语讲得很漂亮，是法国和英国工人之间很好的中间人。）（他是音乐兼法语教师。）

会场上挤得让人**透不过气来**（因为工人阶级现在显然重新开始觉醒了），沃尔弗少校（图尔恩—塔克西斯，加里波第的副官）代表伦敦的**意大利**工人团体出席了大会。会上决定成立"国际工人协会"，它的总委员会设在伦敦，"联系"德国、意大利、法国和英国的工人团体。同时决定于1865年在比利时召开全协会工人代表大会。这次群众大会选举了一个临时委员会，其中奥哲尔、克里默和其他许多人（一部分是老

---

① 指《英国工人致法国工人》，载于1863年12月5日《蜂房报》第112号。——编者注

宪章主义者、老欧文主义者等等）代表英国；沃尔弗少校、方塔纳和其他一些意大利人代表意大利；勒吕贝等人代表法国；埃卡留斯和我代表德国。委员会有权任意吸收新的成员。

目前一切都进行得很顺利。我参加了委员会的第一次会议。会议选举了一个**小委员会**（我也在内）起草原则宣言和临时章程。我因病未能出席小委员会的会议和接着召开的委员会全会。

在我未能出席的两次会议——小委员会会议和接着召开的委员会全会——上发生了以下的事情：

沃尔弗少校提议把**意大利工人团体**（它们有中央组织，但是如后来所表明的，它所联合的基本上都是一些互助会）的规章（章程）当做新的协会的章程。我后来才看到这个东西。这显然是**马志尼**的粗劣作品，因而你可以料到，真正的问题，即工人问题是以什么样的精神和措辞来阐述的。同样，也可以料到民族问题是怎样被放到里面去的。

此外，老欧文主义者韦斯顿——他本人现在是厂主，是一个非常和气有礼的人——起草了一个杂乱无章且又冗长拖沓的纲领。

接着召开的委员会全会授权小委员会修订韦斯顿的纲领和沃尔弗的章程。沃尔弗本人已离开伦敦，去参加在那不勒斯举行的意大利工人团体代表大会，并劝告它们参加伦敦的中央协会。

小委员会的第二次会议我又没有参加，因为我接到开会的通知太迟了。在这次会议上勒吕贝提出了"原则宣言"和由他修订过的沃尔弗的章程，小委员会把二者都接受下来提交委员会全会讨论。委员会全会于10月18日召开。因为埃卡留斯来信告诉我，危险在于迟缓①，我就出席了会议，当我听到好心的勒吕贝宣读妄想当做原则宣言的一个空话

---

① 这句话出自罗马历史学家梯特·李维的著作《罗马建城以来的历史》第38卷第25章。——编者注

连篇、写得很糟而且极不成熟的导言时,我的确吃了一惊,导言到处都带有马志尼的色彩,而且披着法国社会主义的轮廓不清的破烂外衣。此外,意大利的章程大体上被采用了,这个章程追求一个事实上完全不可能达到的目的,即成立**欧洲**工人阶级的某种中央政府(当然是由马志尼在幕后操纵),至于其他错误就更不用说了。我温和地加以反对,经过长时间的反复讨论后埃卡留斯提议由小委员会重新"修订"这些文件。而勒吕贝的宣言中所包含的"意见"却被采纳了。

两天以后,10月20日,英国人的代表克里默、方塔纳(意大利)和勒吕贝在我家里集会(韦斯顿因故缺席)。我手头一直没有这两个文件(沃尔弗的和勒吕贝的),所以无法预先做准备;但是,我下定决心尽可能使这种东西连一行也不保留下来。为了赢得时间,我提议我们在"修订"导言之前,先"讨论"一下章程。于是就这样做了。40条章程的第一条通过时已是午夜一点钟了。克里默说(**这正是我所要争取的**):"我们向原定于10月25日开会的委员会提不出什么东西。必须把会议推迟到11月1日举行。而小委员会可以在10月27日开会,并且争取获得肯定的结果。"这个建议被采纳了,"文件"就"留下来"给我看。

我觉得,想根据这种东西弄出点什么名堂来是不可能的。我要用一种极其特殊的方法来整理这些已经"被采纳的意见",为了要证明这种方法正确,我起草了《告工人阶级书》①(这不在原来的计划之内,这是对1845年以来工人阶级的命运的一种回顾)。我以这份《告工人阶级书》已经包括了一切实际材料和我们不应当再三重复同样的东西为借

---

① 马克思《国际工人协会成立宣言》,参见《马克思恩格斯文集》第3卷。——编者注

口，修改了整个导言，删掉了"原则宣言"，最后以 10 条章程①代替了原来的 40 条章程。在《告工人阶级书》中说到国际的政策时，我讲的是各个国家而不是各个民族，我所揭露的是俄国而不是较小的国家。我的建议完全被小委员会接受了。不过我必须在章程导言中采纳"义务"和"权利"这两个词，以及"真理、道德和正义"等词，② 但是，对这些字眼已经妥为安排，使它们不可能造成危害。

总委员会会议以很大的热情（一致）通过了我的《告工人阶级书》，等等。关于付印方法等问题将在下星期二③讨论。勒吕贝拿了《告工人阶级书》的一个副本去译成法文，方塔纳拿了一个副本去译成意大利文。（首先将刊登在叫做《蜂房报》的周报上，这是一种通报，由工联主义者波特尔编辑。）我自己准备把这个文件译成德文。

要把我们的观点用目前水平的工人运动所能接受的形式表达出来，那是很困难的事情。几星期以后，这些人将同布莱特和科布顿一起举行争取选举权的群众大会。重新觉醒的运动要做到使人们能像过去那样勇敢地讲话，还需要一段时间。这就必须做到实质上坚决，形式上温和。这个文件一印出来，你就可以得到一份……

（参见《马克思恩格斯文集》第 10 卷
第 212—216 页）

---

① 马克思《协会临时章程》，参见《马克思恩格斯全集》中文第 2 版第 21 卷。——编者注
② 参见《马克思恩格斯全集》中文第 2 版第 21 卷第 17 页。——编者注
③ 1864 年 11 月 8 日。——编者注

恩格斯致马克思

（1864年11月7日）

1864年11月7日于曼彻斯特

……我迫切地等待着《告工人书》[①]；根据你来信谈到的这些人的情况来判断，这一定是一步真正的艺术作品。我们又同那些至少是代表自己阶级的人发生了联系，这毕竟是好的；归根到底，这是一件主要的事情。尤其重要的是对意大利人施加影响，这确实是一种机会，可以在工人中结束"上帝和人民"的口号；对于勇敢的朱泽培[②]来说，这将是意想不到的。此外，我认为，一旦问题提得稍微明确一点，这个新协会就会立即分裂为理论方面的资产阶级分子和理论方面的无产阶级分子……

（参见《马克思恩格斯全集》中文第1版第31卷第18页）

马克思致魏德迈

（1864年11月29日）

1864年11月29日于伦敦

[①] 卡·马克思《国际工人协会成立宣言》。——编者注
[②] 马志尼。——编者注

……与此信同时,我给你寄去四份印好了的《宣言》①,那是我起草的。不久前成立的国际工人委员会(这个《宣言》就是以它的名义发表的)不是没有意义的。它的**英国**委员大部分是本地工联的领导人,也就是伦敦真正的工人国王;正是这些人组织了对加里波第的盛大欢迎,并且通过在圣詹姆斯大厅举行的规模巨大的群众集会(由布莱特主持)阻挠了帕麦斯顿发动他已经准备进行的**反对美国的战争**。委员会中的法国委员是一些影响不大的人,但是他们直接代表着巴黎的处于领导地位的"工人"。同不久前在那不勒斯举行过代表大会的意大利团体也有联系。虽然多年来我一直避免参加各种各样的"组织"等等,但是这一次我接受了建议,因为这是一桩可以取得显著成效的事业……

(参见《马克思恩格斯全集》中文第1版
第31卷第435页)

马克思致库格曼

(1864年11月29日)

1864年11月29日

敬爱的朋友:

今天您将从邮局收到六份我起草的《国际工人协会成立宣言》。请费心转送一份给马克海姆夫人(富耳达的),并代我向她衷心问好。同时也请转送一份给米凯尔先生。

协会——或者确切些说它的委员会——具有重大的意义,因为加入协会的有伦敦工联的领导人,正是这些人筹备了对加里波第的盛大接

---

① 卡·马克思《国际工人协会成立宣言》。——编者注

待,并且通过在圣詹姆斯大厅举行的规模巨大的群众集会挫败了帕麦斯顿同美国作战的计划。巴黎工人的领导人也同委员会有联系……

(参见《马克思恩格斯全集》中文第 1 版第 31 卷第 436—437 页)

1864 年巴黎理事会翻译出版的
《临时章程》及序言[①]

鉴于：

　　劳动者的解放应该是劳动者自己分内的事情；劳动者为获得自身解放的奋斗不是试图建立新的特权，而是要为所有人确立相同的权利和义务；

[①] 国际工人协会章程的不同版本足有半打。最初的文本由马克思在1864年9月28日伦敦大会召开后不久用英文写成。同年，国际工人协会巴黎理事会将其译成法文并且进行了部分修改。两年后沙尔·龙格完成了与原文更贴切的新译本提供给布鲁塞尔的《左岸》发表。负责制订章程最终文本任务的日内瓦代表大会却未能消除其中的所有误解。大会在没有意识到被篡改的内容的情况下根据巴黎理事会提供的临时章程文本进行了表决，以至于日内瓦代表大会根据修改建议对章程条款进行了修改和补充，却保留了巴黎文本中"鉴于"（序言）的所有内容而没有任何人表示异议。但是，总委员会于1871年发表了总委员会修订的《国际工人协会共同章程和组织条例》正式单行本（见本书第7卷第456—473页。——编者注）。该版本囊括了历届大会的改动内容，并恢复了临时章程英文本中"鉴于"的内容，该英文文本的法文译本未经任何一届大会表决通过。

　　欲详细了解章程不同文本以及有关讨论情况的读者，一方面可以查阅詹姆斯·吉约姆编著的《第一国际——文献及回忆》，另一方面可以查阅总委员会的出版物，如上述文集中的《内部通讯》，以及上面提到的《国际工人协会共同章程和组织条例》。

　　我们仅限于提供一些这方面必要的材料和论述。

劳动者屈从于资本是一切政治、道德、物质奴役的根源；

因而，劳动者的经济解放应该是一切政治运动遵循的伟大目标；

为达到这个伟大目标所做的一切努力至今没有收到效果，因为每个国家里各个不同劳动部门的工人彼此间不够团结，各国工人阶级彼此间缺乏亲密的联合；

劳动者的解放不是仅涉及一个地方或一个民族的问题，恰恰相反应该是涉及所有文明国家的问题，这个问题的解决必须有赖于这些国家理论与实践的协作；

在欧洲产业最兴旺国家的工人中间所发生的运动，在孕育新希望的同时，也郑重地警告不要重犯过去的错误，要求把一切分散的力量联合起来；

鉴于上述理由：

（续前注）　读者将看到的是1864年巴黎版本和1866年龙格译文文本中"鉴于"（序言）的内容。两种文本中序言的差别一目了然。龙格译文文本中的章程内容只有几处不同而已。巴黎文本第3条的内容是：协会拟定于1865年在比利时召开代表大会；而之后问世的龙格译文文本的内容是：协会拟定于1866年召开代表大会。第7条第2段具有本质区别的一句话是，龙格的译文："每个地方协会将有权与……直接联络。"意思指国际工人协会每个地方协会可以与中委员会直接联络；而巴黎文本则要求"所有地方协会一律得跟……直接联络"。同时应该说明的是，临时章程英文原文与龙格译文文本的差别跟巴黎文本相比更大一些。龙格对巴黎文本的修正似乎更侧重于序言的内容而不是章程条款内容。龙格文本因此成为界于巴黎文本和英文原文之间的过渡文本，巴黎文本有意淡化章程的革命性和总委员会的权威特点，而英文文本则对这方面格外强调。

另外要说明的是，日内瓦代表大会通过的章程和条例可参看卡尔德代表所作的报告。

最后要指出的是，巴黎文本和龙格译文文本之间的区别前面已经作了说明，英文文本与龙格文本之间的区别将在龙格的译文中注释说明。

在本章程后面署名的由 1864 年 9 月 28 日伦敦圣马丁堂公开大会选举产生的委员会的成员，采取了必要步骤，创立**国际工人协会**；他们宣布，这个国际协会以及加入协会的一切团体和个人，承认**真理**、**正义**和**道德**是他们彼此间和对一切人的关系的基础，而不分肤色、信仰或民族；

他们把既为自己同时也为任何履行其义务的人争取人权和公民权作为一项义务。没有无义务的权利，也没有无权利的义务。

根据这种精神，他们起草了国际协会临时章程。

章　程

1. 本协会设立的目的，是要为各国工人追求共同的目标即工人阶级的互助、进步和彻底解放提供一个交流与合作的中心。

2. 本会定名为：**国际工人协会**。

3. 协会拟定于 1865 年在比利时召开代表大会。

届时，大会将向欧洲阐明工人们的共同愿望；确定国际协会的最终章程；研究确保协会有效运行的最佳方法，选出协会总委员会。协会代表大会每年召开一次。

4. 总委员会设于伦敦，由代表不同国家的具备国际协会会员资格的工人组成。总委员会根据协会需要设领导机构，构成人员有主席、总书记、财务委员、各国特派书记。

5. 总委员会负责在协会每年举行的代表大会上作关于过去一年工作的公开报告。在紧急情况下，总委员会可以提前召开代表大会。

6. 总委员会与不同工人协会组织之间建立联系，以便使一国工人能经常了解所有其他各国工人运动的情况；以同样的精神对社会状况同时进行调查；对一国协会组织提出的并且带有普遍意义的一些问题由所有协会组织加以讨论，当某一切实可行的倡议或某一国际性难题出现而要求协会采取行动时，使所有协会能够协调一致行动。总委员会认为必要时，应主动向地方或全国性组织提出建议。

7. 鉴于每个国家的工人运动的成功只能靠团结和联合的力量来保证，并且总委员会是借助它与各全国性或地方性工人协会的关系发挥作用，国际协会的会员应力争在各自国家把各类现有的工人协会组织成为一个全国性协会，同时创建一个专门机构。

但是，不言而喻，本条规定的运用要取决于每个国家的相关法律规定。除非存在法律障碍，所有地方协会一律得跟设在伦敦的总委员会直接联系。

8. 在第一次工人代表大会召开之前，9月选出的委员会行使临时总委员会的职能，力求在各国工人协会之间建立联系，在联合王国中吸收会员，筹备召开全协会代表大会，并同各国的全国性和地方性组织讨论确定应提交这次代表大会的问题。

9. 国际协会的每个会员，在由一个国家迁居另一国家时，将从加入协会的工人方面得到兄弟般的援助。

10. 虽然各工人团体彼此之间结成了团结和合作的友好联系，但它们仍然在各具特性的基础上继续存在。

国际工人协会总委员会

主席：**奥哲尔**

总书记：**克里默**

财政委员：**惠勒**

（英国工人协会）

1866年龙格翻译的《临时章程》

鉴于：

劳动者的解放应该是劳动者自己分内的事情；劳动者为获得自身解放的斗争不是要建立新的特权，而是要为所有人确立平等的权利和义务，并消灭任何阶级统治；

劳动者在经济上受劳动资料即生活源泉的垄断者的支配，是一切政治、精神、物质形式的奴役的首要根源；

因而劳动者的经济解放是一切政治运动都应该作为手段服从于它的伟大目标；

为达到这个伟大目标所做的一切努力至今没有收到效果，因为每个国家里各个不同劳动部门的工人彼此间不够团结，各国工人阶级彼此间缺乏亲密的联合；

劳动的解放既不是一个地方问题，也不是一个民族问题，而是一个社会问题，它涉及所有存在着现代社会的国家，它的解决有赖于这些国家①在实践上和理论上的合作；

欧洲各个最发达的工业国工人中间重新掀起的运动，在孕育新的希望的同时，也郑重地警告不要重犯过去的错误，要求立刻把各个仍然分散的运动联合起来；

鉴于上述理由：

---

① 英文原文为"最先进各国"。

在本章程后面署名的由1864年9月28日伦敦圣马丁堂公开大会选举产生的委员会的成员，采取了必要步骤，创立国际工人协会；

他们宣布，这个国际协会以及加入协会的一切团体和个人，承认真理、正义和道德是他们彼此间和对一切人的关系的基础，而不分肤色、信仰或民族；

他们把为所有人争取人权和公民权视为一项义务。没有无权利的义务。

根据这种精神，他们起草了国际协会临时章程。

章　程

1. 本协会设立的目的，是要为各国工人追求共同的目标即工人阶级的互助、进步和彻底解放提供一个交流与合作的中心。

2. 本会定名为：国际工人协会。

3. 协会拟定于1866①年召开代表大会。届时，大会将向欧洲阐明工人们②的共同愿望；确定国际协会的最终章程；研究确保协会有效运行的最佳方法，选出③协会的中央委员会。代表大会每年召开一次。

4. 中央委员会设于伦敦，由代表不同国家的具备国际协会会员资格的工人组成。中央委员会根据协会需要设领导机构，构成人员有主席、总书记、财务委员、各国特派书记。

5. 总委员会④负责在协会每年举行的代表大会上作关于过去一年工

---

① 英文原文说代表大会将于1865年在比利时召开，但未能如期举行。
② 英文原文是"工人阶级"（working classes）。
③ 英文原文是"任命"（appoint）。
④ 此处把中央委员会称为总委员会，下同。——编者注

作的公开报告。在紧急情况下，总委员会可以提前召开代表大会。

6. 总委员会与不同工人协会之间建立联系①，以便使一国工人能经常了解所有其他各国工人阶级运动的情况；以同样的精神②对社会状况同时进行调查；对一国协会组织提出的并且带有普遍意义的一些问题由所有协会组织加以讨论，当某一切实可行的倡议或某一国际性难题出现而要求协会采取行动时，使所有协会能够协调一致行动。中央委员会认为必要时，应主动向地方或全国性组织提出建议。

7. 鉴于每个国家的工人运动的成功只能靠团结和联合的力量来保证，并且总委员会是借助它与各全国性或地方性工人协会的关系发挥作用，国际协会的会员应力争在各自国家把各类现有的工人协会组织成为一个全国性协会，同时创建一个专门机构。③

但是，不言而喻，本条规定的运用取决于每一国家的相关法律规定。除非存在法律障碍，任何地方组织都有权与伦敦的中央委员会直接通信。

8. 在第一次工人大会召开之前，9月选出的委员会行使临时中央委员会的职能，力求在各国工人协会之间建立联系，在联合王国中吸收会

---

① 英文为"中央委员会是互相合作的各国协会之间的一个国际机构"。
② 我们这里不妨引用詹姆斯·吉约姆《国际：文献与回忆》关于这一提法的注释："英文是'共同领导的方式'（under a common direction）；而法文是'以同一精神'（龙格采用了巴黎译本的译法）。"两者之间的差别显而易见并且极具象征意义：一个主张"领导"，带有集权主义倾向；一个认为共同的需要势必会自然而然地打造"同一精神"，带有联邦主义倾向。这两种倾向是对立的。
③ 第7条的英文内容表述更明确一些，起草人更倾向于创建集中的全国性协会，以避免不得不同大批小型和分散的地方协会联络的麻烦。另外，"同时创建一个专门机构"的法文翻译有误，应当是"由全国性中央机关来代表的全国性组织"。

员，筹备召开全协会代表大会，并同各国的全国性和地方性组织讨论确定应提交这次代表大会的问题。

9. 国际协会的每个会员，在由一个国家迁居另一国家时，将从加入协会的工人方面得到兄弟般的援助。

10. 虽然各工人团体彼此之间结成了团结和合作的友好联系，但它们仍然在各具特性的基础上继续存在。①

---

① 法文版本格外强调各全国性组织的"特性"。

国际工人协会巴黎支部出版的小册子[1]

15 生丁　　　　　　　　　　　　　　　　　　　　15 生丁

各书店经销

国际工人协会工人大会

每天晚7点至9点由通讯员就入会等情况提供咨询。

未贴邮票的信函一律拒收。

联系人：雕刻—装饰师弗里布尔先生。地址：巴黎格拉维利耶街44号。

入会费：1法郎25生丁，此标准一直执行到下届代表大会。

目　录

出版目的——国际协会的组织——临时章程[2]——致协会会员书——伦敦会议情况报告——概述和邀请：致工人救助、信贷、生产、消

---

[1] 在大量有关国际工人协会前史的文件中，只有这本小册子更加简洁详细地记录了国际工人协会第一届代表大会召开之前经历的事情。我们复制了这本小册子，正本存于巴黎警察局图书和档案馆。

[2] 见本卷第332—335页。

费和储蓄组织——报刊摘录：1865 年 1 月 28 日出版的《国民舆论报》，1865 年 1 月 4 日出版的《世纪》，1865 年 10 月 10 日出版的《新闻》，1865 年 10 月 14 日出版的《世纪》。

出版目的

由于科学和工业发展引起的日益频繁的关系，我们得出这样一种原因相同的结果：压迫或自由，专制统治、贵族政治或民主是相关的，这种情况至少在整个欧洲和美洲全境如此。

工人无法逃避这些思想的潮流。诚然，同时解决所有国家存在的社会问题是他们获得解放的唯一手段。

来自不同国家的劳动者正是受这种思想的驱使，并满怀着促成宣告普选的友好与平等的情怀，于 1864 年 9 月 28 日会聚伦敦，参加这一天在圣马丁堂举行的大会；与会代表决定成立一个国际工人协会，协会每年举行一届会员代表大会以讨论国际社会问题，1865 年代表大会拟在布鲁塞尔举行，届时大会将负责国际协会的正式组建。

大会任命了一个办公地设在伦敦的临时中央委员会。该委员会起草了纲领和临时章程，我们将在本卷中刊登。来自巴黎协会的三位工人托伦、佩拉雄和利穆赞先生参加了在圣马丁堂举行的大会。他们回来后通报了此行的结果。后来他们接到中央委员会的通知，在巴黎建立了通讯处，地点设在格拉维利耶街 44 号弗里布尔先生家。我们通过报纸通告大家可以在这里了解国际协会的情况并加入协会。

许多人对此做出了积极反应，通讯员在 1864 年 9 月 28 日至 1865 年 9 月 28 日期间发布了各类通知。代表大会召开日期日渐临近，可是，由于在法国我们刚刚经历了一段罢工时期，在英国忙于普选，大量地耗费了劳动者的力量。其间，比利时又重新颁布了外国人管理法。国际协会中央委员会认为有必要召集分布在欧洲各地的通讯员前往伦敦开会。会议按计划召开了。会议公布的情况报告我们也将刊出。

我们对各民主类报刊为我们事业的开展所提供的宝贵支持表示欣慰；然而，相对于我们宣传的需要，它们向我们表现出来的热情是不够的。我们需要把1865年会议文献刊登出来。但是，由于法律要求我们必须支付一枚面值5生丁的印花，我们不得不将我们打算赠阅的东西出售。

100行印刷文字售15生丁确实有点贵，但这的确是无奈之举。

因此，我们决定将打算赠阅的文献全部重新发表。

国际协会的组织

中央委员会在协会《临时章程》第7条呼吁其会员在本国建立中央机构或全国机构，以便在不同会员团体之间起联系作用。此号召在所有新闻自由的国家不无效果。伦敦的《工人辩护士报》、布鲁塞尔的《人民论坛报》、日内瓦的《国际工人协会报》、柏林的《社会民主党人报》均开辟了有关此项事业发展消息的栏目。只有身处法国的我们始终未见行动，而直至今天我们才将主流报刊所刊载的所有文献呈献给你们。我们的不作为乃身不由己，缘由显而易见，这里我们认为无需再陈述。对于我们迟迟没有行动的主要原因，每位读者都会了解，即便是在，今天这个单行本刊印的时刻，对于我们的情况和消息能否在工人代表大会闭幕之前传达出去，我们尚心存疑虑。但愿这些不至于妨碍对我们所提交的问题的审议。我们要不厌其烦地高呼：劳动者，行动起来，努力学习！如今协会已拥有数千名会员，要为协会之壮大而不懈努力。

致国际工人协会会员书

先生们：

确定在布鲁塞尔召开工人代表大会的会期已临近，巴黎的通讯员们和设在伦敦的委员会的委员们认为有必要提请你们关注为代表大会定调的本次会议。

这次大会，作为首届工人代表大会，也希望其成为之后举办的数届会议的揭幕大会，奉行的宗旨是使欧洲不同国家的劳动者齐心协力来实现国际协会制定的目标：不分种族、信仰或国籍的劳动者彻底解放，就是说解决消除无产阶级和现代一切形式的奴役的问题。

有人会说，当那些杰出的、受过良好教育和忠心耿耿的人士纷纷尽力寻找你们所需药方的时候，为什么还号召工人投身于如此艰巨的事业？为什么？

因为是该劳动者亲力亲为的时候了，而不要再指望那些靠山，不管别人认为他们怎样用心，因为他们本身没经历过苦难，无法体会那些难以忍受的痛苦，还因为，我们曾经说过，当今这个时代，人变得自主自立，他们渴望得到解放。

另外，应该说，我们想借此切实地助这些人一臂之力，因为他们对这个吞噬人类的癌症的真相无从了解。他们对我们的苦难的全部情况从不知晓，我们希望在这次隆重的大会上把我们的巨大伤痛暴露在光天化日之下，勇敢地揭掉敷在我们身上的所有软化剂，即使面对如此巨大的痛苦让他们愕然不已，也还是要把所有狰狞的面目都展示给他们。

当每个人因此意识到危险的时候，人人都被要求献计献策，因此国际协会向充满希望的人士发出号召。社会主义者，共产主义者，傅立叶学说的追随者，实证主义者，民主主义者，你们认为掌握医治我们痛苦的良药，但我们不会跟你们喊：过来吧！你们在听从自己觉悟的召唤，因为，没有一个人当他能够拯救其同类时可以只顾自己。

为此，我们向国际工人协会的所有会员说明，以下是即将提交大会讨论的问题：

1. 国际协会的宗旨是什么？它有何行动措施？
2. 关于劳动及其所带来的卫生以及精神后果；论人人劳动的义务。
3. 妇女和儿童在工厂劳动的卫生和精神方面的问题。
4. 失业；解决办法。
5. 罢工；罢工的效果。
6. 国际协会；其准则，实施办法。
7. 初级教育和职业教育。
8. 资本和劳动的关系。
9. 外国竞争。商业协定。
10. 从生产角度看常备军问题。
11. 道德是否有别于宗教？

我们恳请国际协会各位会员对我们今天所提交的清单中提出的全部或部分问题进行认真的研究，希望其中能够出席代表大会的代表带着对这些问题的明确看法参会，尤其要提醒的是，国际协会既不是地方的也不是一国的而是国际的，因此提交的解决方案应该是国际性的，不带有任何所代表的国家个别情况的色彩。

弗里布尔，沙·利穆赞

我们的会员如有意向代表大会提交讨论问题，请将问题封好盖上封印后寄给格拉维利耶街44号弗里布尔先生。他负责转交给伦敦的中央委员会。

我们曾经把这封致国际工人协会会员先生书发给一部分会员征集他们的签名,很荣幸得到下列人士的签署:F. 费利克斯,木工;L. 拉普朗什,马车鞍具制造工;弗洛凯,建筑油漆工;莫希尔,细木工;卡梅利纳,铜器镶嵌;安·缪拉,机械工;欧·瓦尔兰,装订工;A. 韦内,车锁工;A. 伊特罗普,马车鞍具制造工;贝拉米,开关阀车工;V. 居亚尔,装配工;J. 富尔奈斯,光学仪器制作工;加·莫兰,金属镀金;J. 佩拉雄,铜器镶嵌工;屈尔丁,皮革整理工。

情况报告

以下是国际工人协会成立一周年庆典集会的情况报告。

国际工人协会于 1865 年 9 月 28 日举办成立一周年庆祝活动。

伦敦的中央委员会在朗-爱克街圣马丁堂举行盛大的庆典晚会,共有两千多人参加。

按照英国人的习俗,舞会开始之前先供应茶点,来自欧洲大陆的意大利、比利时、瑞士法语区和德语区、莱茵普鲁士、德国和法国的地方协会代表分别致辞。

去年还是梦想的乌托邦今天变成了美丽和良好的现实。特别值得一提的是国际协会乃完全由工人们发起创建,因此它具有旺盛的生命力。他们不再需要怀疑自己,也不再需要怀疑他们的力量,团结的意愿业已深深地植根于人民群众。团结的实践只能靠劳动者自己。

面对怀疑分子们的嘲笑和窃笑,以及那些别有用心的诽谤者的诋毁、揭发,他们都嗤之以鼻;他们要行动起来:他们人数众多,拥有足够的力量和时间。在由制鞋工人乔治·奥哲尔先生主持于 9 月 25、26、27 日在阿德菲巷 8 号举行的为期三天的会议上,与中央委员会委员齐聚一堂的来自欧洲大陆的代表们将以亲身经历对形势进行分析，阐述他们的切实需求。

木工出身的总书记克里默先生以及大陆代表的发言均表明，已经有数千名工人加入了国际工人协会组织。伦敦的法国通讯书记、乐器制作工杜邦先生称，与中央委员会直接联络的通讯处已经分别在法国的巴黎、里昂、马赛、鲁昂、卡昂、南特、利雪、埃尔伯夫、讷沙托等城市设立。

在德国、瑞士、意大利、丹麦和比利时会员众多的小组纷纷组建。人们已经采取措施着手在纽约和纳什维尔（美国）、里约热内卢（巴西）、埃及、西班牙和法国殖民地瓜德罗普岛、马提尼克设立通讯处。

原来指定布鲁塞尔为国际协会第一届代表大会的举办城市；但是，因该国新颁布的外国人管理法，并且为了对此表示抗议，会议采取的首个行动就是决定，一旦日内瓦与大陆其他地方之间的交通情况允许——因为冬天的交通状况糟糕且危险，就在那里举行代表大会，开会时间无论如何不得晚于1886年5月。

代表大会举办的时间已经最终敲定。同时为此次大型会议不会因故推迟召开也采取了相应保障措施。会议期间将对关系到各国工人的问题进行公开讨论。

会议讨论和表决通过了所有行政和财务规定以确保国际协会成功运作和蓬勃发展。随后，在对所提交上来的问题的实质内容未发表看法的情况下，就哪些问题有必要以及有机会列入代表大会议程展开了讨论，以便让有意参加代表大会讨论的协会会员在会议召开之前有充分的时间对此加以认真研究。

讨论通过的问题如下：

1. 国际协会的组织，其宗旨、行动办法。
2. 工人协会，他们的过去、现在和未来；失业、罢工问题，解决办法；初级和职业教育问题。

3. 关于妇女和儿童在工厂劳动的卫生和精神方面的问题。

4. 缩短工作时间，其目的、意义和精神后果；所有人的劳动义务问题。

5. 协会；其原则及其实施；协会自身的特色合作。

6. 资本和劳动的关系。外国竞争；商业协定。

7. 直接税和间接税。

8. 国际机构：互助信贷；纸币；计量；测量；货币；语言。

9. 通过实现民族自决权和在民主与社会基础上恢复波兰，消除俄国在欧洲的影响的必要性。

10. 常备军与生产的关系。

11. 宗教观念及其对社会、政治和精神发展的影响。

12. 建立互助会。在道义上和物质上帮助协会会员的遗孤。

会议同时决定今后将《工人辩护士报》——原《矿工报》[①]——作为国际工人协会今后的机关报。

欧洲大陆的代表与中央委员会委员一致相互承诺，遵照协会的准则，对改变居住地或居住国的会员在精神和物质上给予全力支持。

在没有任何职业指导说明的情况下，各国劳动者之间这种相互服务的交流在方便他们流动的同时，不失为一种促进工业进步和道德发展的强有力手段。每位劳动者在确信走到哪里都可以得到援手、友情帮助的情形下，可以很容易地学到不同的生产和劳动本领，同时还可以学习不同国家的风俗习惯。

前进，有信念的人们！有疑虑的人们很快就会与你们共进。

以中央委员会的名义
巴黎通讯员

---

① 原文如此，应为《矿工和工人辩护士报》。——编者注

概述和邀请：
致互助社、互助信贷社、生产、消费和储蓄协会

总之，读者可以看出，国际协会建议对劳动者阶级的社会状况开展大规模调查；它不对下一届大会决议作任何预断，绝不谋求任何领导权，愿意尊重每个会员团体的自由，仅限于向所有人和每一个人征求他们对劳动者解放这一重大课题的高见。目前在欧洲不同程度地存在一种改良主义—社会主义思想潮流。此潮流与其他类似潮流一样催生了大批理论和众多设想，这些东西尚未经过论证，可能错误百出，但同样或许包含着一些有用的真理。我们号召那些赤诚之心和那些认为只要让这些已经印在我们脆弱精神里的设想破产就会为人类带来巨大进步的人们参与其中。因为，请不要忘记，前进有两种方式：首先而且是最富成效的就是传播真理；其次，而且作用不可小觑，就是摧垮由痛苦和苦难孕育的无知与梦幻。

至此，我们恳请与我们一样相信这项调查研究作用的每个公民为此项工作出一份力，研究我们的问题列表；如果无法亲自赴会，请将论文提交给我们，以便与会代表得到启发。我们报告里出现的代表们这个词此时主要用来指互助社、互助信贷社、生产合作社或消费合作社等组织。考虑到这类协会的实际困难，我们要求他们以组织形式加入国际协会，因为，我们不需要过多重复，最最主要的一点是调查工作，为了做好这项工作，不能光依靠个人身份会员，同时需要团体会员，团体会员通过委派代表参加欧洲劳动大会，这将是一支价值至今未得到真正认识的队伍。

凡事过于强调在我们看来似乎对劳动者的自觉精神不免有些冒犯。对这个问题我们认为讲得已经足够多了，我们只是再次借用下面的话来

结束这本小册子：如果蒙昧主义事业得到教廷的献金，我们则应该获得进步的献金，用来点燃人类和社会火炉那燎原之火。

报刊摘录

1865 年 1 月 28 日《国民舆论报》

……就法国劳动者而言，如果他们对向他们发出的号召无动于衷，我们认为今后他们就得向邻国的劳动者让步，因为他们在面对关系到其切身利益问题的辩论时退让了。

J. J. 勃朗

1865 年 2 月 4 日《世纪报》

风向越来越朝着有利于代表大会召开的方向刮，我们应该为促进所有欧洲进步之友的智力沟通所作的努力感到欣慰……

我们开始通过精神和知识的联合以达到政治的联合……

因此，我不禁自问，那些"组成人类精神议院"的被杜邦鲁殿下所称做的"杰出的老翁们"会对欧洲无产者国际代表大会作何感想。当他们看到"泛起的民主浪潮时，是否会让人为其挖掘坟墓，临死前，不仅将他们的灵魂而且连同他们的祖国和孩子一并托付给钉死在十字架上的耶稣呢？"我不知道，但我确信，英明和大度的人们想到数百名代表着全欧洲劳动者精英的人物将出席这届大会一定会为之雀跃……这是自 20 多年前掀起的社会变革动荡以来最显著的进步。当时，除了极少数人外，信奉社会主义的工人大都把国家当成触手可及的保护神，指望其来救赎低层阶级。如今，新的一代宣告"劳动者的解放应当是劳动者自己分内的事……"

昂·科尔邦

1865 年 10 月 10 日《新闻报》

随着政治生活走进群众，联合的精神在光大，这是民主发展的现象之一。这是一家英国报纸一篇关于国际工人协会报导文章的开头……

诚然，人们要明确认识到集中化、民族性和专制是三个同义词，应该用联合、团结和自由这三个同义词对其进行制衡……

在恰如其分地运用协会集体力量应对个人弱势后，他们立刻意识到孤立的协会同样势单力薄，但是同时他们也明白，不要倚赖国家的支持或任何外援获取自身不具备的力量，而力量的获得应该通过跨越国家和领土界限的各类协会的联合和团结，因此他们渴望有一个国际联合。

奥·韦莫雷尔

1865 年 10 月 14 日《世纪报》

我们满怀深情地读完刚刚发生在伦敦的故事。我们预感到在这个世界上某件伟大的事情刚刚拉开序幕，位于朗—爱克街的会堂将名垂历史。欧洲所有热衷进步、正义和自由的朋友情同手足，士气昂扬，视野开阔，用崇高的精神、经济和政治观念指导着对应该列入会议议程的问题的选择。

我们深知，这种浮现在我们社会表层上的致命冷漠没有扎下深根，也没有冻僵人民的灵魂，生命之泉没有枯竭。

我们的耳朵已不再习惯这样的话，它们曾让我们心寒彻骨。

昂利·马丁

注意：年会费定为1.25法郎，交纳后将发会员证。

会费缴纳时间和地点：雕刻师弗里布尔先生处所，巴黎格拉维利耶街44号；时间：平日晚7—9点，周日中午12—2点。

入会或索要材料请联系弗朗哥，地点同上。

法国其他城市若有人准备申请设立联络处，请直接与国际协会委员会法国书记①欧仁·杜邦先生联系。

代表中央委员会

巴黎通讯员：**弗里布尔，沙·利穆赞**

巴黎——爱德华·布洛印刷所印刷，图伦内街66号。

---

① 原文如此，应为"通讯书记"。——编者注

图书在版编目(CIP)数据

第一国际第一次(日内瓦)、第二次(洛桑)代表大会文献／童建挺主编.
— 北京：中央编译出版社,2013.12
(国际共产主义运动历史文献／王学东主编；9)
ISBN 978-7-5117-1943-0

Ⅰ.①第…
Ⅱ.①童…
Ⅲ.①第一国际-会议文献-汇编
Ⅳ.①D125

中国版本图书馆 CIP 数据核字(2013)第 290356 号

第一国际第一次(日内瓦)、第二次(洛桑)代表大会文献

出 版 人：	刘明清
出版统筹：	薛晓源
责任编辑：	盛菊艳
责任印制：	尹 珺
装帧设计：	田晗工作室
出版发行：	中央编译出版社
地　　址：	北京西城区车公庄大街乙 5 号鸿儒大厦 B 座(100044)
电　　话：	(010)52612345(总编室)　(010)52612335(编辑室)
	(010)52612316(发行部)　(010)52612315(网络销售)
	(010)52612346(馆配部)　(010)66509618(读者服务部)
传　　真：	(010)66515838
经　　销：	全国新华书店
印　　刷：	北京印刷一厂
开　　本：	787 毫米×960 毫米　1/16
字　　数：	296 千字
印　　张：	23
版　　次：	2013 年 12 月第 1 版第 1 次印刷
定　　价：	150.00 元
网　　址：	www.cctphome.com　　邮　箱：cctp@cctphome.com
新浪微博：	@中央编译出版社　　微　信：中央编译出版社(ID：cctphome)

本社常年法律顾问：北京市吴栾赵阎律师事务所律师　闫军　梁勤
凡有印装质量问题，本社负责调换，电话：(010)66509618